Noam Chomsky [illegible] muhalif simaların-dan birisidir. Mas[illegible] ev yapan tanınmış bir dilbilim profe[illegible] rikan müdahaleciliği, insan hakları [illegible] opaganda rolü gibi meseleleri dikk[illegible] aba imza attı.

Noam Chomsky'n[illegible] eserleri şunlardır: *Dil ve Zihin* (Ayraç Yayınevi, 2001), *Halkın Sırtından Kazanç* (Om Yayınevi, Ekim 2000), *Yeni Dünya Düzeninde Yalanlar ve Gerçekler* Mavi Ada, Ağustos 2000), *Dünya Düzeni: Eskisi Yenisi* (Metis Yayınları, Nisan 2000), *Sam Amca Ne İstiyor İkinci Dünya Savaşı'ndan Günümüze Amerikan Politikaları* (Minerva Yayınları, Ocak 2000), *Medya Gerçeği* (Tümzamanlar Yayınları, Nisan 1999), *Demokratik İdeallerin Çöküşü* (Pınar Yayınları, 1997), *Medya Denetimi Immediast Bildirgesi* (Tümzamanlar Yayınları, Ekim 1995), *Modern Çağda Entelektüellerin Rolü* (Pınar Yayınları, Güz 1994), *Kader Üçgeni* (İletişim Yayınevi, 1993), *Korsanlar ve İmparatorlar Gerçek Dünyada Uluslararası Terörizm*, (Akademi Yayınları, Ekim 1991)

[redacted]

Aram Yayıncılık

Amerikan Müdahaleciliği

Noam Chomsky
Türkçesi: Taylan Doğan - Barış Zeren

Aram Yayıncılık 29

İkinci Baskı: Aralık 2001

Yayına Hazırlayan: Ömer F. Kurhan
Baskı ve Cilt: Berdan Matbaacılık

ISBN: 975-8242-15-6

Aram Yayıncılık
Keçi Hatun Mah. Millet Cad. No: 11/8
Aksaray İstanbul
Tel: 0212 530 61 74
Fax: 0212 529 94 32

Noam Chomsky

Amerikan Müdahaleciliği

Türkçesi
Taylan Doğan - Barış Zeren

Aram*toplum*

İÇİNDEKİLER

AMERİKAN MÜDAHALECİLİĞİ

SUNUŞ

Amerikan Müdahaleciliği, Noam Chomsky'nin, sistem karşıtı bir internet sitesi olan zmag.org'da 1998-2001 arasında yayınlanan makalelerinin bir derlemesinden oluşuyor. Bu internet sitesi esnek ve geniş bir katılıma açık, dünyaya egemen güçlerle başı dertte olanların bir platformu olma özelliği taşıyor. Bu kitap yayınlandığında muhtemelen Aram da zmag.org'da yerini alacak ve çeşitli yazarların bu sitede yayınlanan makalelerini zaman zaman İngilizce'den çevirip kendisine ayrılan özel sitesinde yayınlayacak. Bu projenin hayata geçirilmesini teşvik eden faktör şu: Sitenin editörlerinden Michael Albert'ın katkıların karşılıklı hale geldiği ve internet aracılığıyla dolaşıma sokulduğu kolektif bir ilişki biçimini öne çıkarması.

Hiç kuşkusuz, Noam Chomsky sitenin prestijini arttıran önemli bir isim. Bir yandan dilbilim alanında devrim yaratan çalışmalarıyla çağımızın önde gelen bilim adamlarından biri olma özelliğini taşıyor. Diğer yandan, ABD'nin başlıca muhalif isimlerinden ve politik bir aktivist. Özellikle ABD'nin dolaylı ya da dolaysız (zulüm) politikalarını incelikle sorgulayan çözümleyici ve aydınlatıcı makale ve kitaplarıyla bütün dünyada tanınıyor. *Amerikan Müdahaleciliği*'ni okuyanların fark edebileceği gibi, tüm dünyadaki kritik politik gelişmeler onun ilgi odağı haline geliyor. Ortadoğu, Balkanlar, Doğu Timor, vs. bölgelerde yaşanan gelişmeleri yakından takip ediyor ve alternatif bir yorum stratejisi geliştiriyor.

Neye alternatif?

Günümüzde halk toplumsal gelişmeler hakkında bilgiyi esas olarak medyadan edinir. Egemen medya bağımlı olduğu kesimin, Chomsky'nin deyişiyle "dünya nüfusunun çok küçük, gerçekten çok küçük bir kesiminin" çıkarları ekseninde bilgiyi değişik işlemlerden geçirir ya da doğrudan gizleme gereği duyar; hatta duruma göre olmayan bilgiler icat eder. Halkın kendi çıkarları doğrultusunda yorumlayabilecekleri olay verilerine sahip olması yaşamsaldır. Noam Chomsky tam da bu ihtiyacı karşılamayı ilke edinen taraflı bir entelektüel. Olayları ele alış biçimine özellikle dikkat etmek gerekiyor. Serbest ve entelektüel birikimin gündelik dille kaynaştığı (çevirisi hiç de kolay olmayan) bir üslupla yazıyor. Öyle ki neredeyse dağınık veya savruk yazdığı düşünülebilir. Asıl meselenin farklı olduğunu kavramak zor değil. Noam Chomsky okuyucuyla sohbet ediyor ve yazdıkları üzerinde düşünmesini istiyor. Temelde okuyucudan talep edilen alternatif yorum stratejileri üzerinde yoğunlaşması. Bu konuda örneğin şunları söylüyor: "medya, fikir gazeteleri, akademik incelemeler gibi doktriner kurumların ürünleriyle uğraşırken, propaganda perdesinin ardına nüfuz etmek için insanın alışkanlık haline getirmesi gereken birçok teknik vardır. Örneğin bir makalenin ya da haberin temel çerçevesinin doktriner gerekliliklere uygun olarak umutsuz ölçüde yanlış yönlendirme işlevine sahip olması hayli sık rastlanan bir durumdur; fakat, bu çerçeve içinde başka bir şeylerin olup bittiğini gösteren ipuçları sıkça keşfedilebilir."

Alternatif bir yorum stratejisi geliştirmenin ötesinde, üzerinde durduğu önemli bir mesele var: Olan bitenleri uzaktan seyretmek ve acı olaylar karşısında en iyi ihtimalle gözyaşı dökmek yerine, kendi sorumluluğunu da işin içine katarak tavır almak. Chomsky aynaya bakmanın ve aynada görünenin dürüstçe çözümlemesini yapmanın zor olduğunu belirtmekle birlikte, bu işin yapılmasında ısrarlı. İnsanlık akılcı ve ahlaki tutumlar geliştirmeyi ilke edinmek zorunda. Suçluyu ve hatayı hep başka yerde aramanın, sorunları dışsallaştırmanın, resmi araçlarla bize öğretilen bu gibi yaklaşımları alışkanlık haline getirmenin, kısaca 'sorumsuzluk duygusu' diyebileceğimiz şeyin tehlikelerine ve bedellerine işaret ediyor.

Amerikan Müdahaleciliği'nde, özel olarak Türkiye ve Türkiye'deki Kürt sorununa birçok makalede değinmeler var. Bu noktada altını çizdiği konu ABD'nin örneğin Kosova krizine dönük olarak insan hakları şampiyonluğuna soyunup kendi üslubunca (bombardımanlar) "insani" müdahalelerde bulunurken, söz konusu Türkiye, Kolombiya veya Endonezya olduğunda açık bir ikiyüzlülük sergilemesi. Sonuçta insan hakları ABD egemenlerinin çıkarlarına göre rafa kaldırılıyor veya indiriliyor. Chomsky'nin sözcükleriyle şöyle de söylenebilir: İnsan haklarına layık halklar olduğu gibi, yeri geldiğinde her tür kötü muameleye layık "zararlı" halklar da var -Kürtler ve Filistinliler gibi. Diğer yandan, bir halkın (örneğin Kosova Arnavutlarının) insan haklarına layık olduğu düşünüldüğünde bile ortaya bir mutluluk tablosu çıkmıyor, sivil yıkımlara neden olan operasyonlarla karşı karşıya kalınıyor.

Türkiye'deki Kürt sorununa değinirken Chomsky'nin bu konu üzerinde daha fazla yoğunlaşması ve daha ayrıntılı çözümlemeler yapması bir talep olarak ister istemez gündeme gelebilir. Ortadoğu söz konusu olduğunda, örneğin Filistin sorunu üzerine anıtsal denilebilecek bir eserler toplamı ortaya koyduğu biliniyor. Buna karşılık, önemli ölçüde ABD'nin silah yardımı ve diplomatik desteği ile sahnelenen kirli savaşın büyük toplumsal ve ekonomik bedeller ödenerek hızını yitirmesinden sonra, Kürt özgürlük hareketinin içine girdiği evreyi nasıl değerlendirdiği veya bu alanda yaşanan gelişmeleri izlemek için ne kadar zaman ayırdığı şimdilik belirsiz görünüyor.

Chomsky'nin dünyanın değişik bölgelerinde uygulanan ABD destekli terörün sonuçları hakkında genelde pesimist olduğunu belirtmek gerekiyor. Kürt direnişinin, Filistin direnişinin, Kolombiya'daki gerilla direnişinin, vs. tek başına sonuç alıcı olmasının kolay olmadığını, ABD'nin halklar üzerinde estirilen teröre desteğinin durdurulması için güçlü bir Amerikan yerli muhalefetinin örgütlenmesi gerektiğini düşünüyor. Çünkü, Endonezya örneğinde görüldüğü gibi, ABD "dur" ya da "seni daha fazla desteklemem mümkün değil" dediğinde mazlum halklar üzerinde acımasızca terör uygulayan devletlerin süngüsü anında düşüyor.

Chomsky'nin çözümlemelerinden yola çıkarak, Türkiye'nin birçok bakımdan Endonezya ile benzeşen bir durumu yaşadığı söylenebilir:

IMF'ye verilen sözler yerine getirilemedi ve gerek politik gerekse ekonomik düzeyde ABD'nin tek başına taşımak istemediği, taşıyamayacağı ağır bir yük oluştu. Sonuçta, on yılı aşkın bir süredir fiili olarak ana muhalefet odağı haline gelen Kürt özgürlük hareketini bitirmek isteyenler beslendikleri toplum düzenini bitirme noktasına geldiler.

Chomsky'nin Batının dayattığı ve Avrupa'da aşılması eğilimi güçlenen ulus-devlet modeline eleştirileri ve halklara dönük olarak uzun vadeli entegrasyon hedefini içeren güçlü yerel özyönetimlerin oluşturulması hakkındaki önerileri tartışılmaya değer görünüyor. Türkiye'nin içine girdiği Avrupa Birliği sürecinde Kürt sorununun azınlık hakları çerçevesinde çözümünün gerçekçi olmadığı çok açık. Kürtler Avrupa Birliği sürecinin zorunlu bir değişkeni haline geldiğinde, Ortadoğu'yu da içeren rasyonel (barışçı) düzenlemelerin yapılması ister istemez gündeme geliyor. Şu da söylenebilir: Mevcut yapısıyla Türkiye Cumhuriyeti – tersini ne kadar iddia ederse etsin - bölünme değil demokratik bütünleşme (entegrasyon) fobisi yaşıyor. Yaşadığımız coğrafyaya ilişkin olarak Kürt özgürlük hareketinin şekillendirdiği önerilerle Chomsky'nin ipucu niteliğindeki önerileri arasında ilginç kesişmeler bulunabileceği iddia edilebilir. Fakat, bu konuda yargıyı okuyucuya bırakmak doğru olacaktır.

HAYDUT DEVLETLER

"Haydut devlet" kavramı bugün politika planlamasında ve analizinde etkin bir rol oynamaktadır. Mevcut Irak krizi bunun yalnızca en son örneğidir. Washington ve Londra, Irak'ı komşuları ve bütün dünya için bir tehdit oluşturan "haydut bir devlet" olarak ilan ettiler. Irak "yasadışı" bir ulustur. Dünya düzeninin bekçileri, ABD ve -yarım yüzyıl önce İngiltere Dışişleri Bakanlığı'nın hüzünle kullandığı bir terimi benimsersek- onun "küçük ortağı" İngiltere tarafından zapturapt altına alınması gereken, Hitler'in onda yeniden bedenlendiği birisi tarafından yönetilmektedir. Kavram yakından ele alınmayı hak etmektedir. Fakat önce, mevcut krizde nasıl uygulandığına bir bakalım.

Irak krizi hakkındaki tartışmanın en ilginç özelliği, böyle bir tartışmanın hiçbir zaman yapılmamış olmasıdır. Doğru, pek çok sözcük sarfedildi ve nasıl hareket edilmesi gerektiği üzerine tartışmalar yapıldı. Fakat tartışma şu aşikar yanıtı dışlayan katı sınırlar içinde tutuldu: ABD ve İngiltere kendi yasalarına ve anlaşma yükümlülüklerine uygun olarak hareket etmek zorundadır.

İlgili hukuki çerçeve Birleşmiş Milletler Şartı'nda formüle edilmiştir. BM Şartı, uluslararası hukuk ve dünya düzeninin temeli olarak tanınan "bağlayıcı bir anlaşmadır" ve ABD anayasasına göre "ülkenin en üstün yasasıdır."

BM Şartı, "Güvenlik Konseyi barışa karşı herhangi bir tehdidin varlığını, barışın bozulmasını ya da saldırı edimini tespit eder ve tavsiyelerde bulunur veya 41. ve 42. maddelere uygun olarak hangi önlemlerin alınacağına karar verir" der. 41. ve 42. maddeler ise, tercih edilen "silahlı güç kullanımı içermeyen önlemleri" ayrıntılandırır ve bu tür önlemleri uygun bulmaması halinde, Güvenlik Konseyi'nin başka eylemlere girişmesine izin verir. Tek istisna, "Güvenlik Konseyi uluslararası barış ve güvenliği muhafaza etmek için gerekli önlemleri alana kadar.... silahlı saldırıya" karşı "bireysel ya da kolektif kendini savunma hakkına" izin veren 51. maddedir. Bu istisnalar dışında, üye devletler "uluslararası ilişkilerinde güç tehdidi veya kullanımından kaçınırlar."

Dünya barışına karşı birçok tehdide tepki göstermenin yasal yolları vardır. Eğer Irak'ın komşuları tehdit edildiklerini hissediyorlarsa, tehdide karşılık vermek için uygun önlemleri onaylaması için Güvenlik Konseyi'ne başvurabilirler. Eğer ABD ve İngiltere tehdit edildiklerini düşünüyorlarsa, aynı şeyi yapabilirler. Ancak hiçbir devletin bu konular hakkında kendi kararını verme ve dilediği şekilde hareket etme yetkisi yoktur. Elleri temiz olsaydı bile -ki durum pek öyle değildir- ABD ve İngiltere'nin böyle bir yetkisi olamazdı.

Yasadışı devletler bu koşulları kabul etmezler: Örneğin Saddam'ın Irak'ı veya ABD. O zaman BM büyükelçisi olan Dışişleri Bakanı Madeleine Albright tarafından ABD'nin pozisyonu açıkça ifade edilmişti. ABD'nin Irak'la daha önceki bir karşı karşıya gelişi sırasında, Madeleine Albright Güvenlik Konseyi'ne ABD'nin "mümkünse çok yönlü ve gerektiğinde tek yönlü olarak" harekete geçeceğini bildirmişti. Çünkü "bu bölgenin ABD'nin ulusal çıkarları açısından yaşamsal önemde olduğunu" düşünüyorlardı, dolayısıyla dışsal bir kısıtlamayı kabul etmiyorlardı. BM Genel Sekreteri Kofi Annan Şubat 1998'de diplomatik misyonunu başlattığında, Albright bu duruşu tekrarladı: "Kendisinin başarılı olmasını temenni ediyoruz", "geri döndüğünde, ne getirdiğine ve ulusal çıkarlarımıza ne ölçüde uyduğuna bakacağız". Bu da "nasıl tepki göstereceğimizi belirleyecektir." Annan bir anlaşmaya varıldığını duyurduğunda, Albright doktrini tekrar etti: "Annan'ın bizim hoşumuza gitmeyen bir şeyle dönecek olması mümkündür, ki bu durumda ulusal çıkarımıza uygun davranacağız." Başkan Clinton, Irak'ın (Washington tarafından belirlenen) uyum testinde başarısız olması halinde olacakları şöyle duyurdu: "ABD'nin ve umut edilir ki bütün müttefiklerimizin, bizim seçtiğimiz bir zamanda, yerde ve tarzda tek yanlı karşılık verme hakkı olacağını herkes anlayacaktır." Verecekleri karşılık, diğer zorba ve yasadışı devletlere benzer bir tarzda olacaktı.

Güvenlik Konseyi oybirliğiyle, ABD/İngiltere'nin Irak'ın anlaşmaya uymaması halinde güç kullanmalarına izin vermesi taleplerini reddetti ve Annan'ın anlaşmasını desteklediğini bildirdi. Karar "çok ciddi sonuçlar" hakkında uyarıda bulunuyordu, fakat daha fazla ayrıntıya yer verilmemişti. Kritik önemdeki son paragrafta, Konseyin "anlaşmadan kaynaklanan sorumluluklarına uygun olarak, bu kararın uygulanmasını temin etmek ve bölgede güvenliği sağlamak amacıyla, konu üzerinde aktif olarak durmaya karar verdiği" yazıyordu. Kararı veren Konseydi, başkası değil; BM Şartı'na uygun olarak.

Olgular açıktı ve belirsizlik içermiyordu. Gazete başlıkları şöyle diyordu: "Otomatik Bir Saldırı Desteklenmiyor" (*Wall St. Journal*); "BM, Anlaşmaya Uymaması Halinde ABD'nin Irak'ı Tehdit Etmesini Reddetti" (*New York Times*) vs. İngiltere'nin BM büyükelçisi "Irak'ın (BM'nin araştırmasını) engellemesi halinde, kararın ABD ve İngiltere'ye Irak'a karşı "otomatik bir saldırı başlatma' yetkisi vermediğini konseydeki meslektaşlarına kişisel olarak garanti etti." Kosta Rika büyükelçisi, "silahlı gücün ne zaman kullanılacağına Güvenlik Konseyi'nin karar vermesi gerektiğini" belirterek, Güvenlik Konseyi'nin pozisyonunu ifade etti.

Washington'un tepkisi farklıydı. ABD büyükelçisi Bill Richardson "anlaşmanın tek yanlı güç kullanımını engellemediğini" ve ABD'nin dilediğinde Bağdat'a saldırmak için yasal hakkını koruduğunu ileri sürdü. Dışişleri Bakanlığı sözcüsü James Rubin karar metnini "yaptığımız özel tartışmalar kadar önemli değil" diyerek dikkate almadı: "Bu karara aldırış etmediğimizi söylemiyorum", fakat "eğer anlaşma ihlal edilirse, tekrar Güvenlik Konseyi'ne başvurmaya gerek görmediğimizi açıkça ortaya koyduk." Başkan, ABD'nin Irak'ın anlaşmaya uyması konusunda tatmin olmaması halinde kararın "harekete geçme yetkisi tanıdığını" belirtti. Başkanın basın sekreteri, bunun askeri eylem anlamına geldiğini açıkça söyledi. *New York Times*'ın manşeti doğru olarak "ABD Irak'ı Cezalandırma Hakkını Saklı Tutmakta Israrlı" diye yazıyordu. ABD dilediğinde tek yanlı güç kullanma hakkına sahiptir: İşte bu kadar.

Bazıları bu duruşun bile, uluslararası ve ulusal hukuktaki bağlayıcı yükümlülüklerimize fazlasıyla yakın olduğu hissine kapıldılar. Senato çoğunluk lideri Trent Lott, yönetimi dış politikayı "taşerona verir gibi" "başkalarına" -yani BM Güvenlik Konseyi'ne- teslim ettiği için eleştirdi. Senatör John McCain, "Birleşik Devletler kudretini Birleşmiş Milletlere bağımlı kılıyor olabilir" uyarısında bulundu -ki bu, yalnızca hukuka uyan devletler için bir yükümlülüktü. Senatör John Kerry, Saddam'ın "Birleşmiş Milletler kararlarını ihlal etmeye ve dünya topluluğu için tehditkar bir konumda kalmaya inatla devam etmesi" halinde, ABD'nin doğrudan Irak'ı işgal etmesinin "meşru" olacağını ekledi. Güvenlik Konseyi'nin buna karar vermesi ya da vermemesi önemli değildi. Böyle tek yanlı bir ABD eylemi, Kerry'nin kavradığı şekliyle "uluslararası hukukun çerçevesine" uygun düşecekti. Vietnam savaşına karşı çıkmasıyla ulusal bir şöhret kazanan, liberal bir güvercin olan Kerry, mevcut duruşunun eski görüşleriyle tutarlı olduğunu açıkladı. Vietnam ona, gücün ancak eğer hedefe "ulaşılabilirse ve ülkenizin ihtiyaçlarını karşılıyorsa" kullanılması gerektiğini öğretmişti. O halde Saddam'ın Kuveyt'i işgali yalnızca bir nedenle yanlıştı: Olayların gösterdiği gibi, hedef "ulaşılabilir" değildi.

Yelpazenin liberal-güvercin ucunda, Annan'ın anlaşması olumlu karşılandı, ama esas sorunları dışarıda bırakan dar çerçevede. Tipik bir tepkiyle *Boston Globe*, Saddam'ın pes etmemesi halinde "ABD'nin Irak'a saldırısı yalnızca haklı çıkmakla kalmayıp, saldırmazsa sorumsuz duruma düşeceğini" belirtti -öyle ki, saldırının sorgulanmasına hiçbir şekilde gerek kalmayacaktı. Aynı zamanda editörler, "bilimi daha önce hayal edilmemiş bir yıkım yaratma yoluna sapmaktan alıkoymak için dünyanın sahip olduğu en büyük şans" olarak "kitle imha silahlarına" karşı "evrensel bir utanç uzlaşması" çağrısında bulundular. Duyarlı bir öneri; güç tehdidine başvurmadan, başlamak için kolay yollar düşünülebilir, ama niyet edilen bu değildir.

Politika analisti William Pfaff, Washington'un "teolojik ve felsefi görüşe", Akinalı Thomas ve Renaissance teologu Francisco Suarez'in görüşlerine başvurmakta gösterdiği isteksizliğini esefle karşıladı. Halbuki, "felsefe ve teolojinin" rehberliğini arayan, ABD ve İngiltere'deki "analitik toplumun bir bölümü" 1950 ve 1960'larda böyle yapmıştı. Ama entelektüel kültürle ilintisiz olsa da, oldukça açık olan çağdaş uluslararası ve ulusal hukukun temellerinin rehberliğini aklından geçirmemişti. Başka bir liberal analist, ABD'nin şu olguyla yüzleşmesi gerektiğinin altını çizdi: Eğer ABD benzersiz kudretini "gerçekten insanlığın iyiliği için kullanıyorsa, insanlık bunun kullanılmasıyla ilgili söz hakkı talep ediyor. Oysa "anayasa, Kongre ve televizyonun Pazar bilgiçleri" buna izin vermeyecektir. "Ve dünyanın diğer ulusları Washington'a, (kendi) çıkarlarına ne zaman, nerede ve nasıl hizmet edilmesi gerektiğine karar verme hakkını devretmediler." (Ronald Steel).

Anayasa geçerli anlaşmaları, özellikle aralarında en temel olan BM Şartı'nı "ülkenin en yüksek yasası" ilan ederek, gerçekte bu tür mekanizmalar sağlamaktadır. Ayrıca Kongreyi, çağımızda temelleri BM Şartı tarafından belirlenen "ulusların hukukuna karşı saldırıları... tespit etmeye ve cezalandırmaya" yetkili kılmaktadır. Diğer yandan, başka ulusların "Washington'a haklarını devretmediklerini" söylemek gerçekleri biraz hafife alan bir ifadedir. Uluslar ona bu hakkı vermeyi, BM Şartı'nı büyük ölçüde şekillendirmiş olan Washington'un (en azından retorik düzeydeki) yol göstericiliği doğrultusunda şiddetle reddetmişlerdir.

Irak'ın BM kararlarını ihlal ettiği söylendiğinde, genellikle bu, iki savaşan devletin "dünya polisi" rolünü üstlenerek, tek yanlı güç kullanmaya hakkı olduğu şeklinde anlaşılmıştır. Bu ilkesel olarak, yasaları yerden yere vurması değil, onları uygulaması beklenen polise bir hakarettir. Washington'un "güç konusunda küstahça davrandığı" ve benzeri eleştiriler yapılmıştır. Ama bu, kendi kendisini güç kullanmakla görevlendiren zorba bir yasadışı devlet için pek uygun bir ifade değildir.

Kimsenin gerçekten denememiş olmasına karşın, ABD/İngiltere'nin iddialarını desteklemek için, hayli eğilip bükülmüş yasal bir argüman icat edilebilir. Birinci adımda, Irak'ın 3 Nisan 1991 tarihli, 687 no'lu BM kararını ihlal ettiği söylenebilir. Sözü edilen karar, Irak'ın zikredilen hükümleri (silahların yok edilmesi, denetim vs.) kabul ettiğini belirten "resmi bildirimi üzerine" bir ateşkes ilan etmektedir. Bu muhtemelen kayda geçen en uzun ve en ayrıntılı Güvenlik Konseyi kararıdır, fakat uygulama mekanizmasından söz edilmemektedir. O halde, argümanın ikinci adımı, Irak'ın hükümlere uymamasının 678 no'lu kararı (29 Kasım 1990) "yeniden gündeme getirdiği" olacaktır. Bu karar üye devletleri "660 no'lu kararı desteklemek ve uygulamak için bütün gerekli araçları kullanmaya" yetkili kılmaktadır. 660 no'lu karar (2 Ağustos 1990), Irak'ın derhal Kuveyt'ten çekilmesini istemekte ve Irak ve Kuveyt'e, Arap Birliği sistemini tavsiye ederek, "ihtilaflarının çözümü için derhal yoğun müzakerelere başlama" çağrısı yapmaktadır. 678 no'lu karar, aynı zamanda "sonraki bütün ilgili kararlara" (bunları 662, 664 şeklinde sıralar) atıfta bulunur. Bunlar (662, 664) "ilgili" kararlardır, çünkü Kuveyt'in işgali ve Irak'ın bununla ilgili eylemlerine gönderme yapmaktadırlar. 678 no'lu kararı yeniden gündeme getirmek, bu nedenle, olayları daha önce oldukları haliyle bırakmaktadır: Güç kullanma yetkisi olmadan, 687 no'lu son kararın uygulanması -ki 687 no'lu karar, tamamen farklı konuları gündeme getirmekte ve yaptırımlar dışında hiçbir şeye izin vermemektedir.

Sorunu tartışmaya ihtiyaç yoktur. ABD ve İngiltere, BM Şartı'nın öngördüğü gibi, Güvenlik Konseyi'nden kendilerine "güç tehdidi ve kullanımı" için yetki vermesini isteyerek kolaylıkla bütün kuşkuları ortadan kaldırabilirdi. İngiltere bu yönde bazı adımlar attı, ama Güvenlik Konseyi'nin buna razı olmayacağı hemen belli olduğunda, bu çabalarına son verdi. Ama hukuk düzenini reddeden haydut devletlerin hakim oldukları bir dünyada, bu değerlendirmelerin pek bir önemi yoktur.

Güvenlik Konseyi'nin, BM'nin 687 no'lu ateşkes kararını ihlal ettiği için Irak'ı cezalandırmak amacıyla güç kullanımını onayladığını varsayalım. Bu onay bütün ülkelere uygulandı: Örneğin, bu nedenle bir ayaklanmayı desteklemek için Güney Irak'ı işgal etmeye yetkili olacak İran'ı da. İran, Irak'ın komşusudur ve ABD-destekli Irak saldırısının ve kimyasal savaşın kurbanıdır. Ve pekala makul biçimde, işgal eyleminin yerel bir desteğe sahip olacağını iddia edebilir. ABD ve İngiltere böyle bir iddiada bulunamazlar. Eğer hayal edilebilirse, İran'ın bu tür eylemlerine hiçbir zaman izin verilmeyecektir, ama kendi kendilerini görevlendiren yaptırımcıların planlarından çok daha az acımasız olacaktır. Bu türden temel gözlemlerin, ABD ve İngiltere'deki kamuoyu tartışmalarına girdiğini hayal etmek oldukça güçtür.

Hukuk düzeninin hor görülmesi, ABD'nin pratiğinde ve entelektüel kültüründe derin köklere sahiptir. Örneğin, 1986'da Dünya Mahkemesi'nin ABD'yi Nikaragua'ya karşı "yasadışı güç kullandığı" için mahkum eden kararına karşı gösterilen tepkiyi hatırlayın. Karar, ABD'nin yasadışı güç kullanımına son vermesini ve kapsamlı onarım işleri için tazminat ödemesini talep ediyordu. Ayrıca, ABD'nin kontralara bütün yardımının, niteliği ne olursa olsun, "insani yardım" değil "askeri yardım" olduğunu ilan ediyordu. Mahkeme, itibarını ayaklar altına aldığı için her yandan suçlamaya maruz kalmıştı. Kararın hükümlerinin basılması uygun görülmemiş ve görmezden gelinmişti. Demokratların kontrolündeki Kongre yasadışı güç kullanımını arttırmak amacıyla derhal yeni fonlar için yetki vermişti. Washington, bütün devletleri uluslararası hukuka saygı göstermeye davet eden bir Güvenlik Konseyi kararını veto etmişti. Karar, amacı açık olmakla birlikte, hiçbir ülkenin adını zikretmemişti. Genel Kurul benzer bir kararı kabul ettiğinde, ABD fiilen kararı veto ederek, sadece İsrail ve El Salvador'la birlikte karşı oy kullanmıştı. Bir sonraki yıl, yalnızca İsrail'in otomatik oyunu toplayabilmişti. Ne anlama geldiğini bir yana bırakın, medya ya da fikir dergilerinde bunlara hemen hiç yer verilmedi.

Dışişleri Bakanı George Shultz bu arada (14 Nisan 1986) şu açıklamada bulundu: "Eğer kudretin gölgesi pazarlık masasına düşmemişse, müzakereler teslim olmanın nazikçe adlandırılmasından başka bir şey değildir." "Denklemdeki güç unsurunu ihmal ederek, dışardan arabuluculuk, Birleşmiş Milletler ve Dünya Mahkemesi gibi ütopik, hukuki araçları" savunanları mahkum etti -modern tarihte öncellerine rastlanabilecek duygular.

51. maddenin açıkça hor görülmesi özellikle bilgilendiricidir. Bu tutum, Hintçini için barışçıl bir çözümü öngören 1954 Cenevre Anlaşması'ndan hemen sonra, dikkate değer bir açıklıkla sergilenmiştir. Washington anlaşmayı "bir felaket" olarak görmüş ve altını oymak için derhal harekete geçmiştir. Ulusal Güvenlik Konseyi "yerel komünist ayaklanma ya da başkaldırının silahlı bir saldırı teşkil etmemesi" halinde bile, "eğer ayaklanmanın kaynağı olduğu tespit edilirse" Çin'e saldırı dahil, ABD'nin askeri güç kullanımını düşüneceğine giz-

lice karar vermiştir (NSC 5429/2). Her yıl kelimesi kelimesine planlama belgelerinde tekrar edilen bu ifade öyle bir şekilde seçilmiştir ki, ABD'nin 51. maddeyi ihlal etme hakkını açık hale getirmektedir. Aynı belge şu istekleri dile getirmektedir: Japonya'nın yeniden askerileştirilmesi, Tayvan'ın "ABD'nin Güneydoğu Asya'daki örtülü ve psikolojik operasyonları için odak noktasına" dönüştürülmesi, bütün Hintçini'nde "geniş ve etkin ölçekte örtülü operasyonlara" girişilmesi ve genel olarak Cenevre Anlaşması ve BM Şartı'nın altını oymak için etkili bir hareket tarzının izlenmesi. Bu son derece önemli belge, Pentagon belgeleri, tarihçileri tarafından çirkin bir biçimde tahrif edilmiş ve büyük ölçüde tarihten silinmiştir.

ABD "saldırıyı", "politik savaş veya iktidarın devrilmesini" (yani başkası tarafından) kapsayacak şekilde tanımlamayı sürdürmüştür. Bu, J.F. Kennedy'nin Güney Vietnam'a karşı saldırıları kapsamlı bir hücuma kadar tırmandırmasını savunurken, Adlai Stevenson'un "iç saldırı" olarak tanımladığı şeydir. 1986'da ABD Libya şehirlerini bombaladığında, resmi gerekçe "gelecekteki saldırılara karşı öz savunmaydı." *New York Times* hukuk uzmanı Anthony Lewis, Yönetimi "şiddeti (bu durumda) bir öz savunma edimi olarak haklı gösteren hukuki bir argümana" dayandığı için kutlamıştır. Lewis'in dayandığı BM Şartı'nın 51. maddesinin bu yaratıcı yorumu, eğitimli bir ortaokul öğrencisini bile zor durumda bırakırdı. ABD'nin Güvenlik Konseyi büyükelçisi Thomas Pickering, ABD'nin Panama'yı işgalini 51. maddeye başvurarak savunmuştur. Pickering'e göre 51. madde "bir ülkeyi savunmak, çıkarlarımızı ve halkımızı savunmak için silahlı güç kullanımına olanak sağlamaktadır" ve "ABD'ye uyuşturucu kaçakçılığı yapılması için toprağının bir üs olarak kullanılmasını" önlemek amacıyla ABD'yi, Panama'yı işgal etmeye yetkili kılmaktadır. Eğitimli görüş sahipleri, onaylama anlamına gelecek şekilde, başlarını bilgece salladılar.

Haziran 1993'de Clinton, Irak'a, sivillerin ölmesine yol açan bir füze saldırısı emri verdi. Saldırı, başkanı, kongredeki güvercinleri ve saldırıyı "yerinde, makul ve gerekli" bulan medyayı cesaretlendirmişti. Yorumcular, büyükelçi Albright'ın 51. maddeye gönderme yapmasından özellikle etkilenmişlerdi. Albright bombardımanın "silahlı saldırıya karşı öz savunma" olduğunu açıkladı -yani, iki ay önce eski Başkan

Bush'a bir suikast girişiminde bulunulduğu ileri sürülüyordu. ABD Irak'ın işe karıştığını kanıtlayabilseydi bile, 51. maddeye yapılan gönderme en iyi tabirle saçma olarak nitelendirilebilir. *New York Times*, sorunu ciddi biçimde ele almadan, "isim belirtmeden konuşan yönetim yetkililerinin" basına "Irak'ın suçlu olduğu yargısının sağlam istihbarattan çok, tali bilgilere ve analize dayandığını" söylediklerini yazdı. Basın, koşulların 51. maddeye "tamamen uyduğunu" söyleyerek seçkin görüş sahiplerini rahatlattı (*Washington Post*). *New York Times*, "her başkanın, ulusun çıkarlarını korumak için güç kullanma görevi vardır" diye yazarken, söz konusu durum hakkında bazı kuşkular dile getiriyordu. "Diplomatik açıdan, bu başvurmak için uygun bir gerekçedir" ve "Clinton'ın BM Şartı'na gönderme yapması, Amerikanın uluslararası hukuka saygı gösterme arzusunu iletmiştir" (*Boston Globe*). 51. madde "devletlere, düşmanca bir güç tarafından tehdit edildiklerinde, askeri olarak karşılık verme izni vermektedir" (*Christian Science Monitor*). İngiltere Dışişleri Bakanı Douglas Hurd, Clinton'ın "haklı ve orantılı öz savunma hakkını kullanmasını" destekleyerek, Parlamentoyu şu şekilde bilgilendirdi: 51. madde bir devlete "yurttaşlarına yönelik tehditlere karşı kendini savunmak için" güç kullanma yetkisi vermektedir. Hurd'e göre, eğer iki ay önce eski bir başkanı öldürmek için başarısız bir girişim emrini vermiş -ya da vermemiş -olabilecek bir düşmana karşı füze atmadan önce ABD'nin Güvenlik Konseyi'nin onayını alması gerekseydi, dünyada "tehlikeli bir felç olma hali" ortaya çıkardı.

Olayların kaydı, ulusal iktidar tarafından tanımlandığı şekliyle "ulusal çıkarlara" uygun hareket ederek, kendini gücün egemenliğine vakfeden "haydut devletler" hakkında yaygın olarak beslenen kaygıya önemli bir dayanak sunuyor. En uğursuz biçimde de, kendilerini küresel yargıç ve cellat olarak kutsayan haydut devletler hakkında.

HAYDUT DEVLETLER: DAR BİR KURGU

Irak krizi üzerine yapılmayan tartışmaya girmemiş olan konuları gözden geçirmek ilginç olacaktır. Ama önce "haydut devlet" kavramı üzerine birkaç söz.

Temel anlayış şudur: Soğuk Savaşın bitmesine karşın, ABD'nin yine de dünyayı koruma sorumluluğu vardır -ama kimden koruyacak? Açıktır ki bu, "radikal milliyetçilikten", yani kudretlinin iradesine boyun eğmek istenmemesinden koruma olamaz. Bu tür düşünceler genel kamuoyu için değil, ancak dahili planlama belgeleri için uygun olacaktır.

1980'lerin başından itibaren, kitle seferberliği için kullanılan geleneksel tekniğin etkinliğini yitirdiği açıktı. "Monolitik ve acımasız komplo" (J.F. Kennedy) veya "kötülük imparatorluğu" (Reagan) gibi soğuk savaş sloganlarına başvurmak artık işe yaramıyordu. Yeni düşmanlara ihtiyaç vardı.

Yurtiçinde, Suçla İlgili Ulusal Adalet Komisyonu şu sonuçlara varmıştı: Suç korkusu -özellikle uyuşturucu korkusu- "suçun kendisiyle ilgisi olmayan çeşitli faktörler" tarafından teşvik ediliyordu. Komisyona göre bu faktörler arasında, medya uygulamaları da dahil, "politik amaçlar için gizli ırksal gerilimi sömüren hükümet ve özel sektörün tutumunu" yer alıyordu; öyle ki hükümet ve özel sektör kendi amaçları için "yurttaşın korkusunu körükleyen bir rol oynuyordu." Yasaların uygulanmasında ve karar verilmesinde etkin olan ırksal önyargılar, siyah toplulukları yıkıma uğratıyor, "ırksal bir uçurum" yaratıyor ve "ulusu sosyal bir felaket riskine" sokuyordu. Şimdi ABD tarihinde ilk kez, Afrikalı Amerikalılar mahkumların çoğunluğunu oluşturuyordu ve beyazlara göre yedi kattan daha fazla bir oranda hapse atılıyorlardı. Siyahların tutuklanma oranları ise beyazlarınkiyle karşılaştırılamayacak kadar yüksekti ve tutuklamalar da, çok yüksek bir oranda uyuşturucu kullanımı ya da kaçakçılığı suçlamasıyla siyahları hedefliyordu. Bu olgular, kriminologlar tarafından "Amerikan Gulag'ı"*, "yeni Amerikan Apartheid"ı** olarak tanımlandı.

Yurtdışında, tehditlerin "uluslararası terörizm", "İspanik*** uyuşturucu kaçakçıları" ve hepsinden önemlisi "haydut devletler" olması ge-

* Gulag: 1920'lerden 1950 ortalarına kadar SSCB'de siyasi tutuklu ve hükümlülerin tutulduğu, Sovyet çalışma kampları sistemi. -ç.n.

** Apartheid: Güney Afrika'da, siyahlara karşı yürütülen iktisadi ve siyasi ayrımcılık politikası. Önceleri de var olan ve yasalara giren ayrımcılık politikası, Nasyonal Parti tarafından 1948 yılında genişletilmiş, apartheid olarak adlandırılmıştır. -ç.n.

*** İspanik: Birleşik Devletler'de yaşayan, İspanyolca konuşan Latin Amerika kökenliler için kullanılan bir terim. -ç.n.

rekiyordu. Stratejik nükleer silah cephaneliğinden sorumlu olan Stratejik Kumanda'nın 1995'deki gizli bir çalışması temel düşüncenin ana hatlarını çizmektedir. AP'in bildirdiğine göre, Bilgi Özgürlüğü yasası uyarınca yayınlanan *Essentials of Post-Cold War Deterrence* (Soğuk Savaş Sonrası Caydırıcılığın Esasları) adlı çalışma, "ABD'nin caydırıcı stratejisini nasıl varlığı son bulan Sovyetler Birliği'nden, Irak, Libya, Küba ve Kuzey Kore gibi 'haydut devletlere' kaydırdığını göstermektedir". Çalışma, ABD'nin "yaşamsal çıkarlarına saldırılması halinde" kendisini "irrasyonel ve intikamcı" olarak göstermek için, nükleer silah cephaneliğinden yararlanması gerektiğini savunmaktadır. Bu "bütün hasımlarımıza" özellikle "haydut devletlere yansıttığımız ulusal personanın* bir parçası olmalıdır." "Kendimizi, yalnızca uluslararası hukuk ve anlaşma yükümlülükleri gibi ahmaklıklara bağlı, tamamen rasyonel ve soğukkanlı olarak göstermek zarar verir." ABD hükümetinin "bazı unsurlarının potansiyel olarak 'denetim dışı' gibi görünebilmesi, bir hasmın karar vericilerinin zihninde korku ve kuşkular yaratmak ve pekiştirmek için faydalı olabilir." Rapor Nixon'ın "deli adam teorisini" yeniden kullanıma sokmaktadır: Düşmanlarımız, emrimizde olağanüstü bir yıkıcı güçle bizim çıldırmış ve ne yapacağı öngörülemez olduğumuzu anlamalılar, bu durumda korkuyla irademize boyun eğeceklerdir. Kavram açıkça 1950'de İsrail'de, iktidardaki İşçi Partisi tarafından icat edilmiştir ve başbakan Moşe Şaret günlüğünde parti liderlerinin "delilik edimlerini öven söylevler verdiğini" kaydeder. Moşe Şaret, eğer isteklerimiz kabul edilmezse "çıldırırız" ("nishtagea") uyarısında bulunur. Bu, kısmen zamanında yeterince güvenilir bulunmayan ABD'yi hedef alan "gizli bir silahtır." Kendisine yasa tanımayan bir devlet olarak bakan ve içeride seçkinlerden gelen pek az kısıtlamayla karşılaşan dünyanın biricik süper gücünün bu duruşu, dünya için oldukça büyük sorunlar yaratır.

Reagan yönetiminin ilk günlerinden beri, Libya "bir haydut devlet" olarak gözde bir tercihti. Saldırılara açık ve savunmasız Libya, ihtiyaç duyulduğunda mükemmel bir boks torbasıydı: Örneğin, 1986'da, prime time** için tarihte ilk kez bir bombardıman düzenlendiğinde, tele-

* persona: dışarıya karşı gösterilen hal, tavır, hareket. -ç.n.
** pirime time: gün içinde televizyonun en çok seyredildiği zaman dilimi. -ç.n.

vizyon Büyük İletişimcinin Nutukları'nı yazanlar tarafından, Washington'un Nikaragua'ya saldıran terörist güçlerine destek toplamak için kullanılmıştı. Bombardımanın gerekçesi, "terörist başı" Kaddafi'nin "kendi evindeki savaşı ABD'ye taşımak için Nikaragua'ya 400 milyon dolar, bir cephane dolusu silah ve danışmanlar" göndermesiydi. O sırada ABD, Nikaragua haydut devletinin silahlı saldırısına karşı öz savunma hakkını kullanıyordu.

Sovyet tehdidine yapılabilecek her türlü göndermeye son veren Berlin duvarının yıkılmasından hemen sonra, Bush yönetimi devasa bir Pentagon bütçesi için Kongreye yıllık talebini sundu. Yönetim bütçe talebi için şu açıklamada bulundu: "Yeni bir çağda, askeri gücümüzün küresel dengeyi belirleyen asli unsur olarak kalacağını öngörüyoruz, fakat... asker gücümüzün kullanılması için en muhtemel talepler Sovyetler Birliği ile ilgili olmayabilir ve yeni kuvvetlerin ve yaklaşımların gerekli olabileceği Üçüncü Dünyada olabilir." Örneğin "Başkan Reagan'ın kentlerdeki hedefleri bombalaması için Amerikan deniz ve hava kuvvetlerine," "1986'da (Libya)'ya yönelmeleri emrini vermesi" gibi. Libya'nın bombalanması, "demokrasimizin -ve diğer özgür ülkelerin- içinde yeşerebileceği uluslararası bir barış ortamına, özgürlük ve ilerlemeye katkıda bulunmak" hedefinin rehberliğinde gerçekleştirilmişti. Karşılaştığımız ilk tehdit Üçüncü Dünyanın "giderek artan teknolojik gelişkinliğidir." O halde "yeni tesisler ve teçhizata, araştırma ve geliştirmeye yatırım yapmayı" özendirecek teşvikler yaratarak "savunma endüstrisinin temelini" -aka yüksek teknoloji endüstrisi- güçlendirmeliyiz." Ve müdahale güçlerini, özellikle Ortadoğu'yu hedefleyen güçlerimizi muhafaza etmeliyiz. Doğrudan askeri girişimi gerekli kılmış olan Ortadoğu'da "çıkarlarımıza yönelik tehditler," "Kremlin'in inisiyatifine bırakılamaz" -bunlar, sonu gelmez Sovyet tehdidi uydurmalarına şimdi ara verilmiş olmasına karşın söylenmektedir. İlk yıllarda zaman zaman, bazen gizlice itiraf edildiği gibi şimdi "tehdidin" bölgede kökleri resmi olarak kabul edilmektedir. Yalnızca Ortadoğu'da değil başka yerlerde de, her zaman öncelikli sorun olarak görülen "radikal milliyetçilik".

O tarihte, "çıkarlarımıza yönelik tehditler" Irak'ın inisiyatifine de bırakılamazdı. Saddam o zaman gözde bir dost ve ticaret ortağıydı. Saddam'ın statüsü sadece birkaç ay sonra, ABD'nin kendisine Kuveyt'le sınırını güç kullanarak değiştirmesine izin verme niyetini, Kuveyt'i ele geçirmesini onaylaması olarak yanlış yorumlayınca değişiverdi. Saddam, Bush yönetiminin perspektifinden bakıldığında, ABD'nin Panama'da yaptığı şeyi tekrar etmesine onay verildiğini sanmıştı. Saddam'ın Kuveyt'i işgal etmesinden hemen sonra yapılan yüksek düzey bir toplantıda, Başkan Bush temel sorunu formüle etti: "Suudiler hakkındaki endişem... son dakikada askeri eylemden caymaları ve Kuveyt'te kukla bir rejimi kabul etmeleridir." Genelkurmay Başkanı Colin Powell sorunu keskin bir biçimde ortaya koydu: "Önümüzdeki birkaç günde, Irak kuklasını yerleştirerek geri çekilecek" ve "Arap dünyasında herkes bu durumdan memnun olacak."

Tarihsel paralellikler elbette hiçbir zaman tam değildir. Washington kuklasını yerleştirdikten sonra Panama'dan kısmen çekildiğinde, Panama dahil bütün yarı-kürede büyük bir öfke vardı. Gerçekte dünyanın büyük bölümünü de saran bu öfke, Washington'u iki Güvenlik Konseyi kararını veto etmek ve bir Genel Kurul kararına karşı oy kullanmak zorunda bıraktı. Genel Kurul kararı "ABD'yi uluslararası hukuku ve devletlerin bağımsızlığı, egemenliği ve toprak bütünlüğünü açıkça ihlal etmekle" mahkum ediyor ve "ABD'nin silahlı işgal güçlerinin Panama'dan" çekilmesini öngörüyordu. Irak'ın Kuveyt'i işgali, standart versiyondan oldukça uzak şekilde, farklı biçimde ele alındı. Bu farklı yorumlar (bu makalenin yayınlandığı *Z Magazine* dahil) yazılı basında kolaylıkla bulunabilir.

İfade edilmesi bir hayli güç olan olgular politik analistlerin yorumuna açıklık kazandırdı. Örneğin, ABD'nin karşı karşıya kaldığı bilmece üzerine bugün derin derin düşünen Ronald Steel şunları yazdı: "Dünyanın en güçlü ulusu olan ABD, güç kullanma özgürlüğü üzerinde başka herhangi bir ülkeden daha fazla sınırlamayla karşılaşmaktadır." Washington'un Panama'da iradesini ortaya koyamamasıyla karşılaştırıldığında, Saddam'ın Kuveyt'teki başarısının nedeni buydu.

Tartışmanın 1990-91'de etkin bir biçimde engellendiğini hatırlamak önemlidir. Yaptırımların işe yarayıp yaramayacağı çok tartışılmıştı, ama belki 660'no'lu kararın alınmasından kısa süre sonra, yaptırımların halihazırda işe yaramış olabilecekleri hiç tartışılmamıştı. Yaptırımların işe yaramış olabileceği korkusu, Irak'ın Ağustos 1990'dan Ocak 1991 başına kadar geri çekilme tekliflerini sınamayı Washington'un reddetmesine yol açtı. Çok ender istisnalar dışında, bilgi sistemi sorun hakkında sıkı bir disiplin uyguluyordu. Ocak 1991'deki bombardımandan birkaç gün önce kamuoyu yoklamaları, İsrail-Arap ihtilafı üzerine uluslararası bir konferansın yanısıra, Irak'ın çekilmesine dayalı barışçıl bir çözümün 2'ye 1 oranında desteklendiğini gösteriyordu. Bu duruşu ifade edenlerden hemen hiç kimse, bu çözümün kamuoyunda açık bir savunusunu duyma olanağına sahip olamamıştı. Medya -bu kendine özgü durumda- "olgular arasındaki bağlantıyı" düşünülemez bularak kabul etmedi ve sadık biçimde Başkan'ın yol göstericiliğini izledi. Anketlere yanıt verenlerin kendi görüşlerinin, egemen medyada yasaklanan Irak demokratik muhalefeti tarafından da paylaşıldığını bilmesi düşük bir ihtimaldi. Ya da kendi savundukları hükümleri içeren bir Irak teklifinin, teklifi makul bulan ABD yetkilileri tarafından bir hafta önce basına açıklandığını ve Washington tarafından doğrudan reddedildiğini bilmeleri de düşük bir ihtimaldi. Ya da Irak'ın bir çekilme teklifinin Ağustos ortası kadar erken bir tarihte Ulusal Güvenlik Konseyi tarafından ele alındığını, fakat reddedilerek fiilen gizlendiğini bilmeleri de düşük bir ihtimaldi. Irak'ın teklifi reddedilmişti, çünkü, *New York Times* diplomasi muhabirinin ima yoluyla bildirdiği gibi, Konsey açıkça gizlenen Irak girişimlerinin "krizi yatıştırmasından" korkmuştu.

O tarihten itibaren, Irak önde gelen "haydut devlet" olarak İran ve Libya'nın yerini aldı. Diğerleri hiçbir zaman sıralamaya girmediler. Belki konuyla ilgili en yakın örnek, general Suharto Batı'da büyük memnuniyet uyandıran devasa bir katliamı yöneterek 1965'de iktidarı ele geçirdiğinde, düşmandan dosta dönüşen Endonezya'dır. O zamandan beri, kendi halkına karşı kanlı saldırılar ve sonu gelmeyen zulümler yapan Suharto, Clinton yönetiminin tanımladığı gibi, artık "bizim adamımız" olmuştu. "Cesetlerin bir şok tedavi biçimi olarak etrafta bırakıldığını" yazan "bizim adamımızın" kişisel tanıklığına göre, yalnızca 1980'lerde 10.000 Endonezyalıyı öldürmüştü. Aralık 1975'de BM Güvenlik Konseyi oybirliğiyle Endonezya'ya "gecikmesizin" işgal güçlerini Doğu Timor'dan çekmesi talimatını verdi. Bunun yanısıra, "bütün devletleri Doğu Timor'un toprak bütünlüğüne olduğu kadar halkının devredilemez kendi kaderini belirleme hakkına saygı göstermeye" çağırdı. ABD saldırganlara silah sevkıyatını (gizlice) arttırarak karşılık verdi. Carter, 1978'de saldırı neredeyse soykırım boyutlarına ulaştığında, bir kez daha silah akışını hızlandırdı. BM büyükelçisi Daniel Patrick Moynihan anılarında, "olayların (sonradan olduğu gibi) meydana gelmesini arzulayan ve bu sonuca ulaşmak için çaba gösteren" Dışişleri Bakanlığı'nın talimatlarını izleyerek, BM'yi "aldığı bütün önlemlerde tamamen etkisiz" kılma başarısından gurur duyar. ABD, uluslararası anlaşmaların her türlü makul yorumunu ihlal ederek, (bir ABD şirketinin iştirakiyle) Doğu Timor'un petrolünün çalınmasını da aynı memnuniyetle kabul eder.

Farklar bulunmasına karşın, ABD/Doğu Timor ve Irak/Kuveyt benzetmesi yakınlık gösterir: Bu farklardan yalnızca en bariz olanına değinirsek, Doğu Timor'da ABD sponsorluğunda yapılan zulüm, Kuveyt'te Saddam'ın sorumlu tutulduğu herhangi bir uygulamanın çok ötesindeydi.

Başka birçok örnek vardır. Bununla birlikte, genellikle gündeme getirilenlerden bazılarının temkinli bir şekilde ele alınması gerekir, özellikle de İsrail'le ilgili olanların. İsrail'in 1982'de ABD desteğiyle gerçekleştirdiği Lübnan işgalinde ölen sivil sayısı, Saddam'ın Kuveyt işgalinde ölenlerin sayısını geçmişti. Üstelik Lübnan işgali, Kudüs, Golan Tepeleri ve diğer konularla ilgili çok sayıda başka kararın yanısıra, İsrail'e derhal Lübnan'dan çekilme talimatı veren 1978'deki Güvenlik Konseyi kararının bir ihlali olarak kalmayı sürdürmektedir. Ve eğer ABD düzenli biçimde bu tür kararları veto etmemiş olsaydı, İsrail'in ihlal ettiği kararların sayısı çok daha fazla olurdu. Ancak İsrail'in, özellikle mevcut hükümetin BM'nin 242 no'lu kararını ve Oslo Anlaşmalarını ihlal ettiği ve ABD'nin, bu ihlallere göz yumarak "çifte standart" sergilediği yolundaki ortak suçlama en iyi ihtimalle kuşkuludur. Söz konusu suçlamalar, bu anlaşmaların yanlış anlaşılmasına dayanmaktadır. Madrid-Oslo süreci başından beri, ABD-İsrail gücü tarafından Bantustan tarzında bir yerleşimi* dayatmak üzere tasarlanmış ve

* **Irkçı Güney Afrika'da kuşatılmış bölgeler içinde yaşayan ve belirli bir özerkliğe sahip olan siyahların, rejimle işbirliği yapan önderleri tarafından denetim altında tutulması. -ç.n.**

uygulanmıştır. Arap dünyası, başka birçokları gibi, konu hakkında kendini kandırmayı seçmiştir. Ama bu hedefler güncel belgelerde ve mevcut Likud hükümetinin şimdi suçlandığı projeler dahil, özellikle Rabin-Peres hükümetlerinin ABD destekli projelerinde açıkça görülebilir.

"İsrail'in, Güvenlik Konseyi kararlarını ihlal ettiği açıkça gösterilemez" (*New York Times*) iddiası bariz şekilde doğru değildir. Fakat sık sık öne sürülen nedenlerin dikkatlice incelenmesi gerekir.

Irak'a dönersek, hiç kuşkusuz ön sıralardaki kriminal bir devlet olarak nitelenmektedir. 18 Şubat'ta televizyondan yayınlanan bir toplantıda ABD'nin Irak'a saldırı planını savunurken, Dışişleri Bakanları Albright ve Cohen tekar tekrar en büyük zalimliği gündeme getirdiler: Saddam "komşularına ve kendi halkına karşı kitle imha silahları kullanmaktan" suçluydu; bu onun en korkunç suçuydu. ABD'nin Suhorto'ya desteği hakkında soru soran birisini kızgın biçimde yanıtlayan Albright şu ilkeyi vurgulama gereği duydu: "ABD'nin ve uygar dünyanın bu kitle imha silahlarını, bırakın komşularına, kendi halkına karşı kullanmak isteyen birisiyle müzakere yapamayacağını açıklığa kavuşturmak bizim için çok önemlidir". Kısa süre sonra Senatör Lott, Kofi Annan'ı "bir kitle katliamcısıyla insani bir ilişki" geliştirmeye çalıştığı için mahkum etti ve yönetimi bu kadar alçalan bir kişiye güvendiği için suçladı.

Çınlayan sözcükler. Yöneltilen sorudan kaçmaları bir yana, Albright ve Cohen yalnızca, şimdi bu denli korkunç buldukları eylemlerin geçmişte Irak'ı "haydut bir devlete" dönüştürmemiş olduğunu belirtmeyi unuttular. Yorumcular ise buna dikkat çekmeyecek kadar naziktiler. Ve Lott, kahramanları Reagan ve Bush'un "kitle katliamcısıyla" alışılmadık ölçüde sıcak ilişkiler geliştirdiğine dikkat çekmedi. Saddam, Mart 1988'de Halepçe'de Kürtere karşı gaz kullandıktan sonra, askeri bir saldırı için ateşli çağrılar yapılmamıştı. Aksine, ABD ve Büyük İngiltere o zaman yine "bizim adamımız" olan kitle katliamcısına güçlü biçimde destek vermişlerdi. ABC televizyonu muhabiri Charles Glass Halepçe'den on ay sonra Saddam'ın biyolojik savaş programlarından birisinin yürütüldüğü yeri ortaya çıkardığında, Dışişleri Bakanlığı olguları inkar etti ve hikaye burada sona erdi. Glass, Dışişleri Bakanlığı'nın "şimdi aynı yer hakkında brifingler düzenlediği" saptamasını yapıyor.

Küresel düzeninin iki bekçisi aynı zamanda -siyanür, sinir gazı ve diğer barbar silahları kullanması dahil- Saddam'ın başka zulümlerini, diğer pek çok şeyin yanısıra istihbarat, teknoloji ve malzeme tedarikleriyle çabuklaştırdılar. Bill Blum, 1994'te Senato Bankacılık Komitesinin hazırladığı bir raporu hatırlatıyor. Bu rapora göre, ABD Ticaret Bakanlığı, daha sonra Irak'ta BM inceleme heyeti tarafından bulunup yok edilenlere çok benzeyen "biyolojik malzeme" sevkıyatı yapmıştı. Bu sevkıyatlar, en az Kasım 1989'a kadar devam etti. Bir ay sonra, Bush dostu Saddam için yeni kredilere onay verdi. Egemen medyada eleştiriyle (hatta haberle bile) karşılaşmadan, Dışişleri Bakanlığı ciddi bir ifadeyle kredilerin amacını "ABD'nin ihracatını arttırmak ve insan hakları siciliyle ilgili olarak Irak'la görüşmek için kendimize daha iyi bir pozisyon sağlamak hedefini...." gerçekleştirmek olarak açıklıyordu.

İngiltere'nin belge kayıtları resmi bir soruşturmada (Scott Soruşturması) en azından kısmen açıklandı. Scott raporunun yayınlanmasından sonra, yani en az Aralık 1996'a kadar, İngiltere hükümeti biyolojik silahlar için kullanılabilir malzeme ihraç etmeleri için İngiltere firmalarına lisans vermeye devam ettiğini, ancak şimdi kabul etmek zorunda kaldı.

Times'da, Batılı ülkelerin mikrop savaşı ve diğer kitle imha silahları için kullanılabilir malzeme satışlarının ele alındığı 28 Şubat tarihli bir inceleme yayınlandı. İncelemede, 1980'lerde ABD satışlarının bir örneği zikredilirken, buna, bazıları Fort Detrick'teki mikrop araştırması için ordu merkezinden alınan "ölümcül patojenlerin" hükümet onayıyla satılmasının dahil olduğu belirtiliyor. Ama bu sadece aysbergin görünen ucu.

Genellikle başvurulan güncel bir aldatmaca Saddam'ın suçlarının bilinmediğidir. Dolayısıyla şimdi bunları keşfedince gerçek anlamda şok olmuş durumdayız ve biz uygar insanların bu tür suçları işleyen birisiyle "müzakere yapamayacağını" açıklığa kavuşturmamız gerekiyor (Albright). Takınılan tutum sinik bir sahtekarlıktır. 1986 ve 1987 tarihli BM raporları Irak'ın kimyasal silah kullanmasını mahkum etmişti. Türkiye'deki ABD elçilik görevlileri kimyasal savaş saldırılarından kurtulan Kürtlerle görüştüler ve CIA bunları Dışişleri Bakanlığı'na bildirdi. İnsan haklar grupları Halepçe ve başka yerlerdeki vahşeti hemen duyurdular. Dışişleri Bakanı George Shultz ABD'nin konu hakkında kanıtlara sahip olduğunu kabul etti. Senato Dış İlişkiler Komitesi tarafından 1988'de gönderilen bir araştırma ekibi "sivillere karşı yaygın kimyasal silah kullanımı hakkında çok güçlü kanıtlar" buldu. Komite, Batı'yı, Irak'ın bu silahları İran'a karşı kullanmasını sessizce onayladığı için suçluyordu. Çünkü Batı'nın bu onayı, Saddam'ı -doğru olarak- bunları kendi halkına karşı acımasızca kullanabileceğine inanması için cesaretlendirmişti. Mevcut durumda Kürtlere karşı, ki Kürtlerin bu aşiret temelli eşkıyanın "halkı" sayılması bir hayli güçtür. Komite başkanı Claiborne Pell, "insanlar gazla zehirlenirken" sessiz kalınmasını "suç ortaklığı" yapılması olarak suçladı. Bu, "Hitler Avrupalı Yahudilerin neredeyse tamamen yok edilmesine varan bir kampanya başlattığında, dünyanın sessiz kalması" kadar büyük bir "suç ortaklığıydı." Pell, "soykırıma karşı bir daha sessiz kalamayız" uyarısında bulunarak, 1988 Soykırımın Önlenmesi Yasası'nı sundu. Reagan yönetimi şiddetli şekilde yaptırımlara karşı çıkar ve sorunun sessizce geçiştirilmesinde ısrar ederken, kitle katliamcısına desteğini sunuyordu. Gazeteci Adel Darwish, Arap dünyasında "Kuveyt basınının, Bağdat'ın Kürtlere karşı haçlı seferini en coşkulu biçimde destekleyen Arap medyası arasında yer aldığını" yazdı.

Ocak 1991'de, savaş davulları çalarken, Uluslararası Hukukçular Komisyonu, BM İnsan Hakları Komisyonuna şu tespitini iletti: "BM'den tek bir suçlayıcı sözcük gelmeden kendi halkı üzerinde en rezilce ihlalleri gerçekleştirdikten sonra, Irak'ın keyfi ne isterse onu yapabileceği sonucuna varılmış olması gerekir." BM bu bağlamda, öncelikle ABD ve İngiltere anlamına gelmektedir. Bu hakikat, uluslararası hukuk ve diğer "ütopik" çılgınlıklarla birlikte toprağa gömülmelidir.

Kaba bir yorumcu, ABD/İngiltere'nin yakın tarihte zehir gazı ve kimyasal savaş için gösterdiği hoşgörünün çok da şaşırtıcı olmadığına dikkat çekebilir. İngiltere karargahına göre, İngiltere ordusu 1919'da Bolşeviklere karşı Kuzey Rusya'ya müdahale ettiğinde, büyük bir başarıyla kimyasal silah kullanmıştı. 1919'da Savaş Bakanı olan Winston Churchill "uygarlaşmamış kabilelere -Kürtler ve Afganlar- karşı zehirli gaz kullanılması" ihtimalinden coşkuya kapılmıştı. Hindistan Bakanlığı'nın itirazlarını "makul olmadığı" için reddetmiş ve "gaz kullanımına karşı gösterilen yufka yürekliliği" esefle karşılamıştı. Ve Hindistan Bakanlığı'nın itirazlarına karşın, RAF (Royal Air Force -Kralıyet Hava Kuvvetleri) Ortadoğu Komutanlığı'na "söz dinlemeyen Araplara karşı deney amacıyla" kimyasal silah kullanma yetkisi tanımıştı. Churchill, "sınırda hüküm süren kargaşanın hızlı bir şekilde sona ermesini sağlamak için var olan herhangi bir silahın kullanılmasına hiçbir koşulda karşı çıkamayız" açıklamasında bulunmuştu. Kimyasal silahlar, Churchill'e göre, sadece "Batı biliminin modern savaşa uygulanmasıydı."

Kennedy yönetimi 1961-1962'de Güney Vietnam'a karşı saldırı başlattığında, kimyasal silahların sivillere karşı kitlesel şekilde kullanılmasına öncülük etmişti. Kimyasal silahların ABD askerleri üzerindeki etkilerinden, haklı olarak fazlasıyla endişe duyuluyordu. Ama siviller üzerindeki karşılaştırılamayacak kadar kötü etkiler söz konusu edilmiyordu. En azından ABD'de böyleydi. Yüksek tirajlı bir İsrail gazetesinde, saygın gazeteci Amnon Kapeliouk 1988'deki Vietnam gezisini haber yaptı. Kapeliouk, Güney Vietnam'da çeyrek milyon kurban olduğu tahminlerine yer vererek ve güneyde kanser ve iğrenç doğum bozukluklarından ölen çocukların bulunduğu hastanelerdeki "dehşet verici" sahneleri betimleyerek, "hala binlerce Vietnamlının Amerikan kimyasal savaşının etkilerinden ötürü öldüğünü" yazdı. Kapeliouk, kimyasal savaş için bu sonuçların izine rastlanmadığı Kuzeyin değil, Güney Vietnam'ın hedef alındığını bildirmektedir. Aynı zamanda, ABD'nin Küba'ya karşı biyolojik silahlar kullandığına ilişkin önemli kanıtlar vardır ve bunlar 1977'de küçük haberler olarak yer almıştır. En kötü ihtimal, bunların süregiden ABD terörünün yalnızca küçük bir bileşeni olmasıdır.

Daha önceki örnekler bir yana, ABD ve İngiltere şimdi Irak'ta biyolojik savaşın ölümcül bir biçimini uygulamaya giriştiler. Altyapının yıkılması ve onarılması için ithalatın yasaklanması, hastalıklara ve kötü beslenmeye, BM araştırmalarına göre 1995'e kadar 567.000 çocuk dahil, çok büyük sayıda küçük yaşta ölüme yol açmıştır. UNICEF

1996'da ayda 4.500 çocuğun öldüğünü bildirmektedir. 54 Katolik piskopos, yaptırımları sert biçimde kınayan bir açıklamada (20 Ocak 1998), Irak'ın güney bölgesi Başpiskoposunun "salgın hastalık gazabı binlerce çocuk ve hastayı alıp götürürken," "hastalıktan kurtulan çocuklar kötü beslenmeye yenik düşüyorlar" sözlerine yer verdi. Stanley Heller'in *The Struggle* adlı gazetesinde tam metni yayınlanan Başpiskoposun ifadesi basında çok az yer aldı. ABD ve İngiltere yardım programlarının engellenmesine öncülük ettiler -örneğin, askeri birliklerin taşınmasında kullanılabilir gerekçesiyle ambulanslar için onay vermeyi geciktirerek, hastalıkların yayılmasını önlemek için kullanılan haşere ilaçlarını ve halk sağlığı sistemleri için yedek malzemeleri yasaklayarak. Bu arada batılı diplomatlar, "ABD'nin, Rusya ve Fransa'dan daha fazla olmasa bile, en az onlar kadar (insani) operasyondan doğrudan yarar sağladığına" dikkat çekiyorlar. Örneğin, 600 milyon dolar değerinde Irak petrolü satın alınması (Rusya'dan sonra ikinci en büyük alıcı) ve ABD şirketleri tarafından 200 milyon dolarlık insani yardım mallarının Irak'a satılmasıyla. Diplomatlar, aynı zamanda, Rus şirketleri tarafından satın alınan petrolün büyük kısmının sonunda ABD'ye gönderildiğini belirtiyorlar.

Washington'un Saddam'a desteği o kadar aşırı bir noktaya varmıştı ki, Irak uçaklarının bir Amerikan gemisine (Stark) saldırmasına ve 37 mürettebatı öldürmesine bile göz yummak niyetindeydi. Başka türlü, (ABD gemilerinin özgürlüğü söz konusu olduğunda) yalnızca İsrail'in yararlanabileceği bir imtiyaz. İran-Irak savaşı tarihini anlattığı kitabında Dilip Hiro, İran'ın "Bağdat ve Washington'a" teslim olmasına yol açan şeyin, şimdi yönetim ve Kongreyi şok eden suçlardan epey sonra, Washington'un Saddam'a verdiği kesin destek olduğu sonucuna varır. İki müttefik "Tahran'a karşı askeri operasyonlarını koordine ettiler." Hiro, bir İran sivil havayolu uçağının güdümlü füzeli Vincennes kruvazörü tarafından vurulmasının, Washington'un Saddam'ın lehine yürüttüğü "diplomatik, askeri ve ekonomik kampanyanın" doruk noktası olduğunu yazar.

Saddam'dan bir himaye devletin alışıldık hizmetlerini yerine getirmesi de istenmişti: Örneğin, Reagan'ın eski Beyaz Saray yardımcısı Howard Tiecher'ın açıkladığına göre, Kaddafi hükümetini devirebilmeleri için ABD tarafından Irak'a gönderilen birkaç yüz Libyalının eğitilmesi.

Saddam'ı "Bağdat Canavarı" mertebesine yükselten işlediği büyük suçları değildi. Daha çok, çizginin dışına çıkmasıydı; çok daha alt düzeyde bir suçlu olan ve başlıca suçlarını yine ABD'nin himayesindeyken işleyen Noriega'nın durumunda olduğu gibi.

Geçerken, İran Havayolları'nın 655 sayılı uçağının İran hava sahasında Vincennes kruvazörü tarafından imha edilmesinin Washington'un yakasını bir türlü bırakmayacağı düşünülebilir. En hafif tabirle, olayla ilgili olgular kuşku uyandırmaktadır. Yarbay David Carlson donanmanın resmi gazetesinde, civardaki gemisinden -o sırada İran karasularında bulunan- Vincennes kruvazörünün vurduğu uçağın, açıkça ticari koridordaki sivil bir havayolu uçağı olduğunu görünce "hayrete düştüğünü" yazmaktadır. Yarbay Carlson, İran uçağının vurulmasının, belki "Aegis'lerin güvenilirliğini", yüksek teknolojili füze sistemini "kanıtlama gereksinmesinden" kaynaklandığını belirtmiştir. Deniz kuvvetleri (emekli) albayı David Evans, Donanma Bakanlığı'nın olayı örtbas etmesini ele aldığı aynı gazetedeki sert bir yazıda, komutan ve üst düzey subaylara "başarılı yönetimleri dolayısıyla madalya verildiği"ni saptamaktadır. Başkan Bush ise BM'yi şu şekilde bilgilendirmiştir: "Şurası açıktır ki, Vincennes İran gemilerinin başlattığı bir deniz saldırısının ortasında... kendini savunmak için harekete geçmiştir." Emekli Albay Evans, "ABD adına hiçbir zaman özür dilemeyeceğim" diyen Bush'un pozisyonu göz önüne alındığında bir önemi olmasa da, hepsinin yalan olduğuna işaret etmektedir -"olguların ne olduğu umurumda değil." Resmi oturumlara katılan emekli bir deniz albayı ise şu sonuca varmıştır: "Donanmamız konuşlandırılamayacak kadar tehlikeli."

Birkaç ay sonra Lockerbie üzerinde Pan Am 103'ün imha edilmesinin, İran'ın misillemesi olduğu düşüncesinden kaçınmak zordur. *Guardian*'ın bildirdiğine göre, Başkan Rafsancani'nin yardımcılığını yapmış ve İran istihbaratından ayrılmış olan ve "Almanya ve başka yerlerde güvenilir, üst düzey bir İran kaynağı olarak bakılan" Abulhassem Mesbani bu düşünceyi açıkça belirtilmiştir. 1997'de açıklanan, 1991 tarihli bir ABD istihbarat raporu (Ulusal Güvenlik Kurumu), "El Abbas ve Abu Nidal terörist gruplarıyla" bağlantılarına gönderme yaparak, eski bir İran İçişleri Bakanı olan Akbar Mohtashemi'nin "ABD'nin İran Airbus'ını vurmasına misilleme olarak Pan Am 103'ü bombalamak için" 10 milyon dolar gönderdiğini ileri sürerek, aynı sonuca varmaktadır. Kanıtlara ve ardındaki açık nedene karşın, bunun neredeyse İran'ın suçlanmadığı tek terörizm eylemi olması çarpıcıdır. Bunun yerine, ABD ve İngiltere iki Libya vatandaşını suçladı.

Libyalılara karşı yapılan suçlama geniş biçimde tartışıldı. Hükümetin Ulusal Havacılık Komitesinde görev yapmış olan British Airways'ın eski güvenlik başkanı Denis Phipps bu konuda ayrıntılı bir araştırma yaptı. İngiliz Lockerbie kurbanlarının aileleri örgütü "büyük bir örtbas etme" olduğuna inanıyor (sözcü Dr. Jim Swire). Örgüt, İran bağlantısı ve ABD DEA (Drug Enforcement Agency -Uyuşturucuyla Mücadele Örgütü) için çalışan bir kuryeyle ilgili bir uyuşturucu operasyonu hakkında kanıtlar sağlayan, Alan Frankoviç'in *Malta Haçı* belgesel filminde sunulan açıklamayı daha inandırıcı buluyor. Film İngiltere Avam Kamarasında ve İngiliz televizyonunda gösterildi. Ama ABD'de gösterilmesi kabul edilmedi. ABD'li aileler sıkı sıkıya, öykünün Washington tarafından anlatılan şekline inanıyorlar.

ABD/İngiltere'nin suçlanan Libyalıların yargılanmasına izin vermeyi reddetmeleri de merak uyandırıcıdır. Bu Libya'nın zanlıları, bağımsız bir yargı bölgesinde yargılanmaları için serbest bırakma teklifinin reddedilmesi şeklinde oluyor: BM'nin tayin edeceği bir yargıç tarafından (Aralık 1991), İskoç yasalarına göre La Haye'de yapılacak bir yargılama vs. Bu öneriler, Arap Birliği ve İngiliz akrabalar örgütü tarafından da desteklenmekte, fakat ABD/İngiltere tarafından doğrudan reddedilmektedir. Mart 1992'de, BM Güvenlik Konseyi, beş çekimser oya karşı, Libya'ya yaptırımlar uygulayan bir kararı kabul etti. Çekimser kalan ülkeler, Çin, Fas (tek Arap üye), Hindistan, Zimbabve ve Cape Verde* idi. Büyük ölçüde tehdit yoluyla baskı uygulanmıştı. Böylece, Çin kararı veto etmesi halinde, ABD'nin ticaret tercihlerini kaybedeceği yolunda uyarılmıştı. ABD basını, Libya'nın zanlıların yargılanma-

* **Cape Verde Adaları: Afrika'nın batı kıyısı açıklarında bulunan Windward ve Leeward adlı iki ada grubu -ç.n.**

ları için serbest bırakma teklifini haber yaptı. Ama Kaddafi'nin, iki Libya şehrini bombalayan ve evlatlık kızı dahil 37 kişiyi öldüren ABD pilotlarının teslim edilmesini isteyen "dramatik hareketini" dikkate almaya değmez ve gülünç bularak görmezden geldi. Bu açıkça, Küba ve Kosta Rika'nın ABD'li teröristlerin iade edilmesini istemeleri kadar saçmaydı.

ABD/İngiltere'nin, Noriega'nın kaçırılmasında olduğu gibi, denetleyebilecekleri bir yargılamayı garanti etmeyi istemek durumda kalması anlaşılabilir bir şeydir. Bağımsız bir yargılama bölgesinde, mantıklı herhangi bir savunma avukatı İran bağlantısını gündeme getirecektir. Bu saçma durumun ne kadar sürebileceği belli değil. Mevcut Irak krizinin ortasında, Dünya Mahkemesi ABD/İngiltere'nin konu üzerinde yargılama yetkisi olmadığı şeklindeki iddiasını reddetti ve konunun bütün yönleriyle ele alınacağı bir duruşma düzenlemek istiyor (karar, ABD ve İngiliz yargıçların karşı çıkmasıyla, 13'e karşı 2 oyla alındı). Bu, gerçeğin gizlenmesini daha da güçleştirebilecek.

Mahkemenin kararı, Libya ve İngiliz aileler tarafından olumlu karşılandı. Washington ve ABD medyası ise Dünya Mahkemesi kararının, "Libya'nın Lockerbie bombalaması zanlılarını İskoçya veya ABD'de yargılanmak üzere teslim etmesi gerektiğini" (*New York Times*) ve Libya'nın "şüphelileri ABD ve İngiltere'ye iade etmesini" (AP) isteyen 1992 BM kararına ters düşebileceği uyarısında bulundular. Bu iddialar doğru değildir. İskoçya ya da ABD'ye iade etme meselesi hiçbir zaman gündeme gelmedi ve BM kararlarında belirtilmemektedir. Karar 731 (21 Ocak 1992) "Libya Hükümetinden," Pan Am 103 ve bir Fransız havayolu uçağına yapılan saldırılarla ilgili olarak "yasal prosedürle bağlantılı" taleplere "derhal tam ve etkili bir yanıt vermesini ısrarla ister" demektedir. Karar 748 ise (31 Mart 1992) "Libya Hükümetinin daha fazla gecikmeksizin hemen" Karar 731'in taleplerine "uyması gerektiğine" ve terörizmden vazgeçmesine "karar verir." Libya'nın bunu yapmaması halinde, yaptırımlar için çağrı yapılacaktır. Karar 731, ABD/İngiltere'nin, Libya'nın "suçlanan herkesi yargılama için teslim etmesi" gerektiği şeklindeki açıklamasına yanıt olarak kabul edilmiştir ve ayrıntılara yer vermez.

O dönemde basında çıkan haberler de benzer biçimde doğru değildir. Böylece *New York Times*, ABD'nin Libya'nın şüphelileri bağımsız bir ülkeye iade etmesi teklifini geri çevirdiğini bildirirken, şu sözcükleri vurgulamıştı: "Libya yine BM'nin talimatından kaçmaya çalışıyor." *Washington Post* da Libya'nın teklifini dikkate almamış ve "Güvenlik Konseyi'nin, şüphelilerin ABD veya İngiliz mahkemelerinde yargılanması gerektiğini savunduğunu" bildirmişti. Kuşkusuz Washington meselelerin bu şekilde görülmesini tercih etmektedir. Doğru bir değerlendirme, Fletcher School'dan uluslararası hukuk uzmanı Alfred Rubin tarafından 1992'deki bir görüş yazısında yapıldı (*Christian Science Monitor*). Rubin, Güvenlik Konseyi kararının ABD ve İngiltere'ye iadeden söz etmediğini belirtiyordu. Rubin'e göre karar metni "aktarıldığı şekliyle ABD, İngiltere ve Fransa'nın istediklerinden o kadar ayrı düşmektedir ki, Amerika'nın diplomatik bir zaferinden ve BM'nin Libya üzerindeki baskılarından söz eden mevcut beyanlar ve basındaki değerlendirmeler anlaşılmaz görünmektedir." Maalesef, basının konuyu ele alışı bütünüyle ve haddinden fazla sıradandır.

BM hukuku uzmanı İngiliz Marc Weiler, *New York Times*'da bir köşe yazısında, Rubin'le aynı görüşü paylaşıyordu. ABD'nin uluslararası hukukun açık gerekliliklerine uyması ve Libya'nın yargılamanın Dünya Mahkemesi'nde yapılması önerisini kabul etmesi gerekiyordu. Weiler, sorunu Dünya Mahkemesi'ne götürmeyi "doğrudan reddettikleri" için ABD/İngiltere'yi mahkum ediyor ve Libya'nın ABD/İngiltere'nin talebine verdiği yanıtın "kesinlikle uluslararası hukukun emrettiği şekilde" olduğunu yazıyordu. Rubin ve Weiler aynı zamanda başka açık sorular da sorarlar: Yeni Zelanda, Auckland limanında Rainbow Warrior gemisini bombalayan (Fransız hükümetine bağlı) teröristlerin iade edilmesi için çaba göstermektedir. Yeni Zelanda, bu çabalarına son vermesi için kendisini zorlayan güçlü Fransız baskısına direnirse ne olur? Ya da İran, Vincennes kruvazörü kaptanının kendisine iade edilmesini isterse?

Dünya Mahkemesi şimdi Rubin ve Weiler'la aynı sonuçlara ulaşmıştır.

"Haydut devlet" nitelemeleri, ABD-Irak arasındaki düşmanlığın sona ermesinden hemen sonra, Mart 1991'da Irak'taki ayaklanmalara karşı

Washington'un gösterdiği tepkiyle daha bir açıklık kazanmaktadır. Dışişleri Bakanlığı resmi olarak, Irak demokratik muhalefetiyle herhangi bir ilişkisi içinde olduğunu bir kez daha reddetti. Körfez Savaşı'ndan önce olduğu gibi, Irak demokratik muhalefetine önde gelen ABD medyasında hemen hiç yer verilmedi. Dışişleri Bakanlığı sözcüsü Richard Boucher "Bu sıralar onlarla politik görüşmeler yapmamızın politikamız açısından uygun olmayacağını" belirtti. "Bu sıralar" 14 Mart 1991'tir, yani ayaklanan subaylara ele geçirilen Irak silahlarına ulaşma izni bile vermeyen general Schwartzkopf'un gözleri önünde, Saddam'ın güney muhalefetinin çoğunluğunu ortadan kaldırdığı tarihtir. Beklenmedik kamuoyu tepkisinin baskısı olmasaydı, Washington kısa süre sonra ayaklanan ve aynı muameleye maruz kalan Kürtlere muhtemelen gönülsüz destek bile sağlamazdı.

Iraklı muhalefet liderleri mesajı aldılar. Londra merkezli Irak Demokratik Reform Hareketi'nin Başkanı Leith Kuba ABD'nin, "rejim değişikliğinin içerden, halihazırda iktidarda olanlardan gelmesi gerektiğinde" ısrar ederek, askeri bir diktatörlüğü desteklediğini öne sürdü. Irak Ulusal Kongresinin başkanı, Londra'da yaşayan banker Ahmet Çelebi "Irak'ın içişlerine karışmama bahanesiyle ABD, daha sonra uygun bir subay tarafından devrileceği umuduyla Saddam'ın ayaklananları katletmesini seyrediyor" dedi. ABD'nin "istikrarı korumak için diktatörlükleri destekleme" politikasında kökleşmiş olan bir tutum.

Yönetimin akıl yürütmesi, *New York Times*'ın baş diplomasi muhabiri Thomas Friedman tarafından ana hatlarıyla ortaya konmuştur. Bir halk ayaklanmasına karşı çıkarken, Washington askeri bir darbenin Saddam'ı devirebileceğini umut etmişti ve "sonra Washington en çok işine yarayan durumu sağlamış olacaktı: Saddam Hüseyin'siz demir yumruklu bir Irak cuntası." Saddam'ın "demir yumruğunun, (Washington bir yana) Amerika'nın müttefikleri Türkiye ve Suudi Arabistan'i hoşnut edecek şekilde Irak'ı bir arada tuttuğu" günlere geri dönülmesi. İki yıl sonra, Friedman gerçekliği bir kez daha yararlı bir şekilde tanırken şu gözlemde bulundu: "Demir yumruklu Bay Hüseyin'in Irak'ın bir arada tutulmasında işe yarar bir rol oynaması" ve "istikrarı" koruması, "her zaman Amerika'nın benimsediği bir politika olmuştur." Washington'un demokrasi yerine, görmezden gelinen

Irak demokratik muhalefetinin onaylamadığı diktatörlük tercihini değiştirdiğine inanmak için pek az neden vardır -bu noktada kuşkusuz farklı bir demir yumruğu tercih etse de. Eğer başka bir demir yumruk yoksa, istikrarı Saddam'ın koruması gerekecektir.

"Haydut devlet" kavramı büyük ölçüde nüans içermektedir. Böylelikle Küba uluslararası terörizmle ilişkisi olduğu iddia edildiği için önde gelen bir "haydut devlet" olarak nitelendirilir. Ama yaklaşık 40 yıldır Küba'ya karşı terörist saldırılar gerçekleştirmesine karşın, ABD bu kategoriye girmemektedir. Ulusal basında yer almayan (Avrupa'da yer verilmiştir) *Miami Herald*'ın araştırma niteliğindeki önemli bir haberine göre, bu saldırılar bariz biçimde geçen yaz boyunca sürmüştür. Küba, Angola'da ABD'nin desteklediği Güney Afrika saldırılarına karşı, askeri güçleriyle hükümeti desteklediğinde bir "haydut devletti". Güney Afrika ise, tersine, ne o zaman, ne de BM komisyonuna göre komşu ülkelerde (geniş ABD/İngiltere desteğiyle) 600 milyar dolar zarara ve 1.5 milyon ölüme neden olduğu Reagan'lı yıllar boyunca bir haydut devlet değildi -ülke içindeki bazı olayları bir yana bırakalım. Benzer bir muafiyet, Endonezya ve başka çok sayıda ülke için de geçerlidir.

Kriterler oldukça açıktır: Bir "haydut devlet" basitçe suçlu bir devlet değil, fakat kudretlinin emirlerine karşı koyan devlettir. Kudretliler ise tabii ki muafiyetten yararlanırlar.

"TARTIŞMA" ÜZERİNE DAHA FAZLA SÖYLENECEKLER

Saddam'ın suçlu olduğu kuşku götürmez biçimde doğrudur. Öyle sanıyorum ki, ABD ve İngiltere'nin ve egemen doktiriner kurumların, sonunda ABD/İngiltere'nin kitle katliamcısına desteğini "vaktinden önce" mahkum edenlerin safına katılmasından memnuniyet duyulması gerekir. Saddam'ın menziline giren herkese karşı bir tehdit oluşturduğu da doğrudur. Başkalarından gelen tehditlerle karşılaştırıldığında, Ağustos 1990'dan itibaren içine girdikleri (müphem) dönüşümden sonra ABD ve İngiltere dışında, bu konuda fazla bir sözbirliği yoktur. ABD ve İngiltere'nin 1998'deki güç kullanma planı, Saddam'ın bölgeye karşı tehdit oluşturmasıyla haklı gösteriliyordu. Ancak, bölge halkının, hükümetleri muhalefette birleştirme derecesinde şiddetle kendi kurtuluşuna karşı çıktığı olgusunu gizlemenin imkanı yoktu.

Bahreyn, ABD/İngiltere güçlerinin topraklarındaki üsleri kullanmasına izin vermeyi reddetti. Birleşik Arap Emirlikleri Başkanı, ABD'nin askeri eylem tehditlerini "kötü ve tiksindirici" olarak tanımladı ve Irak'ın komşularına karşı bir tehdit oluşturmadığını açıkladı. Suudi Arabistan Savunma Bakanı Prens Sultan daha öncede, "bir halk ve bir ulus olarak, Irak'a saldırılmasını onaylamayacaklarını ve karşı olduklarını" söylemişti. Bu, Washington'un Suudi üslerini kullanma talebinde bulunmaktan kaçınmasına neden oldu. Annan'ın diplomatik girişiminden sonra, uzun süredir görevde bulunan Suudi Arabistan Dışişleri Bakanı Prens Suud El Faysal, Suudi hava üslerinin her türlü kullanımının "bir ABD meselesi değil, bir BM meselesi olması gerektiğini" bir kez daha belirtti.

Mısır'ın yarı-resmi gazetesi *El Ahram*'daki bir başyazı Washington'un pozisyonunu "dayatıcı, saldırgan, akılsızca ve gereksiz yere yaptırımlara ve aşağılanmaya maruz bırakılan Iraklıların yaşamlarını önemsemeyen" şeklinde tanımladı ve ABD'nin "Irak'a karşı" planlanmış "saldırısını" kınadı. Ürdün parlamentosu "Irak toprağına karşı her türlü saldırıyı ve Irak halkına gelebilecek her türlü zararı" mahkum etti. Ürdün ordusu iki gün süren Irak yanlısı bir ayaklanmadan sonra Maan şehrinin giriş ve çıkışlarını kapatmak zorunda kaldı. Kuveyt Üniversitesi'ndeki bir politika bilimi profesörü "Saddam'ın", "Yeni Dünya Düzeni" ve Washington'un İsrail'in çıkarlarını savunmasından duyulan hayal kırıklığını dile getirerek, "Arap dünyasında sessizlerin sesini temsil etmeye başladığı" uyarısında bulundu.

Kuveyt'te bile basın, ABD'nin pozisyonuna verilen desteğin en iyi ihtimalle "gönülsüz" olduğunu ve "ABD'nin gerekçeleri hakkında sinik" bir tavrı temsil ettiğini teslim etti. *Boston Globe* muhabiri Charles Sennott "Irak'a karşı Amerikan savaş davullarının sesi yükseldikçe, Kahire'nin kaynayan gecekondularından Arap Yarımadası'nın ışıldayan başkentlerine kadar, Arap dünyasının sokaklarında seslerin öfkeyle yükselmekte olduğunu" bildirdi.

Daha önceki kalıp kırılarak, egemen medyada Irak demokratik muhalefetine biraz daha yer verilmeye başlandı. *New York Times*'la yaptığı bir telefon mülakatında, Ahmet Çelebi haftalar önce Lonrda'da ayrıntılı biçimde aktarılan pozisyonunu tekrarladı: "Saddam'ı devirmek için politik bir plan olmaksızın, askeri saldırıların" binlerce Iraklıyı öldüreceği, belki Saddam'ı kitle imha silahlarıyla daha da güçlenmiş hale getireceği ve gerçekte 1991 bombardımanına göre daha fazla silah ve üretim tesisini yok eden "UNSCOM'u [BM denetçileri] kovması için ona bir bahane" sağlayacağı için "zarar verici" olduğunu öne sürdü. Çelebiye göre, ABD/İngiltere planları "olabilecek her şeyden daha kötü" bir duruma yol açacaktır. Çeşitli gruplardan muhalefet liderleriyle yapılan mülakatlar, Saddam'ı devirmek üzere bir ayaklanmanın temelini hazırlamayan askeri eyleme karşı çıkılmasında "neredeyse bir fikir birliği" olduğunu ortaya koydu. Çelebi bir parlamento komitesi önünde konuşurken, Saddam'ı devirmek için "bir strateji olmaksızın Irak'a saldırmanın ahlaki bakımdan savunulamaz" olduğu görüşünü dile getirdi.

Londra'da, muhalefet alternatif bir programın ana hatlarını da ortaya koydu: (1) Saddam'ın bir savaş suçlusu ilan edilmesi; (2) muhalefet tarafından oluşturulan geçici bir Irak hükümetinin tanınması; (3) Irak'ın yurtdışında bloke edilmiş yüz milyonlarca dolarlık varlıklarının serbest bırakılması; Saddam'ın kuvvetlerinin "uçuşa yasak bir bölgeyle" sınırlandırılması ya da "uçuşa yasak bölgenin" bütün ülkeyi kapsayacak şekilde genişletilmesi. Çelebi, Senato Silahlı Hizmetler Komitesine ABD'nin, "Saddam'ın iktidardan uzaklaştırılması için Irak halkına yardım etmesi gerektiğini" söyledi. Reuters'in bildirdiğine göre, Çelebi diğer muhalefet liderleriyle birlikte "suikasta, örtülü ABD operasyonlarına veya ABD kara birliklerine karşı çıkarak", bunun yerine "bir halk ayaklanması" çağrısında bulundu. Benzer öneriler zaman zaman ABD'de de ortaya kondu. Washington muhalefet gruplarını desteklemek için çaba gösterdiğini iddia etti, ama bu grupların kendi yorumları farklıdır. İngiltere'de yayınlanan Çelebi'nin görüşü yıllar öncesiyle büyük benzerlik taşımaktadır: "Herkes Saddam'ın köşeye sıkıştırıldığını söylüyor, ama politik değişim düşüncesini desteklemeyi reddederek köşeye sıkışmış olanlar Amerikalılar ve İngilizlerdir."

Bölgesel muhalefete, hesaba katılması gereken bir faktör olarak değil, kurtulunması gereken bir sorun olarak bakıldı -uluslararası hukuka bakıldığı gibi. Aynı şey, planlanan bombardımanların zaten sefalet içinde acı çeken halk üzerinde bir "felaket" etkisi yaratabileceğini ve en azından bazı düzelmeler sağlamış olan insani operasyonları sona erdirebileceğini söyleyen üst düzey BM ve diğer uluslararası yardım görevlilerinin uyarıları için de geçerliydi. Önemli olan, 1991'de bombalar ve füzeler düşerken Yeni Dünya Düzenini ilan eden Başkan Bush'un zafer edasıyla açıkladığı gibi "Ne İstersek O Olur" ilkesini yerleştirmektir.

Kofi Annan Bağdat'a gitmek üzere hazırlanırken, *British Middle East* muhabiri David Gardner "Amarika'nın başlıca Körfez müttefikinden destek aramak için yakında Riyad'a yaptığı ziyaretlerde... Madeleine Albright'ın karşılaştığı muamelenin aksine", "Tahran'da hala önemli bir şahsiyet olan" eski İran başkanı Rafsancani'nin "Suudi Arabistan'da sağlığı kötüleşen Kral Fahd tarafından huzura kabul edildiğini" yazdı. Rafsancani'nin on günlük ziyareti 2 Mart'ta bittiğinde, Dışişleri Bakanı Prens Suud ziyareti "ilişkileri geliştirmek yönünde doğru yönde atılmış bir adım" olarak tanımladı. Prens Suud, "Ortadoğu'daki en büyük istikrarsızlaştırıcı unsurun ve bölgedeki diğer bütün sorunların nedeninin" İsrail'in Filistinlilere karşı politikası ve ABD'nin bunu desteklemesi olduğunu tekrarladı. İsrail/ABD politikası, Suudi Arabistan'ın büyük korku duyduğu halk güçlerini harekete geçirebilirdi. Öte yandan bu politika, "büyük Kudüs'ü", neredeyse İsrail'in elinde tutacağı Ürdün Vadisi'ne kadar genişletme niyetini taşıyordu. Bu niyetin bir sonucu olarak, ABD/İsrail programı şimdiden Doğu Kudüs'teki Mescid-i Aksa'yı fiili olarak ilhak etmişti ve bu durum, İslami kutsal mekanların "koruyucusu" olarak Suudi Arabistan'ın meşruiyetini zayıflatabilirdi. Kısa süre önce Arap devletleri, Clinton ve Peres'in "Yeni Ortadoğu" projesinin ilerletilmesinin amaçlandığı ABD sponsorluğunda Katar'da düzenlenen bir ekonomi zirvesini boykot ettiler. Bunun yerine Aralık'ta, Irak'ın da katıldığı Tahran'daki bir İslam konferansında bir araya geldiler.

Bunlar hatırı sayılır ölçüde önemli eğilimlerdir ve ABD'nin bölgedeki politikasını harekete geçiren arka plandaki kaygılarla ilgilidirler. Bu kaygılar, II. Dünya Savaşı'ndan bu yana, ABD'nin dünyanın başlıca enerji rezervlerini kontrol etmekteki kararlılığıdır. Birçok kişinin gözlemlediği gibi Arap dünyasında, 1996'da resmileşen ve şimdi büyük ölçüde güçlenmiş bulunan uzun süreli İsrail-Türkiye ittifakına karşı giderek büyüyen bir korku ve kızgınlık vardır. Nixon'ın Savunma Bakanı'nın ifade ettiği gibi, bölgeyi "yerel polislerle" kontrol etmek yıllardır ABD stratejisinin bir bileşeni olmuştur. İran'ın ABD egemenliğinin yerine geçirmek üzere, bölgesel güvenlik düzenlemelerini savunması açıkça büyüyen bir takdir toplamaktadır. İlişkili bir sorun, Orta Asya petrolünü zengin ülkelere ulaştırmak için boru hatları üzerinde yoğunlaşan ihtilaftır ve doğal çıkış kapılarından birisi İran üzerindendir.

Ve ABD enerji şirketleri yabancı rakiplerin -şimdi bunlara Çin ve Rusya da dahildir- Suudi Arabistan'dan sonra ikinci sırada yer alan Irak petrol rezervlerine ya da İran'ın gaz, petrol ve diğer kaynaklarına ayrıcalıklı şekilde erişme imkanı kazanmalarından memnun olmayacaktır.

Şu an için, Clinton'ın planlayıcıları imal ettikleri "kutudan" geçici olarak kurtulmuş oldukları için rahatlamış olabilirler. Ancak bu "kutu" onlara Irak'ı bombalamaktan başka seçenek bırakmadı ve Irak'ın bombalanması temsil ettikleri çıkarlara bile zarar verebilirdi. Soluklanma dönemi geçicidir. Bu, savaşçı devletlerin yurttaşlarına, çok uzun olmayan bir gelecekte büyük bir farklılık yaratabilecek bir bilinç ve sorumluluk değişikliği gerçekleştirme fırsatı sunmaktadır.

Nisan 1998

BİLGİLENMEK VE ENTELEKTÜEL ÖZSAVUNMA

Dünya, fizik, birinci beyzbol ligi veya başka bir şey, aklımızda ne olursa olsun, çaba harcamadan oralarda neler olup bittiği hakkında bilgilenmenin yolu yoktur. Anlamak bedava değildir. Yalıtılmış bir birey için, bu işin müthiş zor olmakla hepten umutsuz olmak arasında bir yerlerde olduğu doğrudur. Ama elbirlikçi bir cemaatin parçası olan herhangi biri için bu yapılabilir bir şeydir -ve bu, diğer bütün durumlar için de doğrudur. Aynı şey "entelektüel özsavunma" için de geçerlidir. Tek başınıza bir konum almak büyük ölçüde özgüven, belki de birinin sahip olması gerektiğinden daha fazla özgüven gerektirir; çünkü size doğru gelen gördüğünüz ve duyduğunuz her şeyle karşıtlık içindedir. Bunun hakkında kanıtlar da vardır: Deneysel koşullar altında, insanlar doğru bildikleri şeyin güvenmek için nedenlere sahip oldukları başka kişiler tarafından yadsındığını öğrendiklerinde, kendileri de bu doğru bildikleri şeyi yadsırlar (ekseri insanların konformist ve irrasyonel olduklarını göstermek için örnek verilen, ama insanların oldukça makul oldukları ve ellerindeki bütün bilgiyi kullandıklarını göstermek için farklı biçimde de anlaşılabilecek Solomon Asch'in sosyal psikolojideki klasik deneyleri).

Bunlardan daha önemlisi, bir cemaatin -bir örgütlenmenin- eylem için bir temel olabileceği, ve dünyayı anlamak ruh için iyi bir şey olsa da (bu küçük görmek anlamına gelmiyor), eyleme yönlendirmediği takdirde, söz konusu mesele hakkında hiç kimseye, insanın kendisine de çok fazla yardımcı olamadığıdır. Aynı zamanda medya, fikir gazeteleri, akademik incelemeler gibi doktriner kurumların ürünleriyle uğraşırken, propaganda perdesinin ardına nüfuz etmek için insanın alışkanlık haline getirmesi gereken birçok teknik vardır. Örneğin bir makalenin ya da haberin temel çerçevesinin doktriner gerekliliklere uygun olarak umutsuz ölçüde yanlış yönlendirme işlevine sahip olması hayli sık rastlanan bir durumdur; fakat, bu çerçeve içinde başka bir şeylerin olup bittiğini gösteren ipuçları sıkça keşfedilebilir. Ben ekseri egemen basını son paragraflardan başlayarak okumayı öneririm. Şaka yapmıyorum. Küçük puntolara bakma, haber hakkında fazlaca kafa yorma ve onu dünkü haberlerle karşılaştırma zahmetine girmeyecek neredeyse bütün okurlar için, manşet, çerçevelendirme, ilk paragraflar genel manzarayı ve hikayenin tamamını vermek üzere tasarlanmıştır (bilinçli olarak bunları gazetecilik okulunda öğrenirsiniz). Bu her zaman keşfedilen bir şeydir.

Örnek vermem gerekirse, Pazar gününün *New York Times* gazetesini biraz önce okudum. "Week in Review" bölümünde, "Konuşulamaz Olanı Düşünülemez Olanla Karşılaştırmak" başlığını taşıyan Ralph Blumenthal'ın ilginç bir makalesi var. Doğru olarak işaret edildiği gibi, hem deneysel, hem de kullanım düzeyinde Mengele ile rahatça karşılaştırılabilir olan Japonya'nın II. Dünya Savaşındaki tüyler ürpertici biyolojik savaş siciliyle ilgili 4 Mart'ta yayınlanan (Judith Miller'le birlikte yazdıkları) uzun makalesini özetliyor. Dehşet verici 731 Birimini ve onun başındaki General Ishii'yi tartışıyorlar. Çerçeve şu: "Böyle bir kötülük nasıl olabilir?", "Japonya bilgi için yapılan başvuruları geri çeviriyor", "Japonlar nasıl bu kadar korkunç olabiliyorlar?", vs. Özsorgulamayla -ki yararlı ve gerçekleri açığa çıkartan bir alıştırmadır- karşılaştırarak benim sıkça tartıştığım bildik ve işe yaradığını kabul etmemiz gereken bir tarz.

Orijinal makale, bu ürkütücü suçları ifşa etmeyi ve şüpheli (Japon) iştirakçilerin ABD'ye girmesini yasaklamayı amaçlayan ABD Adalet Bakanlığı'ndan gelen soruşturmaları yanıtlamayı reddettiği için, Japonya'yı mahkum ediyor.

Bütün bunları yıllardır izleyen dikkatli bir okur, her iki makalede ifade biçimi dikkatlice yumuşatılmış, uygun bir biçimde gizlenmiş başka bir şey hakkında ipuçlarının farkına varacaktır. Aşağıda, çoğunlukla bugünün özet makalesine bağlı kalarak birkaç örnek veriyorum.

Makale "1980'lerin başında, Amerikalı ve İngiliz akademisyen ve gazetecilerin Amerika'nın suçların gizlenmesine karışması hakkında, yeni ayrıntılar ekleyerek, mikrop savaşı konusunu yeniden keşfettiklerini" belirtiyor. "Amerikalı ve İngiliz akademisyen ve gazetecilerin" ne kadar harika ve korkusuz olduklarını gösteriyor. Blumenthal'ın bilmemesinin pek mümkün olmadığı gibi, gerçek şudur: ABD hükümeti (ve egemen akım içinde yer alan akademisyenler ve gazeteciler), ABD'nin suçların gizlenmesine karışmasının niteliği ve kapsamı dahil olmak üzere, hikayeyi ortaya çıkartmamış ve ileri sürülebileceği gibi, örtbas etmişlerdir. Blumenthal ve meslektaşları aynı yolu izlemektedirler. Olgular "Amerikalı ve İngiliz akademisyen ve gazeteciler" tarafından "1980'lerin başında" değil, fakat Ekim-Aralık 1980'de *Bulletin of Concerned Asian Scholars*'da (Sorumlu Asyalı Akademisyenler Bülteni) ortaya çıkartılmıştır. Bu, 60'ların egemen akademisyenliğine ve ideolojisine muhalefetten ve eleştirisinden yola çıkmış dergilerden birisidir ve bu makale derginin, egemen akımın -tabii ki *Times*'ın- saklamak istediği malzemeyi ifşa etme başarısının bir örneğidir. Önemli miktarda ayrıntılı bilgi içeren bu makalenin yazarı John Powell'dı ve bu nedenle Kongre komiteleri onun peşini bırakmadılar: İşe alınmadı, kışkırtıcılıkla suçlandı, *China* dergisi kapatıldı, vs. Bu olgu, Blumenthal/Miller'in makalelerini çok yakından ilgilendirir. Fakat doğruyu söylemek gerekirse -ki bildikleri kesindir- John Powell'ın başına gelenler özgür kurumlarımızın, bunların liderlerinin ve katılımcılarının cesaret ve dürüstlüğünün göklere çıkartılması için gerekli imajı yaratmaya yardımcı olmayacaktır.

Times'daki makale Japon savaş suçlarının tanınmasındaki "gecikmenin" "Batının savaş sırasındaki acıları Avrupa-merkezci bir bakışla ele alması kadar, iki eski Mihver müttefikinin kendi geçmişleriyle uzlaşma istekleri arasındaki çarpıcı farkları ortaya koyduğunu" belirtmekte ve "soğuk savaş düşmanlıklarına acımasız bir ışık" tutmaktadır. Gerçekte "gecikme" kökten farklı bir şeyi ortaya koyar: Gecikme, ABD'nin tiksindirici operasyonun tamamını devralmasından, şimdi ortaya çıkartmakta çok istekli olduğunu iddia ettiği Mengele'leri korumasından ve onların çalışmalarını, ABD'nin devasa biyolojik ve bakteriyolojik savaş programı için temel olarak kullanmasından kaynaklanmıştır. 1949'dan itibaren kuvvet komutanları sonuçları "ilk saldırı" planlarına dahil etmişler ve bunun için resmi onay 1956'da verilmiştir.

"Soğuk savaşa" yapılan inandırıcı olmayan referansa gelince: Bu, geçmiş suçları örtbas etmek için standart -neredeyse refleks türünden- bir düzenektir. Bu düzeneğe, tam da şimdi Orta Amerika söz konusu olduğunda başvurulduğu gibi, korkakça olduğu kadar utanç verici bir biçimde başvuruluyor. Ritüel bir terim olarak "soğuk savaş" anıldığında, her zaman meseleye daha yakından bakmak gerekir. Kritik bir biçimde, "gecikmenin" zikredilen şeyle pek bir ilgisi yoktur. Fakat, **çok** rahat bilmezden gelinen şeyle büyük bir ilgisi vardır.

Times'daki makale şunu belirtiyor: İşlediği biyolojik savaş suçları nedeniyle Sovyetlerin Japonları yargılaması "komünist propaganda olarak Batıda büyük ölçüde görmezden gelindi veya dikkate alınmadı" ve ABD bu suçlardan ötürü hiç kimse hakkında kovuşturma yapmadı. Doğru ve bu, dürüst bir haberde işaret edilebileceği gibi, *New York Times*'ın ortaya koyduğu doğru bir manzaradır. Fakat, hikayenin bütünü olmaktan hayli uzak. Sovyetlerin, Japon Mengele'lerini yargılamaları, ABD'nin onlara sağladığı korumayı ve kriminal faaliyetlerini devralmasını gizleme ihtiyacının bir parçasıydı ve bu nedenle alaya alınmıştı. Makalenin sonuna doğru, ABD'nin "General Ishii'nin verilerini ele geçirebileceği" cümlesinde, *Times*'ın pekala her şeyi bildiğine dair bir ipucu bulunuyor. Hikayenin henüz tamamlanmış hali tam da belirtildiği gibi.

Ve bu yalnızca hikayenin küçük bir bölümü. *Times*'ın bilmemesinin imkansız olduğu gibi, bir yıl önce Indiana University Press yakın dönemde erişilebilen Çin ve ABD arşivlerine dayanarak, bütün bu konularda akademik bir çalışma yayınladı (Endicott ve Hagerman, *The US and Biological Warfare*). Hikaye biraz önce değindiğim, yeterince kötü olan şeyin çok daha ötesine gidiyor. *Times*'daki makale Japon biyolojik/bakteriyolojik savaşının kurbanları hakkında Çinli araştırmacıların elde ettiği yeni kanıtlara atıfta bulunuyor. Doğru, fakat *Times*'ın ve Endicott-Hagerman belgesinin yine bilmesi gerektiği gibi, bu Çinli araştırmacılar aynı zamanda **Birleşik Devletler**'in Ishii ve Birim 731'den öğrendiklerini, 50'li yılların başında, Kuzey Kore ve Çin'de uygulaması sonucu ölenler hakkında kanıtlar ortaya koyuyorlar. Üstelik, Endicott-Hagerman'ın tartıştıkları gibi, Çin belgelerinde yer alan ve Çinli Araştırmacıların ortaya koyduklarıyla ABD arşivlerinde yer alan bilgiler arasında rahatsız edici bağıntılar bulunuyor. Geçmişte, ben hiçbir zaman ABD'nin Kuzey Kore/Çin'de bakteriyolojik/biyolojik savaş uyguladığı suçlamalarını ciddiye almadım. Şimdi böyle davranmak o kadar kolay değil. Gerçekte bu, yeni yayınlanan komünist arşiv ve araştırmalardan elde edilen az sayıdaki önemsizleştirilmemesi gereken ifşaatlardan birisi; başka birçok şey kadar manşete taşınmayı hak eden bir olgu. Suçlamalar kanıtlanmış değil, ama kuşkusuz çok daha yakından incelenmeyi hak ediyorlar. Ve artık basitçe komünist propaganda olarak (gerçekte benim de yapmış olduğum gibi) bu suçlamaları ciddiye almamak doğru olmaz.

Times'daki makaleler akademik araştırmaya yer veriyorlar. Fakat, en yeni ve en önemli olduğunu bildikleri, yakın zaman önce erişilebilen Çin arşivleri ve Çin araştırması kadar yeni açıklanan ABD arşivlerini de kullanan tek araştırmayı özenle atlıyorlar. Tahmin edilmesi pek güç olmayan nedenlerden ötürü açıklanamayacak orijinal bulguyu bir yana bırakalım, bu konuyu araştırmış olmak ve en önemli ve en yakın tarihli akademik çalışmayı "keşfedememek" dikkat çekici ölçüde yeteneksizlik gerektirir.

Sunumunu yapanların kuşkusuz bildiği gerçek hikaye bu çizgileri izlemektedir. Dürüst bir haber, şurada burada ipuçlarını gizlemek ve başından beri çok farklı bir hikayeyi anlatmak yerine, yalnızca bütün bunları vurgulamakla kalmazdı, aynı zamanda güncel konularla ilgili açık sonuçlar çıkartırdı. Örneğin şu konu: ABD'nin "kitle imha silahlarının" tehlikeleri -belki hala yürürlükte olan, ama ABD'nin erken savaş-sonrası resmi politikasına göre var olmayan bir kategori -ve biyolojik/bakteriyolojik silahların dehşeti ve bunların teröristler ve haydut devletler tarafından potansiyel kullanımı hakkında ateş püskürmesi. Birim 731'deki kökenleri dahil ABD'nin bütün bunları devralması ve (olası saha denemeleri dahil) geliştirmesi, bütün hikayenin ne şekilde ele alınmış olduğu ve ele alındığı ön sayfalarda yer alması gereken ve kuşkusuz tartışmaya değer bir konu.

Ve ne şekilde ele alınacağı. Habere doğru yönde bir çerçeve kazandırmaya vakti olursa, bir gün *Times*'ın bütün bu konular hakkında uzun bir makale hazırlaması muhtemeldir. Haber resmi inkarlar, Soğuk Savaş hakkında ilişkisiz fakat işe yaraması muhtemel savunmalar, uzun süredir gizlenmiş olanları ortaya çıkartan akademik çalışmada gözüken (kaçınılmaz) hatalar üzerine bol bol atıp tutmalar, vs. ile şekillendirilmiş olacaktır. Kuşkusuz bu çalışmada hatalar vardır; fakat eğer bu hatalar, doktriner gereksinmelere hizmet ettiğinde önemli ölçüde saygın tarih olduğu düşünülen şey hakkında ortaya çıkartılanların küçük bir bölümüne ulaşırsa, bu sürpriz olacaktır. Yine oraya buraya dağılmış, dikkatli bir okuyucunun büyük çabayla bulabileceği ve onu gerçeğe götürebilecek ipuçları olacaktır.

Doğru yalnızca çirkin olmakla kalmayıp büyük ölçüde yerinde ve zamanında olma özelliği taşır. Eğer var olsaydı, özgür bir basında haberin şekillendirileceği ve sunulacağı biçimin böyle olması gerekirdi. Ciddi bir çaba gösteren birisi, mevcut basında kendisini doğru resme götürecek ipuçlarını ayırdedebilir. Ama bu çaba ve bu işlerin tipik olarak nasıl döndüğü hakkında biraz aşinalık gerekir.

Boston Globe'un -kısmen "Amerika Atinası"nın önde gelen isimlerine yönelik bir dergi -konu hakkında, suçları lanetleyen bir başyazısının olduğunu ekleyebilirim: "(Suçlar) o kadar aşağılıktır ki, hiçbir zaman sınırlamalar getiren bir yasanın uygulanmaması gerekir ve unutkanlığın perdesinin bu suçları gelecek kuşaklardan saklamasına izin verilmemelidir." *Times*'ın haberleri arasına dağılmış olan birkaç ipucu bile başyazıdan çıkartılmıştır. Başyazı Tokyo'yu suçlamaktadır çünkü "(Tokyo) bir biyolojik şavaş birimine katılmış eski Japon askerlerinin isimlerini bile ABD'ye vermeyi reddetmiştir." Nasıl bizim Japon Mengele'leri hakkında gerçeğin her kırıntısını ortaya çıkarma gayretimizi engellemeye nasıl cesaret ederler -ve nasıl bize tapmamızın öğretildiği kişiler tarafından kabul edilmişlerdir?

Bu yalnız örneklerden bir tanesidir. Aynı günün gazetelerinden başka bir düzine daha örnek kullanabilirdim. Şimdi artık var olmayan *Zamanımızın Yalanları* adlı bir dergi için bu konular hakkında düzenli makaleler yazardım -yazılı iftira davalarından korkulduğu için "Times'ın Yalanları" olarak adlandırılmadığını sanıyorum.* Bu makalelerin pek çoğu "Lexington'dan Mektuplar" (*Common Courage*) isimli bir kitapta toplandı. Başlık böyle, çünkü gayri-resmi şekilde, mektup olarak

* **New York Times gazetesine kısaca Times deniliyor ve zaman anlamına geliyor. Zamanımızın Yalanları "The Lies of our Times' denildiğinde aynı zamanda New York Times kastedilmiş oluyor, ama doğrudan bir suçlama için kanıt oluşturmuyor. -ç.n.**

yazılıyorlardı. Mevcut kitap ve yazılarda çok daha fazla ayrıntılı analizler bulunmaktadır. Entelektüel özsavunma hakkında bazı ipuçları verebileceklerini düşünüyorum, ama nihai olarak bu, fizik ya da beyzboldan farklı değildir. Eğer bir şey öğrenmek istiyorsanız, çalışmanız gerekecektir. Başarı şansı veya işe yarar başarı şansı ise işbirliğine dayalı karşılıklı bilgi alış verişi ve çabayla büyük ölçüde artmaktadır.

8 Mart 1999

BALKANLAR'DA KRİZ

24 Mart'ta basındaki manşet haberleri, ABD öncülüğündeki NATO güçlerinin Yugoslavya'daki hedeflere cruise füzeleri ve bombalar attıklarını, "ABD'yi askeri bir ihtilafın içine sokan Başkan Clinton'ın etnik temizliği durdurmak ve Doğu Avrupa'ya istikrar getirmek için bunun gerekli olduğunu söylediğini" bildirdiler. Clinton, bir televizyon konuşmasında, Yugoslavya'yı bombalayarak "değerlerimizi savunduğumuzu, çıkarlarımızı koruduğumuzu ve barış davasını ilerlettiğimizi" açıkladı.

Geçen yıl, Batılı kaynaklara göre, Yugoslavya'nın Kosova bölgesinde yaklaşık 2.000 kişi öldürülmüştü ve ülke içinde birkaç yüz bin mülteci vardı. Asıl kurbanlar, genellikle nüfusun yüzde 90'ını oluşturdukları söylenen Kosovalı Arnavutlar olduğuna göre, insani felaketten çok büyük ölçüde Yugoslavya ordusu ve polis güçleri sorumlu tutulabilirdi. Birleşmiş Milletler Mülteciler Yüksek Komiserliğine göre, üç günlük bombardımanın ardından birkaç bin mülteci iki komşu ülke olan Arnavutluk ve Makedonya'ya sürülmüştü. Mülteciler, terörün daha önce önemli ölçüde olayların dışında kalan başkent Priştine'ye ulaştığını bildirdiler. Büyük ölçekli köy yıkımları, katliamlar ve belki Arnavut nüfusun önemli bölümünü sürme çabasıyla, mültecilerin sayısında radikal bir artış olduğu hakkında güvenilir bilgiler verdiler. İki hafta içinde, hem havada hem yerde artan şiddetten kaçmak amacıyla bilinmeyen sayıda Sırp kuzeye Sırbistan'a kaçarken, büyük çoğunluğu Kosova'nın Makedonya ve Arnavutluk'a komşu güney bölgelerinden gelen mülteci akımı 350.000 kişiye ulaştı.

27 Mart'ta, ABD-NATO komutanı general Wesley Clark NATO bombardımanından sonra Sırp terörü ve şiddetinin yoğunlaşacağının "tamamen öngörülebilir" olduğunu duyurdu. Aynı gün, Dışişleri Bakanlığı sözcüsü James Rubin "ABD'nin, Kosovalı Arnavut sivillere karşı Sırp saldırılarının tırmandığını bildiren raporlardan büyük endişe duyduğunu" söyledi. Şimdi bu saldırılardan büyük ölçüde, bombardımandan sonra harekete geçen paramiliter güçler sorumlu tutuluyor. General Clark'ın "tamamen öngörülebilir" ifadesi bir abartıdır. Hiçbir şey, kuşkusuz aşırı şiddetin etkileri de "tamamen öngörülebilir" değildir. Ama bombardımanın hemen ardından meydana gelenlerin yüksek bir olasılık olduğunu ima ederken kesinlikle haklıdır. Fletcher School of Law and Diplomacy'den (Fletcher Diplomasi ve Hukuk Okulu) Carnes Lord'un gözlemlediği gibi, "ateş açıldığında düşmanlar genellikle tepki gösterirler" ve "Batılı görevliler bunu yadsımayı sürdürseler de, bombalama harekatının ilk elde düşünüldüğünden daha geniş ve daha vahşi bir Sırp operasyonu için hem gerekçe, hem de fırsat sağladığı hakkında pek az kuşku olabilir."

Daha önceki aylarda, NATO'nun bombardıman tehdidinin ardından - yine öngörülebilir biçimde- zalimce uygulamalarda bir artış olmuştu. Sırp Parlamentosu tarafından şiddetle eleştirilen uluslararası gözlemcilerin çekilmesi, öngörülebilir şekilde aynı sonucu doğurmuştu. O halde bombardıman, bir sonuç olarak -ki gerçekten böyle oldu- cinayetlerin ve mülteci akımının tırmanışa geçeceği rasyonel beklentisi içinde yürütülmüştü. Bu tırmanışın eriştiği düzey bazıları için sürpriz olsa da, komuta eden general için hiç de böyle olmadığı açıktır.

Tito yönetiminde, Kosovalıların dikkate değer ölçüde kendilerini yönetme hakları vardı. Slobodan Miloşeviç tarafından Kosova'nın özerkliğinin ortadan kaldırıldığı 1989'a kadar durum böyleydi. Miloşeviç doğrudan Sırp yönetimini kurdu ve önceki ABD hükümetinin şahin Balkanlar uzmanı James Hooper'ın sözcükleriyle "Apartheid'ın Sırp versiyonunu" dayattı. Hooper Kosova'nın NATO tarafından doğrudan istilasını savunmaktadır. Hooper'a göre "Kosovalılar uluslararası toplumu şaşkına çevirmişlerdi". Çünkü "bir ulusal kurtuluş savaşından kaçınmışlar, bunun yerine önde gelen Kosovalı entelektüel İbrahim Rugova'nın desteklediği şiddet içermeyen bir yaklaşım benimsemişler ve paralel bir sivil toplum kurmuşlardı." Bu etkileyici bir başarıydı ve bundan ötürü "olayların kibar izleyicileri ve Batılı hükümetlerin retorik düzeyindeki teşvikiyle" ödüllendirilmişlerdi. Hooper, şiddet içermeyen stratejinin Kasım 1995'deki Dayton anlaşmalarında "kredibilitesini yitirdiğini" saptar. Dayton'da, ABD Hırvat diktatörü Tudjman'nın kuvvetlerine silah ve eğitim sağlayarak ve Sırpları Krajina ve başka yerlerden zorla sürmesini destekleyerek terör dengesini kabaca eşitlemişti. Bundan sonra, Bosna-Hersek'i sonunda oluşacak daha büyük bir Hırvatistan ve daha büyük bir Sırbistan arasında fiili olarak paylaştırdı. Taraflar az çok dengelendiğinde ve güçleri tükendiğinde, ABD, rahatsız oldukları kirli işle görevlendirilen Avrupalıların yerine geçerek duruma hakim oldu. Hooper, ABD "Miloşeviç'in isteğine uyarak" diye yazar "Kosovalı Arnavut temsilcileri" Dayton görüşmelerinden dışladı ve "Kosova sorunun tartışmaktan kaçındı." "Şiddet içermeyen stratejinin ödülü uluslararası kayıtsızlıktı", daha doğrusu ABD'nin kayıtsızlığı.

ABD'nin yalnızca güçten anladığının kavranması "Kosova Kurtuluş Ordusu'nun (UÇK) doğuşuna ve silahlı bir bağımsızlık mücadelesi için popüler desteğin yaygınlaşmasına" yol açtı. Şubat 1998'den itibaren, UÇK'nın Sırp polis karakollarına saldırıları "Sırpların sıkı önlem almasına" ve sivillere karşı misilleme yapmasına yol açtı -ki bu da başka bir standart kalıptır. Tam olarak uygun bir örnek olmasa da, İsrail'in Lübnan'da, özellikle Nobel barış ödüllü Şimon Peres'in yönetimi altında yaptığı gaddarlıklar tanıdık ya da öyle olması gereken bir örnektir. Güvenlik Konseyi'nin çok önceki geri çekilme talimatına karşın, İsrail'in bu gaddarlıkları tipik olarak, yabancı bir toprağı işgal eden askeri güçlerine yapılan saldırılara karşılık olarak yapılmıştır. Lübnan'ın büyük bölümünü yıkıma uğratan ve geriye 20.000 sivil ölü bırakan 1982 işgali (hakikatin İsrail'de bilinmesine karşın, ABD'nin yorumunda farklı bir hikaye tercih edilir) dahil, pek çok İsrail saldırısı hiç de misilleme değildir. Yalnızca, yabancı üslere ve teçhizata sahip bir gerilla gücünün polis karakollarına yaptığı saldırılara ABD'nin nasıl karşılık vereceğini hayal etmemiz gerekiyor.

Zalimliklerin boyutunun kabaca şiddetin kaynaklarıyla orantılı olduğu bir durumda, Kosova'daki çatışma tırmandı. Ekim 1998 ateşkesi

2.000 Avrupalı gözlemcinin konuşlandırılmasına olanak sağladı. ABD-Miloşeviç görüşmelerinin başarısızlığa uğraması çatışmaların yeniden başlamasına yol açtı. Çatışmalar, yine öngörüldüğü gibi, NATO'nun bombardıman tehdidi ve gözlemcilerin geri çekilmesiyle arttı. BM mülteciler kuruluşunun ve Katolik Yardım Hizmetleri'nin görevlileri, "NATO'nun burada kalmamızı olanaksız kılması halinde" doğacak "trajik sonuçları" öngörerek, bombardıman tehdidinin "ormanlarda saklandığı sanılan on binlerce mültecinin yaşamlarını tehlikeye atacağı" uyarısında bulundu.

Bunun üzerine, "tamamen" olmasa da, kuşkusuz "öngörülebilir" olduğu gibi, Mart sonundaki bombardıman "gerekçe ve fırsat" yarattığında zalimlikler hızla arttı.

Miloşeviç, NATO güçlerinin Şubat'taki Rambouillet Anlaşması'nın sonucu olan bir ABD ültimatomunu kabul etmeyi reddettikten sonra, bombardıman ABD inisiyatifi altında başlatıldı. NATO içinde, bir *New York Times* manşetinde saptanan anlaşmazlıklar mevcuttu: "Büyük Güçler Arasında Kosova Görüşmelerinde Hassas Bölünmeler Var." Sorunlardan birisi NATO barış gücünün konuşlandırılmasıyla ilgiliydi. Avrupalı güçler, NATO yükümlülüklerine ve uluslararası hukuka uygun olarak, Güvenlik Konseyi'ne konuşlandırmayı onaylaması için başvurulmasını istediler. Buna karşın, *New York Times* Washington'un sonunda "destekleme" sözcüğüne rıza gösterse de, "sinir bozucu 'onaylama' sözcüğüne" izin vermeyi reddettiğini bildirdi. Clinton yönetimi "NATO'nun BM'den bağımsız olarak hareket edebilmesi gerektiği yolundaki pozisyonuna bağlı kalıyordu."

NATO içindeki anlaşmazlık devam etti. (Artık neredeyse Gorbaçev-öncesi yıllarda Ukranya'nın bağımsız olduğu kadar bağımsız bir aktör olan) İngiltere dışında, NATO ülkeleri Washington'ın güç kullanma tercihinden kuşku duyuyorlardı. "ABD yetkilileri sert tutumdan vazgeçmeye niyetli olmamalarına" karşın, "görüşmeler bu kadar hassas bir aşamadayken yararsız" olarak gördükleri Dışişleri Bakanı Albright'ın "askeri güç gösterisi" canlarını sıkıyordu.

Genellikle kabul edilen olgulardan spekülasyona dönersek, ABD'li planlamacıların kararları üzerinde odaklanarak olayların neden böyle geliştiğini sorabiliriz. Bu, temel ahlaki ilkelerden ötürü öncelikli sorunumuz olması gereken bir faktördür ve belirleyici olmasa bile, eşit derecede temel olan güç hakkındaki düşünceler nedeniyle başta gelen bir faktördür.

İlk elden "Miloşeviç'in hoşuna gitsin diye" Kosovalı demokratların dışlanmasının pek şaşırtıcı olmadığını saptayabiliriz. Başka bir örnek, Saddam Hüseyin'in 1988'de Kürtlere karşı üst üste zehirli gaz kullanmasından sonra, ABD kendi dostu ve müttefikine saygı gereği, medyadan önemli ölçüde dışlanan Kürt liderleri ve Iraklı demokrat muhaliflerle resmi temasları yasaklamıştı. Saddam örtük olarak güneyde başkaldıran Şiilere ve sonra kuzeydeki Kürtlere katliam yapılmasını onayladığında, resmi yasak Körfez Savaşı'ndan hemen sonra, Mart 1991'de yenilenmişti. Katliam, Washington'un Saddam'ın kullanması için onay verdiği askeri helikopterlerle askeri eylemler gerçekleştirebileceğini tahmin etmeyen ve Saddam tarafından "aldatıldığını" açıklayan Fırtına lakaplı Norman Schwartzkopf'un soğuk bakışlarının altında gerçekleşti. Bush yönetimi, Saddam'ın desteklenmesinin "istikrarı" korumak için gerekli olduğunu açıkladı ve tıpkı Saddam'ın yaptığı gibi Irak'ı "demir yumrukla" yönetecek bir askeri diktatörlük yönünde yaptığı tercih saygın ABD'li yorumcular tarafından bilgece desteklendi.

Dışişleri Bakanı Albright, geçmişteki politikayı üstü örtülü kabullenerek, Aralık 1998'de "eğer gerçekten kendini temsil eden bir hükümetleri olsaydı, bunun Irak halkının yararına olacağı kararına vardıklarını" duyurdu. Birkaç ay önce, 20 Mayıs'ta, Albrihgt Endonezya Başkanı Suharto'ya, kontrolü kaybettiği ve IMF talimatlarına uymadığı için artık "bizim adamımız" olmadığı haberini ulaştırmıştı. Bu nedenle çekilmeli ve "demokratik bir geçiş" sağlamalıydı. Birkaç saat sonra, Suharto biçimsel yetkiyi özenle seçtiği başkan yardımcısına devretti. Şimdi biz, Washington ve basının son 40 yıldaki ilk demokratik seçimler olarak selamladığı Endonezya'daki Mayıs 1999 seçimlerini kutluyoruz -ancak ABD'nin büyük ölçüde, demokratik sistemin solun katılımına bile izin vererek kabul edilemez ölçüde açık olması nedeniyle giriştiği ve 40 yıl önce Endonezya demokrasisine son veren büyük örtülü askeri operasyonu hakkında hiçbir hatırlatma yapılmadan.

Washington'un son birkaç ayda demokrasinin değerli yönlerini keşfetmesinin inandırıcılığı üzerinde oyalanmamıza gerek yok. Sözcüklerin bir yorum ortaya çıkarmadan sarfedilebileceği olgusu yeterince bilgilendiricidir. Her ne olursa olsun, Kosova'da şiddet içermeyen demokratik güçlere dudak bükülmesine şaşırmak için bir neden bulunmuyor. Ya da bombardımanın, Belgrad'ta cesaretli ve büyüyen bir demokratik hareketin altını oyacağı beklentisiyle yapılmış olmasına şaşırmak için de bir neden yok. Yugoslav muhalif Milovan Djilas'ın tarihçi oğlu Aleksa Djilas'ın sözcükleriyle, Sırplar arasında "birlik gökyüzünden ama Tanrının değil, bombaların yardımıyla sağlandığı için", bu muhalefet şimdi muhtemelen ortadan kalkmıştır. Şimdi yasaklanmış olan bağımsız radyo istasyonu Radyo B-92'nin baş editörü, Sırp muhalif Veran Matiç'e göre "bombardıman 10 milyondan fazla insanın yaşamını tehlikeye soktu. Filizlenmekte olan tohumlarını kurutup, çok uzun süre bir daha yeşermemelerini sağlayarak, Kosova ve Sırbistan'daki genç demokrasi güçlerini geriletti." Yıllarca Balkanlar-da çalışan ve Belgrad'ta yaşayan *Boston Globe*'un eski editörü Randolph Ryan şöyle yazmaktadır: "Şimdi Sırbistan, NATO sayesinde, çılgınca bir savaş seferberliği içinde bir gecede totaliter bir devlete dönüştü." NATO'nun bunu öngörmüş olması gerekiyordu. Tıpkı "Miloşeviç'in Kosova'daki saldırılarını iki misli arttırarak, hemen intikam alacağını -ki NATO'nun bunu durdurma imkanı yoktu- bilmesi gerektiği" gibi.

Planlayıcıların "öngörülerine" gelince, Carnes Lord'un güvenini paylaşmak güçtür. Eğer geçmiş eylemlerin belgeli kayıtlarının bir rehber işlevi görebileceğini kabul edersek, planlayıcılar muhtemelen ellerinde güçlü bir kart -ki bu durumda şiddettir- tutanlara doğal gelen şeyi yapıyorlardı. Yani, kartınızı oynayın, sonra ne olacağını görün.

Temel olguları akılda tutarak, Washington'da kararların nasıl alındığı hakkında fikir yürütülebilir. Teknik anlamda, Balkanlar'daki kargaşa "insani bir kriz olarak" nitelenmektedir: Bu kriz, Sierra Leone ya da Angola'daki katliamlar veya bizim desteklediğimiz ya da bizzat gerçekleştirdiğimiz suçlardan farklı olarak, zengin ve imtiyazlı kişilerin çıkarlarını zedeleyebilir. O halde sorun, hakiki krizin nasıl kontrol edileceğidir. ABD dünya düzeninin kurumlarına tahammül göstermeyecektir. Öyleyse sorunların büyük ölçüde ABD'nin egemen olduğu NATO tarafından ele alınması gerekir. NATO'nun içindeki bölünmeler anlaşılabilir: Şiddet Washington'un güçlü kartıdır. "NATO'nun kredibilitesinin" -ki ABD'nin uyguladığı şiddet demektir- garanti altına alınması zorunludur: Başkaları küresel hegemonik güçten korkmalıdırlar. *Washington Post*'ta "Kosova'daki çatışmaya yol açan olayları" ele alan bir yazıda Barton Gellman şu tespitte bulunmuştu: "(Bombardımanın) alternatifi olan hemen bütün çözümlerin cazip olmayan yönü, NATO ve ABD'nin küçük düşürülmesiydi." Ulusal Güvenlik Danışmanı Samuel Berger, "bombardımanın başlıca amaçları arasında 'NATO'nun ciddi olduğunun gösterilmesini' sıralamıştı." Avrupalı bir diplomat da aynı fikirdedir: "Eylemsizlik 'özellikle 50. yıldönümünün kutlanacağı NATO zirvesine yaklaştığımız şu sırada, ciddi bir kredibilite kaybıyla' sonuçlanacaktı." Başbakan Blair Parlamentoya "müdahaleden kaçınmak NATO'nun kredibilitesini yok edecektir" şeklinde bilgi vermişti. Blair İtalya veya Belçika'nın kredibilitesiyle ilgilenmemektedir ve "kredibiliteyi" herhangi bir mafya babasının anladığı biçimde anlamaktadır.

Şiddet başarısızlığa uğrayabilir, ama planlayıcılar yedekte her zaman daha fazlasının olduğuna güvenebilirler. İkincil faydaları silah üretimi ve satışlarında bir artışı içerir -devletin yüksek teknoloji ekonomisinde yıllardır oynadığı güçlü rol için bir paravana. Nasıl bombardıman Sırpları Miloşeviç'in arkasında birleştiriyorsa, Amerikalıları da Bizim Liderlerimizin arkasında birleştirmektedir. Bunlar şiddetin standart etkileridir; uzun süre devam etmeyebilirler, ama planlama kısa vade içindir.

MESELELER

İki temel mesele var: (1) "Dünya düzeninin" kabul edilen ve uygulanabilir "kuralları" nelerdir? (2) Dikkate alınan bu ve diğer hususlar Kosova örneğine nasıl uygulanıyor?

(1) BM Anlaşması'na, daha sonraki kararlara ve Dünya Mahkemesi kararlarına dayanan ve bütün ülkeleri bağlayan bir uluslararası hukuk ve uluslararası düzen rejimi vardır. Kısaca, Güvenlik Konseyi barışçıl araçların sonuçsuz kaldığı ya da Güvenlik Konseyi harekete geçene ka-

dar "silahlı saldırıya" karşı kendini-savunma (dar bir kavram) zorunluluğu olduğuna karar verdikten sonra, Güvenlik Konseyi açıkça onaylanmadıkça, güç kullanma tehdidi ya da güç kullanımı yasaklanmıştır.

Elbette söylenmesi gereken daha fazla şey vardır. Bu nedenle, BM Anlaşmasında ortaya konan dünya düzeni kuralları ile II. Dünya Savaşından sonra ABD inisiyatifi altında oluşturulan ve dünya düzeninin ikinci dayanağını oluşturan İnsan Hakları Evrensel Bildirgesi (İHEB) arasında, doğrudan bir çelişki olmasa da, en azından bir gerilim vardır. BM Anlaşması devlet egemenliğini ihlal eden gücü yasaklar; İHEB baskıcı devletlere karşı bireylerin haklarını garanti altına alır. "İnsani müdahale" meselesi bu gerilimden kaynaklanmaktadır. Köşe yazarlarının ve haberlerin genel desteğiyle, ABD/NATO tarafından Kosova'da "insani müdahale" hakkı savunulmaktadır.

"Hukuk Uzmanları Güç Kullanma Savını Destekliyorlar" başlığını taşıyan bir *New York Times* haberinde sorun bir kere gündeme getirilmişti. Bir örnek verildi: Allen Gerson, BM'deki ABD misyonunun eski danışmanı. Başka iki hukuk uzmanı daha zikredildi. Bunlardan birisi, Galen Carpenter, "Yönetimin argümanını alaya aldı" ve öne sürülen müdahale hakkını reddetti. Üçüncüsü, Chicago Law School'da (Chicago Hukuk Okulu) uluslararası hukuk alanında bir uzman olan Jack Goldsmith'tir. Goldsmith NATO bombardımanını eleştirenlerin "oldukça iyi bir hukuki argümana sahip olduklarını", ama "birçok kişinin bir teamül ve uygulama sorunu olarak (insani müdahale için bir istisnanın) var olduğunu düşündüğünü" söylemektedir. Bu, haberin başlığında belirtilen, arka çıkılan yargıyı haklı çıkarmak için sunulan kanıtları özetlemektedir.

Goldsmith'in gözlemi makuldür, en azından eğer olguların "teamül ve uygulamanın" belirlenmesiyle ilgisi olduğu konusunda anlaşırsak. Aynı zamanda bildik bir sözü aklımızda tutabiliriz: İnsani müdahale hakkı, eğer varsa, müdahale edenlerin "iyi niyetine" dayanarak ileri sürülür ve bu varsayım onların retoriğine değil, özellikle uluslararası hukukun ilkelerine, Dünya Mahkemesi kararlarına vs. bağlı kalıp kalmadıkları yönündeki siciline dayanır. Bu gerçekten, en azından başkalarına ilişkin olarak, bilindik bir sözdür. Örneğin İran'ın, Batının bunu yapmadığı bir sırada, katliamları önlemek için Bosna'ya müdahale etmeyi teklif ettiklerini düşünün. Bu teklifler gülünç bulunarak dikkate alınmamıştı (gerçekte, genellikle görmezden gelinmişti). Eğer güce boyun eğilmemesinin ardında bir neden vardı ise, bunun sebebi İran'ın iyi niyetinin kabul edilemeyeceği idi. Rasyonel bir kişi bu durumda bariz sorular sorar: İran'ın müdahale ve terör sicili ABD'ninkinden daha mı kötüdür? Ve başka sorular, örneğin: Bütün devletleri uluslararası hukuka uymaya çağıran bir Güvenlik Konseyi kararını veto eden biricik ülkenin "iyi niyetini" nasıl değerlendirmeliyiz? Tarihsel sicili nedir? Bu tür sorular söylemin gündeminde önemli bir yer tutmadığı sürece, dürüst bir insan söylemi sadece doktrine bağlılık olarak görüp önemsemeyecektir. Yararlı bir egzersiz literatürün - medya ya da diğerleri- ne kadarının, bunun gibi temel koşullar yerine getirildiğinde ayakta kalabileceğini tespit etmektir.

(2) Bombardımana karar verildiğinde, bir yıl boyunca Kosova'da ciddi bir insani kriz yaşandı. Bu tür durumlarda, yabancı güçlerin önünde üç tercih vardır:

(I) Felaketi arttırmaya çalışmak

(II) Hiçbir şey yapmamak

(III) Felaketi hafifletmeye çalışmak

Tercihler başka çağdaş olaylar tarafından örneklenmiştir. Bunlardan yaklaşık aynı ölçekteki birkaçına bakalım ve Kosova'nın tercihler kalıbında nereye oturduğu sorusunu soralım.

(A) Kolombiya. Dışişleri Bakanlığı'nın tahminlerine göre, Kolombiya'da hükümet ve paramiliter ortakları tarafından gerçekleştirilen politik cinayetlerin yıllık düzeyi Kosova'daki düzeye yakındır. Öncelikle bu güçlerin zulmünden kaynaklanan mülteci kaçışı ise, 300.000'i geçen yıl olmak üzere, bir milyonun oldukça üzerindedir. 1990'lar boyunca şiddet arttıkça, Kolombiya Batı yarı-kürede ABD'den en fazla silah ve eğitim alan ülke haline gelmiştir ve şimdi bu yardım, neredeyse hiçbir ciddi gözlemcinin ciddiye almadığı bir "uyuşturucuyla savaş" bahanesi altında artmaktadır. Clinton yönetimi, insan hakları örgütlerine göre göreve gelmesiyle seleflerini bile geride bırakan "korkunç şiddet düzeyinden" sorumlu tutulan Başkan Gaviria'yı överken özellikle coşkulu davranmıştır. Ayrıntılı bilgilere kolayca ulaşılabilir.

Bu durumda, ABD'nin tepkisi (I)'dir: Zalimlikleri tırmandırmak.

(B) Türkiye. Türkiye'nin Kürtleri şiddetle bastırması yıllardır büyük bir skandaldı. Bu skandal 1990'larda zirveye ulaştı. Göstergelerden birisi, Türk ordusu kırsal bölgeleri yakıp yıktıkça, 1990-1994 arasında bir milyondan fazla Kürdün buralardan gayri resmi Kürt başkenti Diyarbakır'a kaçışıdır. Türkiye'nin İnsan Haklarından sorumlu Devlet Bakanına göre iki milyon kişi evsiz bırakıldı ve Bakan bunun kısmen "devlet terörünün" sonucu olduğunu kabul etti. İşkence, binlerce köyün yıkılması, napalmlarla bombalamalar ve genellikle on binlerce olduğu tahmin edilen, sayısı bilinmeyen savaş kayıplarının (hiç kimse ölenleri saymıyordu) yanısıra, yalnızca Kürtlerin öldürüldüğü "esrarengiz cinayetler" (özel timlerin neden olduğu sanılmaktadır) 1993 ve 1994'te 3.200'e ulaşmıştı. Türkiye'nin yaptığı propagandada cinayetlerden Kürt terörü sorumlu tutuldu ve bu iddia ABD'de genellikle kabul gördü. Büyük ihtimalle Sırp propagandası da aynı uygulamayı izliyor. 1994 yılı Türkiye'de iki rekora tanıklık etti: Jonathan Randal'ın bölgeden geçtiği habere göre, 1994 "Kürt bölgelerinde baskının en çok arttığı yıldı" ve Türkiye'nin "Amerikan askeri teçhizatının en büyük ithalatçısı haline geldiği, böylece dünyanın en büyük silah alıcısı olduğu" yıl oldu. Randal'a göre "Yüzde 80'i Amerikan malı olan ve nihayetinde hepsi Kürtlere karşı kullanılan Türkiye'nin silah envanteri M-60 tanklarını, F-16 avcı-bombardıman uçaklarını, Kobra helikopterlerini ve Blackhawk 'akıllı' helikopterlerini kapsamaktadır." İnsan hakları grupları Türkiye'nin ABD jetlerini köyleri bombalamakta kullandığını ortaya çıkardıklarında, Clinton yönetimi Endonezya ve başka yerlerde yaptığı gibi, silah teslimatlarının askıya alınmasını gerektiren yasalardan kaçmanın yolunu buldu. Şimdi Türk uçakları Sırbistan'ı bombalamaya yöneldiklerinde, Türkiye insancıllığı için övgüye layık görülmektedir.

Kolombiya ve Türkiye (ABD-destekli) kendi zalimce uygulamalarını, ülkelerini terörist gerillaların tehdidine karşı korudukları gerekçesine dayanarak açıklıyorlar. Yugoslav hükümetinin yaptığı gibi.

Örnek yine (I)'e uymaktadır: Zulümleri arttırmak amacıyla hareket etmek.

(C) Laos. Her yıl, çoğu çocuk ve yoksul köylü binlerce kişi, göründüğü kadarıyla tarihte sivil hedeflerin en ağır bombardımanına ve pekala en acımasızına sahne olan Kuzey Laos'daki Jars ovasında öldürülmektedir: Washington'un yoksul bir köylü toplumuna gözü dönmüş saldırısının, bölgede yürüttüğü savaşlarla pek bir ilişkisi yoktu. En kötü dönem 1968'den itibaren, Washington (iş çevreleri ve kamuoyu baskısı altında) Kuzey Vietnam'ı düzenli olarak bombalamasını sona erdiren görüşmeleri kabul etmeye zorlandığında başladı. Bundan sonra, Kissinger ve Nixon uçakların yönünü Laos ve Kamboçya'nın bombalanmasına doğru çevirdiler.

Ölümler "bombacıklardan", kara mayınlarından çok daha kötü olan küçücük anti-personel silahlardan kaynaklanmaktadır: Özel olarak öldürmek ve yaralamak üzere tasarlanmışlardır ve kamyonlar, binalar vs. üzerinde etkili değillerdir. Jars ovası, imalatçısı Honeywell'e göre patlamama oranı yüzde 20-30 olan bu suç düzeneklerinin yüz milyonlarcasıyla tıka basa dolmuştu. Sayılar ya dikkat çekici ölçüde kötü bir kalite kontrolünü ya da gecikmeli eylemle rasyonel bir sivilleri katletme politikasını akla getirmektedir. Ailelerin saklandıkları mağaraları tahrip etmek için kullanılan gelişmiş füzeler dahil, bunlar konuşlandırılmış teknolojinin yalnızca bir bölümünü oluşturmaktadır. "Bombacıkların" yol açtığı halihazırdaki zayiatın yılda yüzlerce kişiden "ülke çapında yılda 20.000 kişi düzeyinde bir zaiyat oranına" kadar ulaştığı tahmin edilmektedir. *Wall Street Journal*'ın Asya baskısında çalışan deneyimli Asya muhabiri Barry Wain'e göre, bu 20.000 kişinin yarısından fazlası ölmektedir. Süregiden vahşeti hafifletmek için 1977'den bu yana Laos'ta çalışan Mennonite Central Commitee'nin bildirdiği araştırmalara göre, ölümlerin çok daha yüksek oranda (yarıdan fazlası) çocuklar arasında yoğunlaşmasına karşın, muhafazakar bir tahmin geçen yılki krizin yaklaşık olarak Kosova'yla karşılaştırılabilir olduğunu ortaya koymaktadır.

Bu insani felaketi kamuoyunun gündemine getirmek ve üstesinden gelmek için çeşitli çabalar gösterildi. İngiltere merkezli bir Mayın Danışma Grubu (Mine Advisory Group -MAG) öldürücü nesneleri sökmeye çalışıyor. Fakat İngiliz basını, sonunda bazı Laoslu sivilleri eğitmeyi kabul etmekle birlikte, ABD'nin "bariz olarak MAG'ı izleyen bir avuç Batılı kuruluş arasında yer almadığını" bildiriyor. İngiliz basını, belirli bir rahatsızlıkla, MAG uzmanlarının işlerini "çok daha çabuk ve çok daha güvenli" hale getirecek "hasarı azaltan yöntemleri" ABD'nin kendilerine sağlamayı reddettiği iddiasına da yer veriyor. Bunlar, olayın bütünü gibi, ABD'de bir devlet sırrı olarak kalmaktadır. (Bankog) basını Kamboçya'da, özellikle 1969'un başından beri ABD bombardımanının en yoğun olduğu doğu bölgesinde, son derece benzer bir durum yaşandığını yazıyor.

Bu durumda, ABD'nin tepkisi (II)'dir: Hiçbir şey yapma. Medya ve yorumcuların tepkisi, Laos'a karşı savaşın, Mart 1969'dan itibaren Kamboçya örneğindeki gibi (iyi bilinen, ama örtbas edilen anlamında) "gizli bir savaş" olarak adlandırıldığı normlara uyarak sessiz kalmaktır. Otosansür düzeyi o zaman da, şimdi olduğu gibi, olağanüstüydü. Bu şok edici örnek, konuyla ilişkisi bakımından daha fazla yoruma gerek bırakmayacak kadar açık olmalıdır.

Başkan Clinton ulusa "gözünü başka tarafa çevirmenin basitçe bir tercih olmadığı zamanlar vardır" açıklamasında bulundu. "Dünyanın her köşesindeki trajediye karşı bir şey yapamayız." Ama bu "hiçbirisi için bir şey yapmamamız gerektiği" anlamına gelmez. Ama Başkan ve yorumcular, kendileri açısından bu "zamanların" oldukça iyi tanımlandığını eklemeyi unuttular. "İnsani krizlere" dönük ilke daha önce tartıştığımız teknik anlamda uygulanır: Zengin ve imtiyazlı kişilerin çıkarları tehlikeye düştüğünde. Buna uygun olarak, yukarıda belirtilen örnekler "insani krizler" olarak nitelendirilmez, dolayısıyla gözünü başka tarafa çevirmek ve bir şey yapmamak, zorunlu olmasa da, kesinlikle bir tercihtir. Benzer nedenlerle, Clinton'un Afrika politikası Batılı diplomatlar tarafından "Afrika'yı kendi krizlerini çözmekle baş başa bırakmak" şeklinde anlaşılmaktadır. Örnek olarak büyük bir savaşa ve devasa zulümlere sahne olan Kongo Cumhuriyeti'ni gösterebiliriz. BM'nin Afrika Baş Temsilcisi, oldukça saygın bir diplomat olan Muhammed Sahnoun'a göre, Clinton Kongo'da bir BM Barış Gücü Birliği için önemsiz bir parasal tutar talebini reddetmiştir -BM'nin teklifini "torpilleyen" bir reddetme. Sierra Leone örneğinde, "Washington" başka büyük bir felakete zemin hazırlayarak, 1997'de "İngiltere'nin barış gücü konuşlandırma önerisi üzerindeki tartışmaları gereksiz yere uzattı." Ama burada da "gözünü başka tarafa çevirme" bilinçli olarak yapılan bir tercihtir. Diğer örneklerde de, muhabir Colum Lynch'in yazdığı gibi "BM'deki ve Avrupalı diplomatlara göre, ABD, BM'nin Afrika'daki savaşlardan bazılarını önleyebilecek barışı koruma operasyonlarını üstlenme çabalarını aktif biçimde engelledi." Bu sırada, Sırbistan'ı bombalama planları son aşamasına ulaşıyordu.

(I) ve (II)'ye ilişkin başka çok sayıda örneği ve biyolojik savaşla aynı kapıya çıkan acımasız bir yöntem aracılığıyla Iraklı sivillerin katledilmesi gibi farklı türdeki çağdaş gaddarlıkları atlayacağım. 1996'da ulusal TV'de, beş yılda yarım milyon Iraklı çocuğun ölmesine karşı tepkisi sorulduğunda Madeleine Albright "çok zor bir tercih" yorumunu yapmış, ama "buna değdiğini düşünüyoruz" demişti. Mevcut tahminler ayda 5.000 çocuğun öldüğü şeklindedir ve yine de "buna değmektedir." Clinton yönetiminin "ahlaki pusulasının" sonunda Kosova'da nasıl gerektiği gibi işlediği hakkında takdir dolu değerlendirmeleri (David Phillips, Colombia Üniversitesi Önleyici Diplomasi Profesörü) okuduğumuzda bu ve diğer örnekler akılda tutulabilir.

Kosova (I)'in başka bir örneğidir: Şiddeti arttıracak şekilde, tam olarak bu beklentiyle davran.

(III). seçenek için örnekler bulmak çok daha kolaydır, en azından resmi retoriğe bağlı kalırsak. "İnsani müdahalenin" yakın zamanda en kapsamlı akademik incelemesi George Washington Üniversitesi Hukuk Profesörü Sean Murphy tarafından yapılmıştır. Murphy, savaşı yasadışı ilan eden 1928 Kellogg-Briand paktından sonraki ve daha sonra, bu hükümleri güçlendiren ve formüle eden BM Anlaşması'nı izleyen kayıtlı olayları gözden geçirir. İlk cümlesinde "insani müdahalenin" en göze çarpan örneklerinin, Japonya'nın Mançurya'ya saldırısı, Mussolini'nin Etiyopya'yı işgali ve Hitler'in Çekoslovakya'nın bazı bölgelerini işgal etmesi olduğunu yazar -her birine duyguları kabartan insani bir retorik ve olgusal haklılaştırma çabaları eşlik etmiştir. Japonya, önde gelen bir Çin milliyetçisinin desteğiyle Mançuryalıları

"Çinli haydutlardan" koruyarak "yeryüzünde bir cennet" kuracaktı - bu, ABD'nin Güney Vietnam'a saldırısı sırasında tahayyül edebileceği herkesten çok daha inandırıcı bir şahsiyetti. Mussolini Batılı "uygarlaştırıcı misyonunu" yerine getirerek binlerce köleyi özgürlüğüne kavuşturmuştu. Hitler, kendi iradelerine uygun olarak "bölgede yaşayan halkların gerçek çıkarlarına hizmet etmek için ciddi bir arzu barındıran" bir operasyonla, Almanya'nın etnik gerilimleri ve şiddeti sona erdirme ve "Alman ve Çek halklarının ulusal şahsiyetlerini koruma" niyetini duyurmuştu. Slovakya Cumhurbaşkanı Hitler'den Slovakya'yı Almanya'nın himayesinde bir ülke ilan etmesini istemişti.

Başka bir yararlı entelektüel egzersiz bu edepsiz gerekçeleri, "insani müdahaleler" dahil olmak üzere, BM Anlaşması sonrası dönemdeki müdahaleler için sunulan gerekçelerle karşılaştırmaktır.

Bu dönemde (III). tercihin belki en ilginç örneği, Vietnam'ın Aralık 1978'de, o zamanlar doruğa ulaşan Pol Pot vahşetini sona erdiren Kamboçya'yı işgalidir. Vietnam gerekçe olarak silahlı saldırıya karşı kendini savunma hakkını öne sürmüştü. Bu, gerekçenin makul olduğu az sayıdaki BM Anlaşması sonrası dönem örneklerinden birisidir: Kızıl Kımerler rejimi (Demokratik Kamboçya, DK) sınır bölgelerinde Vietnam'a karşı kanlı saldırılar düzenliyordu. ABD'nin tepkisi öğreticidir. Basın Asya'nın "Prusyalılarını", uluslararası hukuku çirkin bir şekilde ihlal ettikleri için mahkum etmişti. Vietnamlılar Pol Pot katliamlarını sona erdirdikleri için, ilk önce (ABD destekli) bir Çin işgaliyle, daha sonra da ABD'nin son derece sert bir yaptırım uygulamasıyla cezalandırıldılar. Dışişleri Bakanlığı, Pol Pot rejiminin "devamı" olduğu için ABD'nin sürgündeki DK'yı Kamboçya'nın resmi hükümeti olarak tanıdığını açıkladı. Pek de incelikli olmayan bir biçimde; ABD, Kızıl Kımerleri Kamboçya'da sürdürdükleri saldırılarında destekledi. Bu örnek bize "insani müdahalenin doğmakta olan hukuki normlarını" belirleyen "teamül ve uygulama" hakkında daha fazlasını anlatmaktadır.

(III). tercihin başka bir örneği 1971'de Hindistan'ın, devasa bir katliam ve mülteci kaçışını (zamanın tahminlerine göre on milyonun üzerindedir) sona erdiren Doğu Pakistan'ı işgalidir. ABD Hindistan'ı saldırgan davranmakla mahkum etti. Özellikle Kissinger, Hindistan'ın eylemiyle çileden çıkmıştı. Bunun kısmen, Hindistan işgalinin dikkatlice hazırlanan gizli bir Çin gezisinin önünü kesmesinden kaynaklandığı görülmektedir. Tarihçi John Lewis Gaddis, Kissinger'ın anılarının son cildini ele aldığı dalkavukça tanıtım yazısında Kissinger'ın "Nazi Almanyası'nda yetişmiş olmasının ve anne ve babasının üzerinde bıraktığı etkilerin bir sonucu olarak ahlaki bir çerçevenin dışında çalışmanın kendisi için imkansız hale gelişini, burada, geçmişte olduğundan daha açık bir biçimde teslim ettiğini" hayranlıkla ifade ederken, aklından geçirdiği örneklerden birisi sakın bu olmasın. Burada mantık kahredici bir güce sahiptir, kayda geçirilmeleri gerekmeyecek kadar çok iyi bilinen başka örneklerde görüldüğü gibi.

YİNE AYNI DERSLER

İdeologların dairelerin kare olduğunu kanıtlama yönündeki umutsuz çabalarına karşın, NATO bombardımanının uluslararası hukukun kırılgan yapısından geriye ne kaldıysa, onu daha da fazla zayıflattığına ilişkin pek az kuşku vardır. Daha önce tartışıldığı gibi, NATO kararına yol açan tartışmalarda ABD bunu açıkça görünür kılmıştır. Bugün ihtilaflı bölgeye ne kadar yakından bakılırsa, NATO içinde bile (Yunanistan ve İtalya) Washington'un güç kullanılmasında diretmesine karşı muhalefetin o kadar büyük olduğu görülecektir. Yine, bu alışılmadık bir olgu değildir: Başka bir güncel örnek, Güvenlik Konseyi'ni alışılmadık biçimde küçümseyen pişkin hareketlerle, zamanlamasını bile krizin ele alındığı acil bir toplantıyla çakıştırarak, ABD/İngiltere'nin Aralık'ta Irak'ı bombalamaya başlamasıdır. Yine başka bir örnek -ki bağlamı daha önemsizdir- birkaç ay önce küçük bir Afrika ülkesinin ilaç üretiminin yarısının yok edilmesidir. ABD tesislerinin islamcı teröristler tarafından karşılaştırılabilir ölçüde tahrip edilmesi akla biraz daha farklı bir tepki getirse de, bu "ahlaki pusulanın" doğruluktan şaşmadığına işaret eden başka bir olaydır. Eğer olguların "teamül ve uygulamanın" belirlenmesiyle ilgisi olduğu düşünülseydi, hemen şimdi dikkat çekici şekilde gözden geçirilecek çok daha kapsamlı bir olaylar kaydının varolduğunu vurgulamak gereksizdir.

Dünya düzeninin kurallarının daha fazla tahrip edilmesinin, 1930'ların sonlarında olduğu gibi, şimdi artık pek önemli olmadığı makul biçimde öne sürülebilir. Dünyanın önde gelen gücünün dünya düzeninin çerçevesini hor görmesi o kadar aşırı bir noktaya varmıştır ki, geriye tartışılacak pek bir şey kalmamıştır. ABD'nin dahili belge kayıtlarının gözden geçirilmesi bu tutumun erken tarihlere, hatta 1947'de yeni oluşturulan Güvenlik Konseyi'nin ilk taslağına kadar geriye gittiğini göstermektedir. Kennedy'li yıllar boyunca bu tutum açıkça ifade edilmeye başlandı. Örneğin, oldukça saygın devlet adamı ve Kennedy'nin danışmanı Dean Acheson, Amerikan Uluslararası Hukuk Derneği ülkemizin "kudreti, konumu ve prestijinin" söz konusu olduğu bir durumun "hukuki bir sorun" olarak ele alınamayacağını bildirerek, 1962'de Küba'ya uygulanan ablukayı haklı göstermişti.

Reagan-Clinton'lı yılların başlıca yeniliği, uluslararası hukukun ve bağlayıcı yükümlülüklerin çiğnenmesinin bütünüyle açık hale gelmiş olmasıdır. Bu tutum aynı zamanda ilginç açıklamalarla desteklenmişti. Öyle ki, eğer dürüstlük ve insani sonuçlar önemli değerler olarak kabul edilseydi, bu açıklamalar gazetelerin baş sayfalarında yer alır ve okul ve üniversite müfredat programlarında önemli bir yer tutardı. En üst düzeydeki yetkililer uluslararası hukuk ve kurumların önemini kaybettiğini, çünkü ABD'nin ezici bir güce sahip olduğu erken savaş-sonrası dönemde yaptıkları gibi, artık ABD'nin emirlerine uymadıklarını açıkladılar. Dünya Mahkemesi, daha sonra Washington'u Nikaragua'ya karşı "yasadışı güç kullandığı" için mahkum ettiği sorunu görüşürken, Dışişleri Bakanı George Shultz "denklemin güç unsurunu gözden kaçırarak, dışardan arabuluculuk, Birleşmiş Milletler ve Dünya Mahkemesi gibi ütopik hukuksal araçları" savunanlarla alay etmişti. Açık ve dolambaçsız, ama hiçbir şekilde orijinal değil. Dışişleri Bakanlığı hukuk danışmanı Abraham Sofaer BM üyelerinin artık "bizim görüşümüzü paylaştıklarına güvenilemeyeceğini" ve "çoğunluğun sıkça önemli uluslararası sorunlarda ABD'ye karşı çıktığını", bu nedenle nasıl hareket edeceğimize "karar verme kudretini kendi elimizde tutmamız" gerektiğini açıkladı.

Standart uygulamaya uyulabilir ve bazı saçma gerekçelere dayanılarak ("gidişatın değişmesi", "Soğuk Savaş" ve diğer tanıdık bahaneler) "teamül ve uygulama" görmezden gelinebilir. Ya da saygın normlardan uzaklaşıp teamülü, uygulamayı ve açıkça ifade edilen doktrini ciddiyetle ele alabiliriz, bunu yaptığımızda en azından dünyada ne olup bittiğini anlama imkanına kapıyı aralamış oluruz.

Reagancılar yeni bir çağ açarken, Clinton döneminde dünya düzeninin hor görülmesi, şahin politika analistlerini bile endişelendirecek kadar aşırı bir noktaya ulaştı. Önde gelen kurulu düzen dergisi *Foreign Affairs*'in bu sayısında, Samuel Huntington Washington'un tehlikeli bir yol izlediği uyarısında bulunuyor. Huntington ABD'nin, dünyanın büyük bölümünün, muhtemelen çoğunun gözünde "kendi toplumları için biricik en büyük dış tehlike" şeklinde değerlendirilen "haydut bir süper güç haline gelmekte olduğunu" belirtiyor. Gerçekçi "uluslararası ilişkiler kuramının", haydut süper gücü dengelemek için koalisyonların ortaya çıkabileceğini öngördüğünü öne sürüyor. O halde, pragmatik nedenlerle bu pozisyon gözden geçirilmelidir. Kendi toplumları hakkında farklı bir imajı tercih eden Amerikalıların bu eğilimlerden kaygı duymak için başka gerekçeleri olabilir. Ama dar bir bakış açısına sahip ve tepeden tırnağa ideolojiye batmış olan planlayıcılar söz konusu eğilimleri muhtemelen pek dikkate almıyorlar.

Bütün bunlar Kosova'da ne yapılması gerektiği sorusunu nasıl bir zemine taşıyor? Bu soruyu yanıtsız bırakıyorlar. ABD, açıkça teslim ettiği gibi, zulümleri ve şiddeti arttıran bir eylem hattı seçti. Bu eylem hattı, güçsüzlere yağmacı devletler karşısında en azından sınırlı bir koruma sağlayan uluslararası düzen rejimine başka bir darbe daha vurmaktadır. Yugoslavya'da, olasılıkla Makedonya'da da umut vaat eden demokratik gelişmelerin altını oymakta, belki de yok etmektedir. Uzun vadede nelerin olabileceğine gelince, sonuçlar öngörülemezdir.

Dikkate değer bir gözlem "Sırbistan'a düşen her bomba ve Kosova'daki her etnik cinayet, Sırpların ve Arnavutların bir şekilde barış içinde yan yana yaşamasının son derece güç olacağını akla getirmektedir" *(Financial Times)*. Başka olası uzun vadeli sonuçlar, tahmin edilmesi hoş olmayan şeylerdir. Şiddete başvurma, yine öngörülebilir biçimde, seçenekleri daraltmıştır. Belki geriye kalan en az tatsız seçenek Kosova'nın sonunda bölünmesidir: Sırbistan zengin kaynaklara sahip ve başlıca tarihsel eserlerin olduğu kuzey bölgeleri alacak ve güney bölgesi, bazı Arnavutların sefalet içinde yaşayabilecekleri bir NATO vilayetine dönüşecektir. Başka bir olasılık, nüfusun çoğunun bölgeyi terk etmesiyle birlikte, ABD Kartaca çözümüne* yönelebilir. Eğer bu gerçekleşirse, Hintçini'nin geniş bölgelerinin tanıklık ettiği gibi, bu yine yeni bir şey olmayacaktır.

Standart bir argüman bir şey yapmak zorunda olduğumuzdur: Gaddarca eylemler sürüp giderken bir kenarda oturup bekleyemezdik. Argüman o kadar saçmadır ki, seslendirildiğini duymak oldukça şaşırtıcıdır. Sokakta bir suç işlendiğini gördüğünüzü ve sessizce bir köşede duramayacağınızı hissettiğinizi varsayalım. Öyleyse bir tüfek alıp, ilgili herkesi öldürüyorsunuz: Suçluyu, kurbanı, olayı seyredenleri. Bunun rasyonel ve ahlaki bir yanıt olduğunu anlamamız mı bekleniyor?

Her zaman mevcut bir seçenek, Hipokrat ilkesine uymaktır: "Önce zarar verme." Eğer bu temel ilkeye bağlı kalmanın bir yolunu düşünemiyorsanız, o zaman hiçbir şey yapmayın. Bu, en azından zarara neden olmaya göre tercih edilir bir durumdur. Ama her zaman düşünülebilecek başka yollar vardır. Diplomasi ve müzakereler hiçbir zaman sona ermiş değildir. Bu, bombardımanın hemen öncesinde doğruydu: Dünya çapındaki haber servislerinin bildirdiğine göre (ama burada pek belirtilmedi), Clinton'ın ültimatomuna yanıt veren Sırp Parlamentosu bölgede yaşayan "bütün ulusal toplulukların kabul edeceği, Kosova'da özyönetim için bir anlaşmanın imzalanmasından hemen sonra Kosova'da uluslararası bir varlık" üzerinde müzakereler için çağrı yaptı. Bunun tam olarak ne anlama geldiğini bilemeyiz, çünkü iki savaşçı devlet şiddet lehine diplomatik yolu reddetmeyi tercih ettiler.

Başka bir argüman, eğer böyle adlandırılabilirse, en belirgin şekilde Henry Kissinger tarafından öne sürüldü. Kissinger müdahalenin bir hata olduğuna inanmaktadır ("açık-uçlu", bataklık, vs.) Bu bir yana, yararsızdır. "Yüzyıllar boyunca, (Balkanlar'daki) bu ihtilaflar için ben-

* **Kartaca çözümü ya da barışı: Yenilen tarafın neredeyse tamamen yok edilmesi. -ç.n.**

zersiz bir gaddarlıkla savaşılmıştır, çünkü toplulukların hiçbirisinin Batılı hoşgörü kavramıyla ilgili ne bir deneyimleri olmuştur, ne de esasen bu kavrama inanmaktadırlar." Sonunda, neden Batılıların "yüzyıllar boyunca" birbirlerine bu kadar hassas bir ihtimamla davrandıklarını ve neden başkalarına şiddet kullanmama, hoşgörü ve sevecen bir şevkat mesajı vermek için yüzyıllardır bu kadar gayret gösterdiklerini anlıyoruz.

Gülünç bir yardım için her zaman Kissinger'a güvenilebilir; bununla birlikte gerçekte bu konuda yalnız değildir. Kissinger'a, Batılı insani rasyonellik siciliyle karşıtlık kurarak, "Balkan mantığı" üzerinde kafa yoranlar eşlik etmektedir. Ve "savaştan ya da başkalarının işine müdahale etmekten duyduğumuz tiksintiyi" yani "içkin zaafımızı", "uluslararası anlaşma ve insan hakları konvansiyonlarıyla oluşturulan norm ve kuralların tekrar tekrar ihlal edilmesi" hakkındaki endişemizi (tarihçi Tony Judt) bize hatırlatanlar eşlik etmektedir. *Times*'daki bir yorum yazısının başlığına göre, Kosova'yı "Doğu ve Batının Yeni bir Çatışması" olarak düşünmemiz gerekmektedir. Samuel Huntington'ın "Uygarlıklar Çatışmasının" açık bir örneği: "Ortodoks Sırpların barbarca insanlık dışılığı tarafından geri çevrilen demokratik bir Batı ve onun insani içgüdüleri." Bütün bunlar "Amerikalılar için açıktır", ama başkaları için açık değildir; bu, Amerikalıların anlayamadıkları bir olgudur (Huntington, mülakat).

Ya da Savunma Bakanı Wiliam Cohen'in Norfolk donanma hava üssünde Başkanı tanıtırken kullandığı esin verici sözcüklere kulak verebiliriz. Cohen konuşmasına Theodore Roosevelt'ten alıntı yaparak başladı: "Bu yüzyılın şafağında, Amerika dünyadaki yeni yerinin bilincine varıyordu". Başkan Roosevelt "büyük idealler için savaşma isteniniz yoksa, bu idealler yok olacaktır" demişti. Cohen'e göre "Bugün, gelecek yüzyılın şafağında aramıza katılan Başkan Bill Clinton" da şu gerçeği Teddy Roosevelt kadar iyi anlıyordu: "Gerçekleşmek üzere olan ve gerçekte NATO ülkelerinin barış ve istikrarını etkileyecek tarifsiz dehşetin bir tanığı olarak (...) hareketsiz kalmak basitçe kabul edilemez." Amerikan değerlerinin bir modeli olarak bu ünlü ırkçı fanatiği ve sayıklayan şovenisti gündeme getiren birisinin zihninden nelerin geçmesi gerektiği merak edilmelidir. Sözünü ettiği aziz "büyük ideallerinin" birer örneğini oluşturan olayların da hatırlanması gerekir: Roosevelt'in, Kübalıların bağımsızlık hedefine ulaşmasını önleyen katkısından kısa süre sonra, Küba gibi İspanyol egemenliğinden kurtulmaya çalışan yüz binlerce Filipinlinin katledilmesi.

Daha akıllı yorumcular Washington resmi bir hikaye üzerinde karar kılana kadar bekleyecekler. İki hafta süren bombardımandan sonra, hikaye Washington'un bir felaketin meydana geleceğini hem bildiği, hem de bilmediğidir. 28 Mart'ta "bir muhabir bombardımanın vahşeti arttırıp arttırmadığını sorduğunda (Başkan Clinton) 'kesinlikle hayır'" yanıtı vermişti (Adam Clymer). Clinton bu duruşunu 1 Nisan'da Norfolk'daki konuşmasında tekrarladı: "Eğer biz harekete geçmeseydik, acımasız bir Sırp saldırısı gerçekleşecekti." Bir sonraki gün, Pentagon sözcüsü Kenneth Bacon tersinin doğru olduğunu söyledi: "Hiç kimsenin bu gaddarlığın boyutunu önceden tahmin edebildiğini sanmıyorum." Basın, yönetimin ilk kez "krize karşı tam olarak hazırlıklı olmadığını" teslim ettiğini yazdı. Oysa bir hafta önce, komuta mevkiindeki general basına bunun "tamamen öngörülebilir" bir kriz olduğunu söylemişti. Başından beri, bölgeden gelen haberler "yönetimin" Sırp askeri tepkisi karşısında "hazırlıksız yakalandığı" yönündeydi (Jane Perlez ve başka birçokları).

Şimdi Soğuk Savaş bahaneleri etkisini yitirdiği için, "insani müdahale hakkı" belki gerekçeler ileri sürülerek, belki herhangi bir gerekçe olmaksızın, olasılıkla gelecek yıllarda daha sık gündeme getirilecektir. Böyle bir dönemde, büyük saygınlığa sahip yorumcuların görüşlerinin dikkate alınması değerli bir çabadır -müdahale ve "insani yardım" konusunda ABD'nin reddettiği bir karar -ki esasları haber bile yapılmamıştır- veren Dünya Mahkemesini bir yana koyalım.

Uluslararası işler ve uluslararası hukukla ilgili akademik disiplinlerde Hedley Bull ve Louis Henkin'den daha saygın kişiler bulmak güçtür. 15 yıl önce Bull "Başkalarının görüşlerini dikkate almadan, kendilerini dünyanın ortak iyiliğinin yetkili yargıçları olarak ortaya koyan tek tek ülkeler veya ülke grupları, gerçekte uluslararası düzen için, dolayısıyla bu alandaki etkin eylem için bir tehdittir" uyarısında bulunmuştu. Henkin, dünya düzeni üzerine standart bir çalışmada şunları yazar: "Güç kullanımı üzerindeki yasağı aşındıran baskılar çok kötüdür ve bu koşullarda güç kullanımını meşrulaştırmaya dönük argümanlar inandırıcı değildir ve tehlikelidir... İnsan hakları ihlallerine gerçekte çok sık rastlanır. Eğer dış güç kullanımı yoluyla bunları düzeltmeye izin verilseydi, neredeyse her devletin başka herhangi bir devlete karşı güç kullanmasını yasaklayan hiçbir yasa olmazdı. Bana göre, insan haklarının öneminin ortaya konması ve diğer haksızlıkların düzeltilmesi, saldırganlığa kapı aralayarak ve uluslararası hukuktaki başlıca ilerlemeyi, savaşın yasadışı sayılması ve gücün yasaklanmasını yok ederek değil, başka barışçıl araçlarla gerçekleştirilmelidir."

Uluslararası hukukun ve dünya düzeninin kabul gören ilkeleri, anlaşma yükümlülükleri, Dünya Mahkemesinin kararları, en saygın yorumcuların üzerinde düşünülmüş beyanları, bunlar otomatik olarak tikel sorunlara çözüm üretmezler. Her bir sorunun kendi niteliklerine göre değerlendirilmesi gerekir. Saddam Hüseyin'in standartlarını benimsemeyenlerin, uluslararası düzenin ilkelerini ihlal ederek güç tehdidi veya kullanımına girişirken, sağlamaları gereken ağır bir kanıt yükü vardır. Belki bu yük yerine getirilebilir, ama bunun gösterilmesi gerekir, yalnızca ateşli bir retorikle ilan edilmesi yetmez. Uluslararası hukukun bu şekilde ihlal edilmesinin sonuçlarının dikkatlice hesaplanması gerekir -özellikle "öngörülebilir" olduğunu düşündüğümüz şeylerin. En küçük bir ciddiyete sahip olanlar için bile, eylemlerin nedenlerinin tarihsel olgulara ve belgeli kayıtlara dikkat edilerek rasyonel gerekçelerle saptanması gerekir- basitçe liderlerimizin ve onların "ahlaki pusulalarının" yüceltilmesiyle değil.

Mayıs 1999

AHLAKİ İLKELER VE ULUSLARARASI HUKUK HAKKINDA BAZI SORULARA YANITLAR

Geçerli ahlaki ilkelerin temeli nedir?
Bombardıman uluslararası hukukun bir ihlali değil mi?
Bu nedenle yasal suçlamalarda bulunan birileri var mı?
Bu konuda ABD'deki tepkiler nelerdir?

Pek başarılı olamasa da, binlerce yıldır bu konularda en azından bir şeyler söylemeye çaba gösteren devasa bir literatür olduğunu biliyoruz. Ama yine de, korkarım ilk soru "sahici bir soru" değil. Ciddiyetle ele almak için çok fazla geniş ve çok az anlaşılır "neden şeyler meydana gelmektedir" gibi güya-sorulardan daha fazla "sahici bir soru" değil.

Fakat, ele aldığımız meseleyle ilişkili az sayıda ahlaki bildik doğrudan söz edebiliriz. Bu bildik doğrular herkes için geçerlidir. Herhangi bir kişi düşünelim ve ona X diyelim. İlk bildik doğru şudur: X kendi eylemlerinin ya da eylemsizliğinin muhtemel sonuçlarından öncelikle sorumludur. İkincisi şudur: X'in ahlaki konulardaki (suçlar, vs.) sorumluluğu -elbette tek faktör olmamasına karşın- X'in bir etkiye sahip olma yeteneğine göre değişmelidir. İki ilke, X'in çıkartacağı sonuçlarda birbirleriyle bağıntı içinde olma, hatta çakışma eğilimi gösterir -yani, X ahlaki bir eyleyiciyse, dikkate alınmaya değer birisiyse.

Örnek vermem gerekirse, Cengiz Han'ın suçlarını incelemek çaba harcamaya değebilir, ama bunun pek az ahlaki önemi vardır. Diğer yandan, benzer bir akıl yürütmeyle, ABD destekli zulümle (örneğin, Türkiye'de veya Kolombiya'da veya Doğu Timor'da veya Irak'ta veya başka pek çok yerde) ilgilenmek son derece önemli bir çabadır, diyebiliriz. Çünkü, bu suçlardan sorumluyuz ve hiç zorlanmadan pek çok şey yapabiliriz; örneğin, sık sık tayin edici olduğu gibi, desteğimizi çekerek. Ama Pol Pot'un suçlarına dikkat göstermek -eğer dürüst bir biçimde yapılırsa ki bu çok enderdir- değerli bir girişim olmasına karşın, ahlaki öneme sahip olmuşsa bile çok az olmuştur; çünkü bu suçlar hakkında ne yapılması gerektiğine dair bir önerinin ipuçları hiç yoktur. Bu suçlar sona erdirildiğinde, ABD çileden çıkmış ve İkinci Dünya Savaşından bu yana "insani müdahalenin" en açık örneğini gösteren suçluları (Vietnamlıları) sert bir biçimde cezalandırmıştır.

Başkalarını düşündüğümüzde bu bildik doğruları çok iyi anlıyoruz. Bu nedenle, Sovyet komiserleri ABD'nin suçları hakkında şikayette bulunduklarında, ABD'de hiç kimse bundan etkilenmemişti. Fakat, SSCB'deki muhalifler Sovyetlerin suçlarını mahkum ettiklerinde çok etkilenmiştik. Böyle olmasının nedenleri yukarıda belirtilen iki ahlaki bildik doğruydu (ve bunlar, genelde olduğu gibi, sonuçları itibariyle çakışmışlardı.)

Bu noktada, psikolojik bir bildik doğruyu hatırlamak yararlıdır. Yapması en güç şeylerden birisi aynaya bakmaktır. Bu, aynı zamanda, ahlaki bildik doğrular nedeniyle ekseri yapılması gereken en önemli şeydir. Ve insanları bu güç ve kritik göreve girişmekten korumayı hedefleyen çok güçlü kurumlar (tüm görünümleriyle bütün bir doktriner sistem) vardır. Her toplumun kendi muhalifleri ve kendi komiserleri vardır ve toplum içinde komiserlerin övgüye boğulması ama muhaliflerin yerin dibine batırılması neredeyse tarihsel bir yasadır. Diğer yandan, resmi düşmanlar söz konusu olduğunda durum tersine döndürülür.

Başka psikolojik bildik doğruları hatırlamak da önemlidir. Dikkatlerin başkalarının suçları üzerinde odaklanması genellikle bize "iyi insanlar" olmanın, o "kötü insanlardan" bu kadar farklı olmanın hoş ve sıcak duygusunu tattırır. Bu özellikle belli bir mesafeden, başkalarının suçlarının daha kötü hale gelmesine yardımcı olmak dışında yapılabilecek pek fazla şey olmadığında doğrudur. Bu durumda, herhangi bir bedel ödemeden yalnızca feryat figan edebiliriz. Kendi suçlarımıza bakmak çok daha güçtür ve bunu yapmak isteyenler ekseri bedeller, bazen çok ciddi bedeller ödemek zorunda kalırlar. Bu, El Salvador'da katledilen Cizvit entelektüeller örneğinde görüldüğü gibi, ABD himayesindeki devletlerin muhalifleri için tipik bir durumdur. Yararlı bir deney, arkadaşlarınıza bu entelektüellerin isimlerini ya da yazdıkları şeylerin ne kadarını okuduklarını sormak ve sonra sonuçları, Stalin-sonrası dönemde hiçbir yerde bu kadar sert muamele görmemiş olan Sovyet muhalifleriyle ilgili aynı soruların sonuçlarıyla karşılaştırmaktır. Bu, kendimiz ve kendi kurumlarımız hakkında bir dolu şey öğretebilecek aynaya bakmanın bir yoludur.

Bunlar sonu gelmez biçimde tartışılmış olan konulardır.* O kadar önemsizdirler ki, tekrar etmeyi sürdürmek can sıkıcı olmaktadır. Fakat, belki aynı zamanda yararlıdırlar. Bu bildik doğruların uygulanma alanı son derece geniştir. Kolaylıkla örnekler bulabileceğinizi düşünüyorum.

Bombardımanların uluslararası hukukun ve NATO'nun BM Anlaşması'na tabii kılındığı kendi kuruluş belgelerinin ağır bir ihlali olduğu ciddi olarak inkar edilmemektedir. Yasal bir soruşturma önergesine gelince, birisi Yugoslavya tarafından Dünya Mahkemesi'ne sunulmuştur. Benzer biçimde Hindistan hukukçular komisyonu, yine uluslararası hukukun ağır ihlali olduğu gerekçesiyle ABD/İngiltere'nin Irak'ı bombalaması hakkında Dünya Mahkemesi'ne bir soruşturma önergesi verdiler. Sudan ilaç ve gübre tedariklerinin yarısının ABD tarafından -yine açıkça yasadışı- terörist bombardımanla imha edilmesi hakkında bir Güvenlik Konseyi soruşturması talep etmiştir. Ama ABD baskısı konuyu gündemden düşürmeyi başarmıştır.

Buradaki tepkilere gelince, ilgi çekicidirler. ABD uluslararası hukuka radikal biçimde karşı çıkmıştır, çünkü uluslararası hukukun modern kurumları 1945'te ABD'nin inisiyatifi altında kurulmuştu. İlk günlerde, bu inisiyatif şimdi açıklanan belgelerde saklanmıştı. Örneğin, yeni oluşturulmuş Ulusal Güvenlik Konseyi'nin ilk memorandumu (NSC 1/3) , eğer sol seçimleri kazanırsa İtyalya'ya askeri müdahale çağrısı yapmıştır.** Kennedy yönetimiyle birlikte uluslararası huku-

* bkz. örneğin, Herman ve benim *Political Economy of Human Rights* (İnsan Haklarının Ekonomi Politiği) çalışmamızın girişi.

** Bu konuda *Z Magazine*'de yazmıştım. Daha sonra *Deterring Democracy*'de (Caydırıcı Demokrasi) genişletilmiş biçimiyle yeniden basıldı.

kun horlanması, özelde Kennedy'nin baş danışmanı Dean Acheson'un konuşmalarında hayli aleni hale geldi. Clinton/Reagan yıllarının başlıca yeniliği bu hor görmenin önündeki tüm engellerin kaldırılmasıydı. Gerçekte, ABD, bütün devletleri uluslararası hukuku gözetmeye çağıran bir Güvenlik Konseyi kararını veto eden tek ülkedir. Bu kararı hangi devletin veto ettiği belirtilmemişti, ama herkes kimin kastedildiğini anlamıştı. *Z Magazine*'in Mayıs sayısında bu konuyu kısaca gözden geçiren bir makalem var.

Niçin kudretli olanın uluslararası hukuku küçümsemek ve niçin zayıf olanın (özellikle eski sömürgelerin) genellikle desteklemek durumunda olduğu tamamen açıktır. Kudretli olanlar istediklerini nasıl olsa yapıyorlar; anlaşmalar ve dünya düzeninin sistemleri onlara hiçbir koruma sağlamıyor. Fakat bunlar zayıf olanlar için en azından sınırlı bir koruma sağlıyor. İşte bu nedenle gerçek "uluslararası cemaat", hayli ileri düzeyde ortak tavır içinde, ABD/İngiltere (ve şimdi NATO'daki ortakları) tarafından şiddete başvurulmasına karşı çıkıyor. ABD'de "uluslararası cemaat" terimi NATO'ya atıf yapmak için kullanılır, ama kuşkusuz biz kendimizi bu ırkçı/emperyalist jargondan kurtarabiliriz.

Soğuk Savaş sonrası sahnenin çok ilginç bir görünümü, ABD'nin BM'ye, Dünya mahkemesi ve anlaşma yükümlülüklerine, vs. saldırısının -sömürgelerin kurtuluşu ve Washington'un 60'larda kontrolü yitirmesinden bu yana sürmektedir- çok daha kapsamlı hale gelmesidir. Nedeni dolaysız biçimde açıktır: Eski gerekçeler ("Ruslar geliyor") artık işe yaramıyor, ve caydırıcı bir engelin yokluğunda, ABD eskiye göre şiddete başvurmakta çok daha özgür hale gelmiştir. Bu bir zamanlar açıktı ve şimdi tamamen açık. Harikulade bir "yeni paradigma" bile deniyor.

Solun büyük çoğunluğunun dahi görmezden gelmeyi tercih ettiği bir şeyi akılda tutmak önemlidir. Dünya düzeninin zayıf, kırılgan ve birçok bakımdan kusurlu sisteminin yalnızca bir tek "gerçekten mevcut alternatifi" var: Kudretli olanlar diledikleri gibi yapacaklardır. Alexander Soljenistin dünya işlerinde benim tam olarak beğendiğim bir yorumcu değildir, fakat bu kez temelde haklıdır: "NATO bütün dünyaya ve gelecek yüzyıla eski bir yasayı dayatmaktadır (...) güçlü olan haklıdır." O halde, en güçlünün "yeni paradigmanın" en coşkulu amigosu olması pek şaşırtıcı değildir.

Geriye yalnızca bir fiili bildik doğruyu eklemek kalıyor: Her zaman olduğu gibi saygın entelektüellerin görevi, olan biteni koruyucu bir meleğin işleri gibi betimlemektir. Veya muhtemelen anlaşılabilir bir "hata" olarak betimlemektir -eğer sonuçları örtbas etmek hiç de kolay değilse. Bu, yazılı tarih kadar eskidir.

9 Mayıs 1999

DOĞU TİMOR DÜNÜN HİKAYESİ DEĞİL

Son haberlere göre, Doğu Timor'daki Birleşmiş Milletler gücü 850.000 kişilik tahmini bir nüfusun 150.000'inden biraz fazlası hakkında bilgi verebilmiştir. BM gücü 260.000 kişinin "evlerinden kaçtıktan veya zorla göç ettirildikten sonra şimdi Batı Timor'da milislerin etkin kontrolü altında pislik içindeki mülteci kamplarında çok kötü koşullar altında yaşadıklarını" ve 100.000 kişilik başka bir grubun Endonezya'nın başka bölgelerine yerleştirildiklerini bildiriyor. Geriye kalanların dağlarda gizlendikleri tahmin ediliyor. Avustralyalı komutan yer değiştirmiş insanların yiyecek ve tıbbi malzemeleri olmadığı konusundaki doğal endişeyi dile getirdi. Doğu ve Batı Timor'daki kampları gezerken, ABD Dışişleri Bakan Yardımcısı Harold Koh mültecilerin "açlık içinde oldukları ve şiddet uygulamalarıyla terörize edildiklerini" ve "açıklaması olmayan" kayıpların günlük bir olay olduğunu söyledi.

Bu facianın boyutunu değerlendirebilmek için, bölgeden ayrılan Endonezya ordusu ve paramiliter yardımcılarının ("milisler") hayatta kalabilmenin fiziksel koşullarını fiili olarak yok etmesi ve Carter yönetimi gerekli diplomatik ve askeri desteği sağlarken, yüz binlerce insanın katledilmesi dahil olmak üzere, bölgenin çeyrek yüzyıldır maruz kaldığı terör dönemi akılda tutulmalıdır.

1990'lar boyunca ulusal basındaki saygın yorumcuların huşu veren retoriğinden bazı alıntılar yaparsak, Carter yönetiminin ardılları "kutsal parıltısıyla" dış politikanın şimdiki "soylu döneminde" buna nasıl tepki gösterdiler? Tepkinin bir biçimi katillere, Clinton yönetiminin

General Suharto'yu betimlediği biçimiyle "bizim adama" verilen desteğin arttırılmasıydı. Bu, General Suharto'nun kontrolü yitirerek ve sert IMF talimatlarını yeterli şevkle uygulamakta başarısız kalarak gözden düşmesinden önceydi. 1991 Dili katliamından sonra, Kongre silah satışlarını sınırlandırdı ve Endonezya ordusunun ABD tarafından eğitilmesini yasakladı. Ancak Clinton yasaktan kaçmanın dolambaçlı yollarını buldu. *Far Eastern Economic Review* ve buradaki muhalif yayınların okuyucularının öğrenebildikleri gibi, Kongre "ABD'nin Endonezya'ya askeri eğitim vermesini yasaklamanın Kongre'nin amacı olduğu ve halen bu amacı koruduğunu" tekrarlayarak "kızgınlığını" ifade etti. Ama bir işe yaramadı.

Clinton'nın programları hakkındaki soruşturma önergeleri Dışişleri Bakanlığı'nın rutin yanıtıyla karşılandı: ABD'nin askeri eğitimi "yabancı askerlerin ABD değerlerine bağlı kılınması bakımından çok pozitif bir işlev sağlamaktadır." Bu değerler, Endonezya'ya 1997 mali yılından geçen yıla kadar beş kat artan, hükümetin onay verdiği aralıksız silah satışları biçimindeki askeri yardım olarak kendini gösterdi. Bir ay önce (19 Eylül), *London Observer International* haber servisi ve *London Guardian Weekly* "ABD'nin eğittiği Doğu Timor kasapları" başlığını taşıyan bir haber yayınladı. İki saygın muhabirin hazırladığı haber, Kongre yasaklarını ihlal ederek 1998 gibi yakın bir tarihe kadar Endonezya ordusunu eğiten Clinton'nın "Demir Denge" programını betimliyordu. Programa Kopassus birlikleri, yani "milisleri" örgütleyen, yöneten ve doğrudan onların vahşetine katılan öldürücü kuvvetler dahildi ve Washington bunu pekala biliyordu. Tıpkı ABD eğitiminden uzun süre faydalanan bu birliklerin "gaddarlıklarıyla efsaneleştiklerini" ve Doğu Timor'da "her türlü vahşetin öncüsü ve örneği haline geldiklerini" bildiği gibi (dünyanın önde gelen Endonezya uzmanlarından, Ben Anderson).

Clinton'ın "Demir Denge" programı bu kuvvetlere, aynı anda etkin biçimde uygulamaya koydukları karşı-ayaklanma ve "psikolojik operasyonlar" uzmanlık alanlarında, daha fazla eğitim sağladı. Sözü edilen kuvvetler ve yardımcıları Eylül'de başkent Dili'yi ateşe verdiklerinde, cinayetler işleyip her yana saldırdıklarında, Pentagon "İnsani ve afet yardımı faaliyetleri üzerinde yoğunlaşan bir ABD-Endonezya eğitim tatbikatının 25 Ağustos'ta sonuçlandırıldığını" duyuruyordu - suçlarda keskin bir tırmanışın ortaya çıktığı referandumdan beş gün önce. Tam da, en azından eğer kendi istihbarat raporlarını okuyorlarsa, Washington'daki politik liderliğin beklediği gibi.

Bütün bunlar, geçen yılın başka birçok olayı gibi, basının hiç yer ayırmadığı zalimlikler için ABD'nin verdiği kritik desteğin geçmiş kayıtlarını taşıyan bellek deliğinde kayboldular. Örneğin, okuyucuların *Irish Times*'dan öğrenebilecekleri gibi, Senatonun Clinton yönetiminden "Endonezya'ya verilen her türlü kredi ve finansal yardımın" Endonezya'nın Doğu Timor'daki askeri eylemleriyle ilişkilendirmesini isteyen, 30 Haziran'da oybirliğiyle aldığı karar.

1999'un büyük bölümünde, Batılı aydınlar Kosova'daki muhteşem performansları hakkında tarihin en cüretkar özpohpohlama gösterilerinden birini yapmaya girişmişlerdi. Gerektiği şekilde yerine getirilen bu büyük başarının birçok görünümünden birisi, bombardımandan sonra yerlerinden edilen, insanlıktan çıkarılmış mültecilerin muazzam göç akışı karşısında, Washington'un sorumlu BM kuruluşundan para yardımını geri çekmesi sayesinde çok az yardımın sağlanabilmiş olmasıdır. Bu kuruluşun personeli 1998'de %15 ve Ocak 1999'da %20 azaltılmıştı. Ve şimdi bu kuruluş, ABD/İngiltere bombardımanının beklenen sonucu olan vahşetin ardından, "sorunlu işleyişi" nedeniyle (yine aziz rolündeki) Tony Blair'in suçlamalarına maruz kalmaktadır. Karşılıklı hayranlık toplumu rolünü gerektiği gibi oynarken, Doğu Timor'daki vahşet artıyordu. Ağustos referandumunun öncesinde bile, güvenilir Kilise kaynaklarına göre 3.000 ile 5.000 arasında insan öldürülmüştü; (iki katından fazla nüfusa sahip olan) Kosova'daki bombardımandan önce, NATO'ya göre öldürülenlerin yaklaşık iki katı. Eylül'de gaddarca eylemler ayyuka çıktığında, iç ve (çoğunlukla Avustralya'dan gelen) uluslararası baskı tarafından en azından bazı jestlerde bulunmaya zorlanıncaya kadar, Clinton olan biteni sessizce seyretti. Jestlerin gerçekleştirilmesi Endonezyalı generallerin olayların yönünü hemen tersine çevirmeleri için yeterli olmuştu -her zaman yedekte tutulmuş gizli gücün bir göstergesi. Rasyonel bir kişi kriminal suçluluk hakkında rahatlıkla bazı sonuçlar çıkartabilir.

Son bilgilere göre; ABD, Avustralya'nın başını çektiği BM müdahale gücüne finansman sağlamadı (buna karşın, Endonezya'nın uzun süre ateşli bir destekçisi olan Japonya 100 milyon dolar verdi). Fakat ABD'nin BM'nin Kosova'daki sivil operasyonlarına bile para vermeyi reddetmesinin ışığında düşünüldüğünde, belki de bu şaşırtıcı değil. Washington aynı zamanda BM'den daha sonraki operasyonlarının ölçeğini küçültmesini istedi, çünkü maliyetlerin bir bölümünü ödemeye zorlanabilirdi. Yüz binlerce kayıp insan dağlarda açlıktan ölüyor olabilirler, ama sivil hedeflerin yok edilmesi için nokta atışlarında mükemmel olan Hava Kuvvetleri açıkça havadan yiyecek atma kapasitesinden yoksundur. Ve böylesine temel bir insani önlem için bile hiçbir çağrıya kulak asılmamıştır. Yüz binlerce insan da Endonezya'da korkutucu bir akıbetle karşı karşıyadır. Washington'ın bir sözü acılarını sona erdirmeye yetecektir, ama ne bir sözcük ve ne de bir yorum vardır.

Kosova'da, istihbarat bilgilerine eşi görülmemiş bir erişim dahil, ABD-İngiltere'nin inisiyatifiyle hızlandırılan savaş suçları mahkemeleri için hazırlıklar Mayıs'tan bu yana yapılmaktadır. Doğu Timor'da, soruşturmalar Endonezya'nın katılımı ve sıkışık bir tarih sınırlamasıyla (31 Aralık) hiç acele edilmeksizin tartışılmaktadır. Britanya basınına konuşan BM görevlilerine göre, bu "tamamen ciddiyetsiz bir şey, tam bir örtbas etme girişimidir." Uluslararası Af Örgütünün bir sözcüsü planlandığı haliyle soruşturma hakkında şunu eklemektedir: "Doğu Timorlularda daha önce yaşadıklarından daha büyük bir tramvaya yol açacaktır. Bu, içinde bulunduğumuz aşamada gerçekten hakaret etmek anlamına gelecektir." Avustralya basını Endonezyalı generallerin "korkudan tir tir titreyen bir halleri olmadığını" bildirmektedir. Bunun bir nedeni "En çok aleyhte kullanılabilecek kanıtların muhtemelen... gelişmiş ABD ve Avustralya elektronik yakalama donanımları tarafından hava dalgalarından alınan malzemeler olmasıdır". Ve generaller eski dostlarının kendilerini terk etmeyeceğinden emin gözükmektedirler -keşke bunun nedeni yalnızca sorumluluk zincirinin tam doğru noktada koparılmasının güç olabileceği olsaydı.

Doğu Timor'daki vahşetlerin kanıtlarını ortaya çıkartmak için de pek bir çaba gösterilmemektedir. Çarpıcı bir karşıtlıkla Kosova, NATO bombardımanı için gerekçelere dönüştürülebilecek büyük ölçekli vahşet uygulamalarını ortaya çıkartmak umuduyla ABD ve başka ülkelerden suç bulgularını arayan polis ve tıp ekipleriyle dolup taşmıştı -ki bu uygulamalar NATO bombardımanının öngörülen sonuçlarıydı. Şimdi bu zalimliklerin Miloşeviç tarafından çok önceden planladığı öne sürülmektedir. Buna karşın, NATO komutanı general Wesley Clark bombardımandan bir ay sonra, var olduğu iddia edilen planlar hakkında şu açıklamaları yapmıştır: "Hiçbir zaman benimle paylaşılmadı" ve NATO operasyonu "[politik liderlik tarafından] Sırp etnik temizliğini engellemenin bir aracı olarak tasarlanmadı... Hiçbir zaman bunu yapmaya dönük bir amaç olmadığı, düşüncenin bu değildi".

Washington'un kendi suçlarının kurbanlarına yardım etmek için parmağını kıpırdatmayı reddetmesini yorumlarken, deneyimli Avustralyalı diplomat Richard Butler şu gözlemde bulunmuştur: "İttifakın gerçeklerinin esas olarak neler olduğu üst düzey Amerikalı analistler tarafından bana son derece açık biçimde anlatılmıştır: ABD büyük ölçüde kendi çıkarları ve tehdit değerlendirmesiyle tanımlanan çerçevede, orantılı olarak tepki gösterecektir..." Bu düşünceler Washington'un eleştirisiyle karşılaşmadı. Bunun yerine, yaşamın gerçeklerini anlamayan Avustralyalı meslektaşları, başkalarının yükleri omuzlaması ve maliyeti -ki bu Avustralya için pek de az sayılmaz- karşılaması gerektiği düşüncesini eleştirdiler. Eğer bundan birkaç yıl sonra ABD şirketleri, Avustralya'nın eylemlerinden kızgınlık duyan, ama büyük hükümdardan pek az şikayetçi olan bir Endonezya'da keyifle yeniden işlerini düzeltmeye koyulurlarsa, bu pek de büyük bir sürpriz olmayacaktır.

Özpohpohlama korosu çok fazla olmasa da biraz yatıştı. Bu utanç verici gösterilerden çok daha önemli olan, bu korkunç yüzyılın en dehşet verici trajedilerinden birisinden geriye kalanları kurtarmak için -hemen ve kararlı biçimde- harekete geçmemektir.

23 Ekim 1999

MİLENYUM GÖRÜŞLERİ VE SEÇİCİ GÖRÜŞ -I

Yeni yıl, numerolojinin* güçlendirdiği bildik nakaratlarla başladı: Bir özpohpohlama korosu, düşmanlarımızın anlaşılmaz kötülüğü hakkında kasvetli derin düşünceler ve ilerlerken karşımıza çıkan pürüzleri ortadan kaldırmak için her zamanki seçici bellek kaybından yararlanma. Eğer entelektüel kültürde farklı değerler ağır bassaydı, ortaya çıkacak farklı değerlendirme tarzını çağrıştırabilecek birkaç örnek aşağıda yer almaktadır.

Yüzyıl boyunca karşı karşıya geldiğimiz ve nihayette öldürdüğümüz canavarlar hakkındaki tanıdık ayinle başlayalım -en azından gerçeklikte köklerinin olması gibi bir değere sahip olan bir ritüel. Bu canavarların korkunç suçları Fransız akademisyen Stephane Courtois ve diğerlerinin yazdığı, yeni çevrilen *Black Book of Communism*'de *(Komünizmin Kara Kitabı* -Türkçe baskısı, Doğan Kitapçılık, 2000) kaydedilmiştir ve yeni milenyuma geçişte şoka uğramış kitap eleştirilerinin konusunu oluşturmaktadır. Bunlardan en ciddisi, en azından benim gördüklerim arasında, seçkin bir akademisyen ve sosyal demokrat yorumcu, politik felsefeci olan Alan Ryan tarafından yeni yılın ilk *New York Times Book Review* (2 Ocak) yazılmıştır.

Ryan, *Komünizmin Kara Kitabı*'nın en sonunda "komünizmin dehşetleri hakkındaki sessizliği", "öylesine mutlak derecede yararsız, anlamsız ve açıklanamaz acılarla basit olarak kafası karıştırılmış insanların sessizliğini" bozduğunu yazmaktadır. Kitabın ifşaatları -bu konuda medya ve dergilerde, filmlerde, romanlardan akademik eserlere ki-

* **numeroloji: sayıların gizemini konu alan disiplin -ç.n.**

taplarla dolup taşan kütüphanelerde vuku bulan sürekli akım bir yana- çocukluğumdan bu yana, özellikle geçen 80 yılda sol literatürde okuduğum "komünizmin dehşetleri" hakkındaki acımasız suçlamalar ve ayrıntılı ifşaatlar akımından bir şekilde habersiz kalmayı başarabilmiş olanlara kuşkusuz bir sürpriz olarak gelecektir. Hiçbiri sessizliğin perdesini kaldıramamıştır. Fakat bunu bir yana bırakalım.

Ryan, *Kara Kitap*'ın "kayıt tutan bir meleğin" stiline sahip olduğunu yazmaktadır. Kitap, 100 milyon kişinin öldürülmesi -"tamamen başarısızlığa uğramış devasa bir toplumsal, ekonomik ve psikolojik denemenin ceset sayısı"- hakkında acımasız bir "cezai suçlamadır." Her hangi bir yerde bir başarı işareti dahi göstermekten aciz mutlak kötülük, "yumurtaları kırmadan bir omlet yapamazsınız gözlemini" boşa çıkarmaktadır.

Düşmanın anlaşılmaz canavarlığının -kendini dünyadaki nezaket ve görgünün en küçük parçasını "toptan ortadan kaldırmaya" (Robert McNamara) adamış "monolitik ve zalim komplo" (John F. Kennedy)- yanısıra bizim muhteşemliğimiz, bu vizyon geçen yarım yüzyılın imgesini ayrıntılı biçimde özetlemektedir (gerçekte, bunun da ötesinde, dostlar ve düşmanlar hızla değişse de, günümüze kadar süregelen imgeyi de). Yayın alanındaki devasa bir literatür ve ticari medya bir yana, bu imge, yaygın olarak Soğuk Savaşın kurucu belgesi olarak tanınan, fakat belki de saygın devlet adamları Dean Acheson ve Paul Nitze'nin çılgın ve histerik retoriğini sıkıntıya sokmamak için ender olarak zikredilen dahili belge 1950 NSC (Ulusal Güvenlik Konseyi) 68'de canlı bir biçimde yansıtılmıştır.*

Ortaya konulan manzara her zaman son derece kullanışlı olmuştur. Bugün bir kez daha yenilenen bu manzara, "bizim taraftakilerin" geçmiş yıllarda derlediği bütün tiksindirici zalimliklerin kaydını tamamen silmemize imkan tanımaktadır. Herşeyden önce, düşmanın nihai kötülüğüyle karşılaştırıldığında bunların hiçbir önemi yoktur. Suç ne kadar büyük olursa olsun, şimdi nihayet hangi amaca hizmet ettikleri anlaşılan karanlığın güçlerine karşı koymak için "gerekliydi". Kosova'daki insani zaferin son parıltısının ardından *New York Times* muha-

* Bir örnek için, bkz. *Deterring Democracy*, Chomsky, Birinci Bölüm

biri Michael Wines bize bazı "son derece düşündürücü dersleri" gözden kaçırmamamız gerektiğini hatırlatmıştı: "İnsanlık dışılığı sona erdirmeye kararlı idealist bir Yeni Dünya ile sonu gelmeyen çatışma hakkında eşit derecede kaderci bir Eski Dünya arasındaki derin ideolojik bölünme". Buna karşın yalnızca pek az pişmanlık duyarak bu durumda soylu görevimizi yerine getirmeye dönebiliriz. Düşman mutlak kötülüğün bedenlenmesiydi, fakat dostlarımızın bile bizim baş döndürücü yüksekliğimize tırmanmadan önce önlerinde kat etmeleri gereken uzun bir yol var. Yine de, Tanrının koruyuculuğu altındaki bir Ulusa yaraştığı gibi "temiz ellerimiz ve saf kalbimizle" ileriye doğru yürüyebiliriz. Ve en önemlisi, devlet kapitalizmi sisteminin suçlarının kurumsal kökenlerine yönelik her türlü delice araştırmayı alaya alarak reddedebiliriz. Bunlar Kötülüğün karşısında İyiliğin imgesini hiçbir şekilde karartmayan önemsiz şeylerdir ve gelecek hakkında "son derece akla yakın" ya da değil, hiçbir ders öğretmezler. Bu, incelikle ele alınmayı gerektirmeyecek aşikar nedenlerle, çok elverişli bir duruştur.

Diğerleri gibi, Ryan makul biçimde cezai suçlamanın A kanıtı olarak 24-40 milyon ölü sayısıyla Çin'deki 1958-61 açlık dönemini seçiyor. Bunun, "kayıt tutan meleklerin" "Komünizme" atfettiği 100 milyon cesedin büyük bir bölümü olduğunu bildiriyor ("Komünizmle" her ne kastediliyorsa, ama konvansiyonel terimi kullanalım). Korkunç zulüm yıllardır uğradığı ve burada yenilenen sert mahkumiyeti tamamen hakkediyor. Ayrıca açlıktan Komünizmi sorumlu tutmak uygundur. Bu sonuç, birkaç yıl önce Nobel Ödülü kazanan ve Çin'deki açlığı demokratik Hindistan'ın siciliyle karşılaştırması özel bir dikkat çeken ekonomist Amartya Sen'in çalışmasında en yetkin biçimde temellendirilmişti.

1980'lerin başında yazan Sen Hindistan'ın böyle bir açlıkla karşılaşmadığını gözlemlemiştir. Hindistan-Çin farkını, Hindistan'ın "rakip gazetecilik ve muhalefeti içeren politik sistemine" bağlamıştır. Buna karşın, Çin'in totaliter rejimi ciddi bir tepkiyi azaltan "yanlış bilgilendirmeden" muzdaripti ve muhalefet gruplarından ve bilgilenmiş bir kamuoyundan "çok az politik baskı" vardı.*

* Jean Dreze ve Amartya Sen, *Hunger and Public Action*, 1989. Ölümleri 16,5 milyon ile 29,5 milyon arasında tahmin ediyorlardı.

Örnek, tam olarak Ryan'ın yazdığı gibi, totaliter Komünizmin "cezai suçlanmasının" dramatik bir örneği olarak durmaktadır. Fakat, suçlama üzerine kitabı kapatmadan önce, Sen'in yaptığı vurguya karşın bir şekilde hiçbir zaman su yüzüne çıkmadığı görünen, Sen'in Hindistan-Çin karşılaştırmasının diğer yarısına dönmeyi isteyebiliriz. Sen 50 yıl önce kalkınma planları başladığında, ölüm oranları dahil, Hindistan ve Çin arasında "oldukça çarpıcı benzerlikler" olduğunu gözlemler. Sen "Fakat hastalık oranı, ölüm oranı ve yaşam süresi söz konusu olduğunda, Çin'in Hindistan üzerinde büyük ve kesin bir üstünlüğü olduğu konusunda çok az kuşku olduğunu" yazar (eğitim ve diğer toplumsal göstergelerde de durum böyledir). Hindistan'daki ölüm oranı fazlasının Çin'e göre yılda 4 milyona yakın olduğunu tahmin eder: "Hindistan'ın her sekiz yılda bir yüklüğünü, Çin'in utanç yıllarında (1958-1961) doldurduğundan daha fazla iskeletle doldurmayı becerdiği görünmektedir" (Dreze ve Sen).

Her iki durumda da, sonuçların politik sistemlerin "ideolojik eğilimleriyle" ilgisi vardır: Çin'de kırsal sağlık hizmetleri dahil, tıbbi kaynakların görece eşit dağılımı ve devletin yiyecek dağıtması söz konusudur ve bunların hiçbirisi Hindistan'da yoktur. Bu durum, sözü edilen yıl uygulanan piyasa reformları sayesinde "(Çin'de) ölüm oranında kötüye doğru giden eğilimin en azından durdurulduğu ve muhtemelen tersine çevrildiği" 1979 yılından öncesi için geçerlidir.

Bellek kaybının üstesinden gelmek için, şimdi *Kara Kitap*'ın ve eleştirilerinin yöntemini, yalnızca doktriner açıdan kabul edilebilir yarısına değil, bütün öyküye uyguladığımızı varsayalım. Bu durumda, Hindistan'da 1947'den bu yana demokratik kapitalist deneyin, 1917'den beri Komünizmin her yerdeki "devasa, bütünüyle başarısızlığa uğramış ... deneyinin" bütün tarihinden daha fazla ölüme yol açtığı sonucuna ulaşıyoruz: Yalnızca Hindistan'da 1979'a kadar 100 milyon, bu tarihten sonra da on milyonlarca ölü.

Eğer Komünizmin çöküşünden sonraki etkilerine bakacak olursak, "demokratik kapitalist deneyin" "cezai suçlanması" daha da acımasız hale gelir: Bir örnek olarak, Rusya'daki milyonlarca ceset verilebilir. Rusya Dünya Bankasının "Hızla ve yaygın olarak liberalleşen ülkeler [bunu yapmayanlara göre] daha hızlı biçimde daha iyi bir duruma ulaşırlar" şeklindeki güvenli reçetesini izledikçe, I. Dünya Savaşından önce içinde bulunduğu durumun bir benzerine, "üçüncü dünyanın" her yerinde tanıdık olan bir manzaraya geri dönmektedir. Ama Stalin'in söyleyebileceği gibi, "yumurtaları kırmadan bir omlet yapamazsınız." Eğer, gerçekten "devasa" bir iskelet sicili ve "tamamen yararsız, anlamsız ve açıklanamaz bir acı" (Ryan) sonucunu üreten Batı vesayeti altında kalmış geniş alanları dikkate alırsak, suçlama çok daha acımasız hale gelir. Aynı yıllarda, Batı gücünün ve onun himayesindekilerin doğrudan saldırısıyla yakılıp yıkılmış ülkeleri hesaba eklersek, suçlama çok daha fazla güçlü hale gelir. Bu sicilin burada tekrar ele alınmasına gerek yok. Saygın görüşün *Kara Kitap*'ın yayınlanmasından önce Komünizmin suçlarını bilmediği ölçüde, bunu da bilmiyor gibi görünmesine rağmen.

Ryan *Kara Kitap*'ın yazarlarının "büyük soruyla" karşı karşıya gelmekten korkmadıklarını saptıyor: "Komünizmin ve Nazizmin göreli ahlaksızlığı." "Ceset sayısının durumunu Komünizmin aleyhine değiştirmesine" karşın, Ryan Nazizmin yine de ahlaksızlığın daha aşağıdaki derinliklerine battığı sonucuna varıyor. İdeolojik hizmet verebilen bellek yitiminin üstesinden gelindiğinde, "ceset sayısının" ortaya koyduğu başka bir "büyük soru" sorulmamıştır.

Kendi durumumu açıklığa kavuşturmak için, kendi yargılarımı dile getirmediğimi söylemeliyim. Bunun yerine, tercih edilen doğruları temellendirmek için kullanılan ilkelerin sonucunda ortaya çıkan yargıları -ya da eğer doktriner filtreler kaldırılabilmiş olsaydı, ortaya çıkacak olan yargıları dile getiriyorum.

Bu yıl fiili bir gelgit dalgasına dönüşen özpohpohlamadan söz ederken, belki Mark Twain'in ardımızda bıraktığımız görkemli yüzyılı açan Filipinler'deki kitle katliamı kampanyasının büyük askeri kahramanlarından birisi hakkındaki düşüncesini hatırlamak yeterlidir: O "ete kemiğe bürünmüş hicivdir"; hiçbir hiciv gösterisi "mükemmelliğe erişemez", çünkü bizzat kendisi "bu zirveyi bizzat işgal etmektedir." Bu referans bize, katliam ve yıkımdaki etkinlik ve her hicivciyi umutsuzluğa sevk edecek kendini yüceltme kapasitesi dışında, muhteşemliğimizin başka bir yönünü hatırlatıyor: Dürüst bir biçimde suçlarımızla yüzleşme isteğimiz, fikirlerin gelişen serbest pazarına bir övgü. Amerika'nın önde gelen yazarlarından birisinin şiddetli anti-emperyalist denemeleri totaliter devletlerde olduğu gibi baskı altına alınmamıştı; halk bunlara serbestçe erişebilir, yalnızca 90 yıllık bir gecikmeyle.

10 Ocak 2000

MİLENYUM GÖRÜŞLERİ VE SEÇİCİ GÖRÜŞ -II

Dürüst konuşulacaksa, milenyumu kapatan özpohpohlama korosunun bazı uyumsuz notalar tarafından rahatsız edildikleri belirtilmelidir. Şu yönlendirici ilkeleri kabul etmemizin tutarlılığı hakkında sorular sorulmuştu: Yeni doktrinin, Kosova ve Doğu Timor örneklerinde olduğu gibi, "evrensel insan hakları standartlarının egemenlik üzerinde en azından bazı sınırlar oluşturduğunu" söylemesi -Doğu Timor ilginç bir örnektir, çünkü burada, Endonezya'ya uluslararası ahlak bekçisinin onayladığı istila hakkını bahşedenler hariç bir egemenlik sorunu hiç söz konusu olmadı.

Bu konular *New York Times Week in Review*'deki başyazıda, Craig Whitney tarafından yazılan ön sayfadaki bir makalede (12 Aralık) gündeme getirildi. Whitney "yeni doktrinin en çetin sınavında" başarısız olabileceği sonucuna varıyordu: Rusların Grozni'ye saldırısı.

Belli ki Whitney dört gün önce Başkan Clinton tarafından yapılan açıklamayla ikna olmamıştı: Elimiz kolumuz bağlı, çünkü "Birleşmiş Milletler tarafından bir yaptırım rejimi uygulanmalıdır", BM'de böyle bir karar Rus vetosuyla engellenecektir. Clinton'ın açmazı, kısa bir süre önce, BM'de 155'e 2 (ABD, İsrail) ile sonuçlanan bir oylamayla bir kez daha Washington'u Küba'ya karşı uyguladığı yaptırımlara son vermeye çağırdığında örneklenmişti. 1962'den bu yana yürürlükte olan, fakat "monolitik ve zalim komplo" nihayet ortadan kalktığında insafsız bir insani bedelle birlikte giderek daha katı hale gelen bu yaptırım dünyada uygulanan yaptırımlar arasında en sertidir. Washington'a kalırsa, bu "bir yaptırım rejimi" değildir. ABD Dışişleri Bakanlığı "bunların kesinlikle iki taraflı bir ticaret politikası meselesi olduğu ve BM Genel Kurulu tarafından dikkate alınması uygun olmayan bir mesele olduğu" yanıtını vermiştir. O halde bir çelişki yoktur. Ve üstelik BM oylaması, en azından bilgiyi bu olayı haber yapmayan ulusal basından alanlar için hala bir olay değildir.

"Yeni doktrinin" bu iki örneğini ayrıntılandırmayı erteleyelim. Ve "yeni doktrin" için "en çetin sınavı" olmayan ya da gerçekte hiçbir sınav niteliği taşımayan Çeçenistan'a Rus saldırısından daha öğretici olanlara, ilan edilen yüksek ideallere kendimizi adayışımızı sınayan başka olgulara dönelim. Ciddi sınavları tercih etmek yerine Rus saldırısının sürekli öne sürülmesinin nedeni belki de şu: Öne sürülen şeyin ciddi bir sınav niteliği taşımaması. Rusya'nın suçları ne kadar gaddarca olursa olsun, bunlar için pek bir şey yapılamayacağı anlaşılmıştır. Tıpkı 1980'lerde ABD'nin Orta Amerika'da sürdürdüğü terörist savaşları ya da önceki yıllarda Güney Vietnam'ı ve daha sonra bütün Hintçini'ni yerle bir etmesini engellemek için pek bir şey yapılamadığı gibi. Askeri bir süper güç çılgınca davrandığında, müdahalenin maliyetleri tahmin edilemeyecek kadar yüksektir: Caydırıcılığın büyük ölçüde içerden gelmesi gerekir. Bu tür çabalar Hintçini ve Orta Amerika örneklerinde belirli bir başarıya ulaşmıştır. Fakat, kurbanların kaderi bu başarının çok sınırlı olduğunu açıkça ortaya koymuştur. Ya da şu söylenebilir: Sonuçlara dürüstçe bakmak ve uygun sonuçları çıkarmak mümkün olsaydı, söz konusu çabalar başarılı olurdu.

O halde "yeni doktrinin" daha ciddi sınavlarına dönelim: Müdahale ederek değil, sadece katılmaktan geri durarak kolayca sona erdirilen zulümlere tepki kuşkusuz en açık ve öğretici durumdur. Geçen yılın sonu soylu ideallerin sınaması için benzeri birçok olanak sağladı. Bunlar arasında ayrı incelenmesi gereken birisi, uğursuz ihtimalleri içinde barındıracak biçimde ABD destekli terörü Kolombiya'da tırmandıran girişimdir. Çeşitli başka sınavlar da, pratikte yorumlandığı haliyle, "yeni doktrinin" içeriğini büyük bir açıklıkla ortaya koymaktadır.

Otoriter tarzı ve yozlaşmışlığı "Amerikalı ve Batı Avrupalı yetkililerin sert eleştirilerini çekmekle" birlikte, genellikle Batı'yla sıcak ilişkiler içinde olan bir Miloşeviç kopyası, Hırvat devlet başkanı Franjo Tudjman'ın ölümü üzerine Aralık'ta birçok makale yayınlanmıştı. Yine de Tudjman "bağımsız Hırvatistan'ın babası" olarak hatırlanacaktır. Tudjman'ın "taçlandırıcı başarısı" Mayıs ve Ağustos'taki askeri operasyonlarla gerçekleşmişti: Orduları "Hırvatistan Sırplarının Sırbistan'a kitlesel göçünü teşvik ederek" Sırplar tarafından işgal edilen Hırvat topraklarını yeniden ele geçirmeyi başarmıştı. (Michael Jordan, *Christian Science Monitor*, 13 Aralık, oldukça tipiktir). "Taçlandırıcı başarı"dan yıllardır bölgeden hayli sıra dışı bir başarıyla haberler geçen David Binder'ın yazdığı uzun bir *New York Times* haberinde de (11 Aralık) birkaç kelimeyle söz edilmişti: Tudjman "tamamen Hırvat toprağı olarak gördüğü yerden (Krajina) Sırpları sürme hedefini gerçekleştirdikten sonra" 1995 sonunda ABD'nin öncülüğündeki Dayton görüşmelerine katılmayı isteksizce kabul etti.

Askeri harekatın Ağustos evresi, Fırtına Operasyonu, bu yılların en kapsamlı etnik temizlik operasyonuydu. BM raporunda "savaş sırasında ve savaştan hemen sonra yaklaşık 200.000 Sırp Hırvatistan'daki evlerini terk ederken, geriye kalan az sayıdaki Sırbın şiddetli kötü muameleye maruz kaldığı" belirtilmiştir. Birkaç hafta sonra, Clinton diplomasisini yöneten Richard Holbrooke, *To End a War* adlı anılarında, "Tudjman'a Hırvat saldırısının görüşmeler açısından büyük değer taşıdığını söylediğini" ve 90.000 Sırbın daha sürülmesine yol açarak, "Tudjman'a saldırısını genişletmesini tavsiye ettiğini" yazmaktadır. Dışişleri Bakanı Warren Christopher şu açıklamada bulunmuştur: "Bu tür bir saldırının bir sürü mülteci yaratmaktan ve insani bir soruna yol açmaktan başka bir sonucu olamayacağını düşünmedik. Diğer yandan, Dayton'a hazırlanırken bu saldırı her zaman sorunları basitleştirme ihtimalini barındırdı." Clinton, Sırp misillemesi riski nedeniyle sorunlu olsa da, Hırvatistan'ın etnik temizlik operasyonunun Balkan meselesini çözmekte yardımcı olabileceği yorumunu yapıyordu. O zaman bildirildiği gibi, Clinton "yeşil ışık" ya da "hafifçe yeşile boyalı sarı ışık" yaklaşımını onaylamıştı. Tudjman da bunu "taçlandırıcı başarı" için örtük cesaretlendirme olarak yorumladı. Misilleme riski dışında kitlesel etnik temizlik bir sorun oluşturmuyordu, yalnızca "insani bir sorundu."

Akademik bir dergide Hırvat operasyonlarını ele alırken Binder şu gözlemde bulunmaktadır: "Beni en çok etkileyen" ABD bağlantısı hakkında "ABD basınında ve ABD Kongresinde neredeyse tam bir ilgisizliğin olmasıydı. Öyle görünüyor ki, MPRI paralı askerlerin" rolü (Dışişleri Bakanlığının anlaşmasıyla emekli ABD generalleri Hırvat ordusunu eğitmek ve danışmanlık yapmak için gönderilmişti) ya da "ABD ordu ve istihbarat birimlerinin katılımı" hakkında "hiç kimse kısmi bir sorumluluk bile almak istemiyordu".* Doğrudan katılım, Hırvat saldırı uçak ve helikopterlerine yönelik her türlü tehdidi ortadan kaldırmak için Krajina'daki Sırp yerden havaya füze sahalarının ABD donanma uçaklarıyla bombalanmasını, gelişmiş ABD teknolojisi ve istihbaratı sağlanmasını, gizlice Bosna'ya gönderilen İran silahlarının % 30'unun Hırvatistan'a transferinin ayarlanmasında "kilit bir rolü" ve açıkça bütün operasyonun planlanmasını içeriyordu.

Uluslararası Savaş Suçları Mahkemesi çok takdir edilen saldırıyı araştırdı ve şu başlığı taşıyan bir bölümle birlikte 150 sayfalık bir rapor hazırladı: "Suçlama. Fırtına Operasyonu, Doğrudan Kabul Edilebilir Bir Dava.**" Mahkeme "Hırvat ordusunun yargısız infazlar gerçekleştirdiği, ayrım gözetmeden sivil halkı bombaladığı ve 'etnik temizlik' yaptığı sonucuna varmıştır. Ancak soruşturma "mahkemenin talep ettiği kritik kanıtları sağlamayı reddetmesiyle" Washington tarafından engellenmiştir ve tavsamış görünmektedir. Sağ eller tarafından yapılan etnik temizlik ve diğer zulümlere dönük "neredeyse tam bir ilgisizlik" sürmektedir. Tudjman'ın ölümünde, *Times Week in Review*'un Çeçenistan açmazının açığa çıkardığı "yeni doktrinin" desteklenmesindeki tutarlılığımız sorununu uzun uzadıya ele almasıyla da bir kez daha örneklenmiştir.

Doktrinin maruz kaldığı daha da "çetin bir sınav", Aralık'ta Türkiye'nin Avrupa Birliği üyeliğine aday olarak kabul edilmesine gösterilen tepkiydi. Basında konuya geniş biçimde yer verilmesi, şu apaçık sorunun görmezden gelinmesini sağladı: Zulüm NATO'nun Sırbistan'ı bombalamasını kışkırttığı iddia edilen suçların çok daha ötesinde bir düzeye ulaşırken, Clinton yönetimi altında artan kararlı bir ABD yardımı ve eğitimiyle yürütülen, kitlesel etnik temizlik dahil mu-

* Stephen Kinzer, *New York Times*, 9 Aralık 2000

** "The Role of the United States in the Krajina Issue", *Mediterranean Quaterly*, 1997 azzam terör operasyonları. Doğru, bazı sorular ortaya atıldı. Bir *New York Times* manşeti şöyleydi: "Avrupa İçin Öncelikli Soru: Türkiye Gerçekten Avrupalı mı?" (Stephen Kinzer).* ABD destekli zulüm şu tabiri hak ediyor: Türkiye'nin "Kürt isyancılara karşı savaşı şiddetini kaybetti"; tıpkı, basın başka türlü düşünürken, ABD Belgrad'a yığınla yüksek teknolojili silah ve diplomatik destek sağlasaydı, Sırbistan'ın "Arnavut isyancılara karşı" çok daha düşük düzeydeki "savaşının şiddetini kaybedeceği" gibi. Kısa süre önce, Kinzer nasıl "Clinton'ın Büyüleyiciliğini Türkiye'de Gösterdi"ğini (başlık) betimlemişti. Deprem kurbanlarını ziyaret ederken, şefkatle tuttuğu bir çocuğun gözlerine derin bir duyarlılıkla bakmış ve bununla kalmayıp "insanlarla efsanevi ilişki kurma becerisini" başka yollarla da göstermişti. Biz tarihte eşi görülmemiş insan haklarına adanmışlığımız için kendimize hayran kalırken, muazzam terör operasyonları "neredeyse tam bir ilgisizlikle" yanıtlanmayı sürdürüyordu.

Türk ve İsrail deniz kuvvetleri bir ABD savaş gemisinin eşliğinde Doğu Akdeniz'de tatbikatlar yaptığında, Aralık ortalarında açıklayıcı bir dipnot eklendi: AP bunun, ABD himayesi altında "Suriye'yi İsrail'le müzakerelere oturmaya zorlamak için" pek de ince olmayan bir uyarı olduğunu bildiriyordu. Yoksa...

Doktrin için başka bir sınav Kasım ortalarında gündeme geldi. Yeşil Berelilerin başka bir eğitim döneminden yeni çıkmış ABD destekli terörist güçlerin seçkin bir birliğinin ("Salvadoran ordusu") yine bir çılgınlığı sırasında, ülkenin önde gelen üniversitesinin rektörü dahil, başka pek çok kişinin yanısıra 6 önemli Latin Amerikalı entelektüelin katledilmesinin, yani korkunç zalimliklerle dolu bir on yılı doruk noktasına çıkartan bir olayın onuncu yıldönümüydü. Katledilen Cizvit aydınların isimleri ABD basınında yer almadı. Canavar düşmanın alanında ciddi baskılara uğrayan muhalifler için gösterilen tepkiyle keskin bir karşıtlık içinde, Cizvit aydınların adı bile hatırlanmayacak ya da yazdıkları bir sözcük bile okunmamış olacaktır. Oysa, Stalin-sonrası dönemde, buna uzaktan bile olsa benzer hiçbir ceza ABD kontrolünde düzenli olarak uygulanmadı. Olayların kendisi gibi, bu karşıtlık hiç

* Stephen Kinzer, *New York Times*, 9 Aralık 2000

de önemsiz olmayan sorular ortaya koyuyor; ama bunlar gündem dışı sayılmaktadır.

Yüksek ilkelere bağlılığımızın nihai göstergesi olarak sunulan iki örnek hakkında fazla bir şey söylemeye gerek yoktur: Doğu Timor ve Kosova. Doğu Timor'un Portekiz yönetimindeki bölgesine bir "müdahale" yapılmadı. Bunun yerine, kıyım ve baskıyla geçen 24 yıl boyunca Endonezyalı generalleri destekleyen Washington'un sonunda onlara oyunun bittiğini işaret etmeyi kabul etmesinden sonra, Avustralya liderliğinde bir Birleşmiş Milletler gücü sevkedildi. Washington, 1999 başındaki büyük katliamlardan ve güvenilir kilise kaynaklarının birkaç aydaki ölü sayısının üç-beş bine ulaştığını bildirmesinden sonra bile, Endonezyalı generalleri desteklemeyi sürdürmüştü. Bu sayı, NATO bombardımanından önce Kosova'daki ölü sayısının yaklaşık iki katıydı. Artan iç ve (Avustralya öncülüğündeki) uluslararası baskı altında nihayet Endonezya'nın zulmü için sağladığı desteği çektikten sonra, Clinton bir kenarda durmayı sürdürdü. Dağlarda açlıktan kırılan yüz binlerce mülteciye havadan yiyecek yardımı yapılmıyordu ve yüz binlerce kişinin Endonezya topraklarında tutsak kalmasında ısrar eden Endonezya ordusuna karşı arada bir resmi uyarılarda bulunmakla yetiniliyordu. Doğu Timorluların pek çoğu hala Endonezya'da tutsak olarak yaşamaya devam etmektedir. Eğer soylu ilkeler ciddiye alınsa talep edilecek devasa onarım işleri bir yana, Clinton anlamlı bir yardım yapmayı da reddetmektedir.

Bu performans şimdi, Clinton'nın büyük öneme sahip tavırlarından birisi ve egemenliği (ki böyle bir egemenlik var olmadı) tanımayarak insan haklarını savunma adına "yeni müdahale doktrinini" hayata geçirmenin başlıca örneği olarak sunuluyor. Burada bellek yitimi gerçekte seçici değildir: "Toptandır" demek daha doğru olacaktır.

Kosova'daki olayların mevcut anlatımı şöyledir: "Sırbistan ayrılıkçı bir Arnavut gerilla hareketini bastırmak için Kosova'ya saldırdı, fakat 10.000 sivili öldürdü ve 700.000 kişiyi mülteci olarak Makedonya ve Arnavutluk'a sürdü. NATO Arnavutları etnik temizlikten korumak adına havadan Sırbistan'a saldırdı, [ama] yüzlerce sivil Sırbı öldürdü ve on binlercesinin şehirlerden kırsal kesime göç etmesine yol açtı"

(Daniel Williams, *Washington Post*). Pek de öyle değil: Zamanlama, artık rutin bir hal alarak can alıcı biçimde tersine çevrilmiştir. Ayrıntılı bir yıl sonu değerlendirmesinde, *Wall St. Journal*'ın baş haberi (31 Aralık) "yorgun düşmüş bir basın heyetinin NATO bombalarıyla öldürülen sivillerin karşıt yöndeki haberine doğru yol almasını" engellemek için ustalıkla hazırlanmış "ölüm tarlaları" haberlerini, örneğin NATO sözcüsü Jamie Shea'nın UÇK radyosunun yayınlarına dayanarak sağladığı vahşet haberlerini ciddiye almamaktadır. Ama haber yine de meydana gelen yerinden etme ve diğer zalimane eylemlerin, öngörüldüğü gibi, bunlardan önce gerçekleşen "[NATO'nun] bombalama harekatını haklı çıkarmak için yeterli olabileceği" sonucuna varmaktadır.

Akıl yürütme artık standarttır: ABD ve müttefikleri büyük bir insani felaket olacağı beklentisiyle geriye kalan (ve daha sonra sürdürülen) diplomatik seçenekleri terk etmek zorunda kalmışlar ve (beklentinin hemen gerçekleşmesini sağlayan) bombalama eylemini yapmışlardır; bugünden geriye doğru baktığımızda bombalamayı haklılaştıran budur. Ortaya çıkan sonucu haklı çıkarmanın bir başka yolu şudur: Eğer NATO bombalamasaydı, muhtemelen benzer bir şey nasıl olsa gerçekleşecekti. Bu, en saf haliyle "yeni doktrin"dir. Sırbistan'daki sivil hedeflerin bombalanmasının etkileri ve NATO işgal güçlerinin gözü önünde Kosova'nın "temizlenmesi" dahil diğer sonuçlar bir yana bırakılsa bile, meydana gelmesi çok muhtemel daha kötü olaylarla birlikte belki de devlet şiddeti için kayda geçmiş en tuhaf haklılaştırmadır.

Beklenebileceği gibi, olayların kaydı dikkat çekici bir tutarlılığı açığa çıkarıyor görünmektedir. Politikayı belirleyen kurumsal faktörler dokunulmadan ve değişmeden kaldıkları sürece, yasak soruyu gündeme getirmek için neden tutarsızlık beklememiz gerekiyor? Seçici bellek kaybı ilkesine göre neyin atlandığını ve ilan edilen yüksek standartların en azından bazen işlevsel olduğu göstermek için kanıt olarak neyin sunulduğunu dikkate aldığımızda, bir "çifte standart"tan söz etmek yalnızca kaçamak bir tutum, gerçekte korkakça bir kaçamak tutumdur.

13 Ocak 2000

KOLOMBİYA -I

1999'da Kolombiya Türkiye'nin yerini alarak, ABD'den en fazla askeri ve polis yardımı alan ülke haline geldi (İsrail ve Mısır farklı bir kategoride yer almaktadır). Yardım rakamı gelecek iki yıl için hızla artacak şekilde planlandı. 1990'lar boyunca Kolombiya Latin Amerika'da en fazla ABD askeri yardımı alan ülkeydi ve aynı zamanda, oldukça yerleşik bir bağıntıya uygun olarak, insan hakları alanında en kötü olma rekorunu kırdı.

Sistematik kalıplardan genellikle bir şeyler öğrenebiliriz; o zaman daha önceki şampiyon Türkiye üzerinde biraz duralım. Önde gelen bir ABD karakolu olarak, Soğuk Savaşın başlangıcından bu yana önemli düzeyde askeri yardım aldı. Ancak silah teslimatları Soğuk Savaşla hiçbir bağlantısı olmaksızın, 1984'de hızla artmaya başladı. Aslında bu yıl, Türkiye'nin büyük ölçüde Kürtlerin yaşadığı Güneydoğu'da büyük ölçekli bir karşı-ayaklanma harekatı başlattığı yıldı. Silah teslimatları bütün 1950-1983 (mali yıllar) döneminin toplamını aştı ve ağır silahlar (savaş uçakları, tanklar vb.) dahil, Türkiye'nin askeri donanımının yaklaşık %80'ine ulaşarak 1997'de doruğa çıktı. 1999 itibariyle Türkiye, 2-3 milyon kişilik bir insan göçünü, 3.500 yıkılmış köyü (NATO bombardımanı altındaki Kosova'nın 7 katı) ve on binlerce ölüyü ardında bırakarak uyguladığı terör ve etnik temizlikle Kürt direnişini büyük ölçüde bastırmıştı. Clinton yönetiminden gelen devasa silah akışı bu hedefleri gerçekleştirmek için artık gerekli değildi.

Buna rağmen, 1990'ların uç noktaya varan bazı devlet terörüne dayalı uygulamalar sayesinde kazanılan büyük başarıya karşın, askeri operasyonlar devam ediyor ve Kürt vatandaşlar hala en küçük haklardan bile yoksunlar (yine, Miloşeviç yönetimi altındaki Kosova'dan çok daha acımasız bir rejim). 1 Nisan'da, 10.000 kişiden oluşan Türk birlikleri önceki yıllarda ABD-Türkiye terör harekatlarıyla yerle bir edilmiş bölgelerde yeni alan tarama operasyonlarına başladılar. Aynı zamanda, Kürt gerilla güçlerine saldırmak üzere Kuzey Irak'ta, ABD hava kuvvetleri tarafından Kürtlerin (geçici) yanlış zorbadan korundukları uçuşa yasak bir bölgede başka bir harekat başlattılar. Bu yeni harekatlar başlatılırken, hükümet haberine göre Savunma Bakanı William Cohen, bol kahkahalı ve alkışlı bir eğlenceye vesile olan Amerikan-Türk Konseyi'nde bir konuşma yaptı. Cohen, hiç bozuntuya vermeden, Yugoslavya'nın insani bombalanmasına katıldığı için Türkiye'yi övdü. Ardından Türkiye'nin yeni Joint Strike Uçağının ortak üretimine katılmaya davet edildiğini duyurdu -tıpkı NATO'nun sadık bir üyesi olarak kendi topraklarında onay gören etnik temizlik ve zulüm çeşitlemelerini uygulamak için verimli biçimde kullandığı F-16'ları ABD'yle birlikte ürettiği gibi.

Buna karşın Kolombiya'da, ABD tarafından silahlandırılan ve eğitilen ordu düzenli yıllık zulüm bilançosunu üretmeye devam etmekle birlikte, yerel direnişi kıramadı. Her yıl yaklaşık 3.000 ölü ve pek çok korkunç katliamla birlikte, 300.000 dolayında yeni mülteci evlerinden sürülüyor. Human Rights Watch tarafından bir kez daha belgelendiği gibi (Şubat 2000), vahşet uygulamalarının büyük çoğunluğundan orduyla yakından bağlantılı paramiliter güçler sorumlu tutuluyor. Geçen Eylül ayında Kolombiya Hukukçular Komisyonu, cinayetlerin oranının önceki yıla göre %20 arttığını ve paramiliter güçlerin sorumlu tutulduğu oranın 1995'deki %46'dan 1998'de yaklaşık %80'e yükseldiğini, bu oranın 1999 boyunca sürdüğünü bildirdi. Human Rights Watch'a göre, zorla göç ettirme 1998'de, 1997'dekinin %20 üzerine çıktı ve 1999'da bazı bölgelerde artış gösterdi. Kolombiya şu anda, Sudan ve Angola'dan sonra, dünyadaki en büyük göç ettirilen nüfusa sahiptir. Şimdi insan haklarının savunulmasında önemli bir rol oynayan kilise temelli insan hakları grubu Adalet ve Barış'ın cesur önderi Fr. Javier Giraldo dahil, önde gelen insan hakları aktivistleri ölüm tehditleri karşısında ülkelerini terkediyorlar. AFL-CIO, (American Federation of Labor and Congress of Industrial Organizations -Amerikan Çalışma Federasyonu ve Sanayii Örgütleri Kongresi) çoğunlukla hükümet güvenlik güçlerince desteklenen paramiliter güçler tarafından her hafta birkaç sendikacının katledildiğini bildiriyor (Şubat 2000). Clinton ve diğer ABD liderleri tarafından önde gelen bir demokrasi olarak kabul edilen Kolombiya, iktidarın bağımsız bir politik parti tarafından paylaşılmasıyla seçkinler sistemine meydan okuma fırsatı sağladı. Bununla birlikte söz konusu parti, başkan adayları, belediye başkanları ve parlamenterler dahil, yaklaşık 3.000 aktivistinin katledilmesi gibi bazı güçlüklerle karşılaştı. Bu arada, acımasız Latin Amerika standartlarına göre bile servet ve toprak sahipliği yoğunlaşmasının yüksek olduğu zengin bir ülkede, utanç verici sosyo-ekonomik koşullar nüfusun büyük bölümünü sefalet içinde bırakarak sürmektedir ve hatta daha da şiddetlenmiş olabilirler.

İnsan Hakları İçin Kolombiya Daimi Komitesi'nin Başkanı, eski Dışişleri Bakanı Alfredo Vasquez Carrizosa, "Kolombiya'yı Latin Amerika'nın en trajik ülkelerinden birisi haline getiren" şeyin "yoksulluk ve yetersiz toprak reformu" olduğunu yazmaktadır. Bununla birlikte başka yerlerde olduğu gibi, "şiddet dış faktörler tarafından kışkırtılmıştır". "Dış düşmana karşı" değil, fakat daha çok "iç düşmana karşı savunmayla" ilgilenen ve "Latin Amerika'da Ulusal Güvenlik Doktrini olarak bilinen şeyi" ülkeye getirerek "düzenli ordularımızı karşı-ayaklanma birliklerine dönüştürmek için büyük çaba harcayan" Kennedy yönetiminin girişimleri bu konuda başlıca rolü oynamıştır. "Ölüm timlerinin yeni stratejisi" orduya "yoksul kesimler yararına faaliyet gösterenlere, sendikacılara, düzeni desteklemeyen ve komünist aşırılar olarak kabul edilen erkek ve kadınlara karşı mücadele ve imha etme hakkı" tanımaktadır.

Latin Amerika ordusunu (yerel halka karşı savaş anlamına gelen) "yarı-kürenin savunmasından iç güvenliğe" doğru dönüştürme stratejisinin bir parçası olarak, Kennedy 1962'de Kolombiya'ya Özel Kuvvetler Generali William Yarborough'un komutasında askeri bir heyet gönderdi. General Yarborough güvenlik güçlerine "bilinen komünizm yandaşlarına (Vasquez Carrizona'nın ima ettiği "komünist aşırılar") karşı gerekli paramiliter, sabotaj ve/veya terörist faaliyetler yapma" yeteneği kazandırmak için "reformlar" önerdi.

Kolombiya'da bir hükümet komisyonu şu sonuca ulaşmıştır: "Toplumsal protestonun kriminalize edilmesi", "insan haklarının" ordu, polis yetkilileri ve paramiliter yardımcıları tarafından "ihlal edilmesine imkan veren ve cesaretlendiren başlıca faktörlerden" birisidir. On yıl önce, ABD destekli devlet terörü hızla artarken, Savunma Bakanı "politik, ekonomik ve toplumsal alanlarda topyekün savaş" için çağrı yapmış, başka bir yüksek rütbeli askeri görevli ise gerillaların önem bakımından ikinci sırada geldiğini açıklamıştı: "Gerçek tehlike", "isyancıların politik ve psikolojik savaş olarak tanımladıkları şeydir", "popüler unsurları kontrol etmek" ve "kitleleri manipüle etmek" üzere verilen savaştır. Sendikaları, üniversiteleri, medyayı ve benzerlerini etkilemek yönündeki "bozguncu" umuttur. Kennedy'nin girişimleri yoğunlaştığında, 1963 tarihli bir el kitabında "şu ya da bu şekilde düşmanın hedeflerini destekleyen her birey bir hain olarak düşünülmeli ve buna göre muamele görmelidir" talimatı yazıyordu. (Gerçek hedefleri ne olursa olsun) Gerillaların resmi hedefleri sosyal demokratik olduğuna göre, terör operasyonları için hedeflenen ihanet çemberi geniştir.

Kennedy-Yarborough stratejisi daha sonraki yıllarda geliştirildi ve geniş ölçüde uygulandı. Şiddetli baskı yarı-küre boyunca yayıldı ve korkunç düzeyine 1980'lerde Orta Amerika'da ulaştı. Kolombiya'nın sınırın güneyindeki kriminal devletler arasında ilk sıraya yerleşmesi bir yönüyle Orta Amerika'daki ABD destekli devlet terörünün gerilemesinin sonucudur. Derslerini acı deneyimleriyle öğrenen (yani ABD saldırısından kurtulan) Salvadoran Cizvitlerinin sözcükleriyle söylersek, Türkiye'de on yıl sonra olduğu gibi, devlet destekli terör ardında "çoğunluğun beklentilerini ehlileştiren" ve "güçlü olanınkinden farklılaşan alternatiflere" yönelik her türlü özlemi zayıflatan bir "terör kültürü" bırakarak öncelikli amaçlarını gerçekleştirmişti. Kolombiya'da onay gören "istikrar" biçimlerini yerleştirme sorunu olduğu gibi durmakta ve hatta daha ciddi bir hal almaktadır. Giderek artan silah sevkıyatlarıyla bağıntı tanıdıktır.

24 Nisan 2000

KOLOMBİYA -II

Kolombiya'ya sevk edilen silah miktarındaki keskin artış resmi olarak "uyuşturucuyla savaş" gerekçesi öne sürülerek haklı gösterilmektedir. Burada yalnızca bir örneğini gördüğümüz öğretici tarihsel kalıp bir yana, bu iddia az sayıda uzman analist tarafından ciddiye alınmaktadır. Birçok analistin tespit ettiği gibi, ordunun kendisi büyük ölçüde uyuşturucu trafiğine bulaşmıştır ve uyuşturucu trafiğine dayandıklarını açıkça ilan eden paramiliter ortakları planlanan operasyonların hedefleri değillerdir. Hedefler köylülüğe dayanan gerilla güçleridir. Gerillalar, petrol dahil değerli ülke kaynaklarına erişmelerine izin verilen ABD gücünün çıkarlarına bağlı seçkin unsurların egemenliği altında, ABD'nin talep ettiği koşullarla Kolombiya'nın küresel sisteme entegrasyonunu engelleyecek ülke içi toplumsal değişim çağrısı yapmaktadır.

Fakat bu konuları bir yana bırakalım ve başka birkaç soruyu ele alalım.

Neden Kolombiyalı köylüler diğer ekinleri değil de kokain üretmektedirler? Bir zamanlar Kolombiya önde gelen bir buğday üreticisiydi. Bu duruma, ABD tarım işletmelerine vergi ödeyenlerin sübvansiyonunu ve ABD himayesindeki ülkelere genellikle askeri harcamalar ve karşı-ayaklanma amacıyla kullanılan benzer nitelikteki fonları sağlayan ABD'nin "Barış için Gıda" yardımı programıyla 1950'lerde son verildi. Bir yıl önce Başkan Bush büyük bir gösterişle (bir kez daha) "uyuşturucuya karşı savaş" ilan etti ve uluslararası kahve anlaşması ABD baskısıyla "adil ticaretin ihlal edildiği" gerekçesiyle askıya alındı.

Sonuç, Kolombiya'nın başlıca yasal ihracatı için iki ay içinde fiyatların yüzde 40'tan daha fazla düşmesi oldu.

Daha ayrıntılı arka planı yakınlarda ölen politik iktisatçı Susan Strange son kitabında tartışmaktadır. 1960'larda, Üçüncü Dünyanın G-77 hükümetleri (şimdi 130'un üzerindedir ve dünya nüfusunun yüzde 80'ini oluşturmaktadır) dünya nüfusunun büyük çoğunluğunun sorunlarının dikkate alınacağı "yeni bir uluslararası ekonomik düzen" için bir girişim başlattılar. Birleşmiş Milletler tarafından bu tür sorunları ele almak üzere kurulan UNCTAD (Birleşmiş Milletler Ticaret ve Kalkınma Konferansı) spesifik öneriler formüle etti. Ancak çok ender bile olsa, bu planların reddedilmesine gerek duyulmadı. Resmi "küreselleşme" farklı bir kesimin, onu tasarlayanların gereksinmelerine hizmet etmek üzere tasarlanmıştı. Standart dogmada "küreselleşmenin" "hiçbir alternatifi olmayan" karşı konulamaz bir süreç olarak tanımlanması olgusuyla karşılaştırıldığında, bu durumun daha fazla sürpriz içerdiği söylenemez.

UNCTAD'ın ilk önerilerinden birisi metaların fiyatlarını istikrara kavuşturmak için bir programdı. Bu, endüstriyel ülkelerde şu ya da bu sübvansiyon biçimi altında yapılan standart bir uygulamaydı. 1996'da Kongre Amerikan tarımını, Newt Gingrich'in tanımladığı gibi "Yeni Düzenin (New Deal) Doğu Alman sosyalist programlarından" kurtarmak için "Çiftçiliğe Özgürlük Yasasını" kabul etti. Sübvansiyonlar, 1999'da 23 milyar dolarlık bir rekora ulaşarak hızla üçe katlandı. Buna karşın pazar sihirli etkisini göstermektedir: Nicholas Kristof'un *NY Times*'da doğru biçimde gözlemlediği gibi, vergi ödeyenlerin sübvansiyonları orantısız biçimde girdi ve çıktı tarafına egemen olan büyük tarımsal firmalara ve "kapitalist oligopollere" gitmektedir. (Enerji şirketlerinden restoran zincirlerine kadar) gıda zincirinde pazar gücünü elinde bulunduranlar büyük karlar elde ederken, gerçek bir olgu olan "tarımsal kriz" gıda maddelerini üreten zincirin ortasındaki küçük çiftçiler arasında yoğunlaşmaktadır. Ancak dadı devlet tarafından korunmalarını temin etmek için zenginler tarafından kullanılan mekanizmalar yoksullar için mevcut değildir. UNCTAD girişimi kısa sürede sona erdi ve belirli ölçüde küresel çoğunluğun çıkarlarını yansıtan diğerleriyle birlikte, kuruluş büyük ölçüde marjinalleştirildi ve ehlileştirildi. Strange bu olayları ele alırken, bu durumda çiftçilerin istikrarlı bir pazarın olduğu ürünlere yönelmeye zorlandıklarını tespit etmektedir. Büyük ölçekli tarımsal şirketler geçici zararlarını başka yerlerden telafi ederek, metaların fiyatlarındaki dalgalanmaya dayanabilirler. Yoksul çiftçiler ise çocuklarına "merak etmeyin, belki gelecek yıl yemek yemeniz mümkün" diyemezler. Strange'e göre sonuç, uyuşturucu işletmecilerinin, zengin toplumlarda her zaman hazır bir pazarı olan "koka, hint keneviri veya afyon yetiştirmek için istekli çiftçileri" kolaylıkla bulması oldu.

ABD'nin programları ve hükmettiği küresel kurumlar bu etkileri büyütmek üzere oluşturulmuşlardır. Clinton'ın Kolombiya için mevcut planı, yalnızca alternatif ürünler için göstermelik parasal desteği içermektedir; ABD askeri operasyonlar üzerinde yoğunlaşırken, yapıcı yaklaşımları gözetmesi gerekenler başkalarıdır. Bu arada söz konusu operasyonlar, askeri donanımlar üreten ve silah satışlarının tırmanması için lobi yapan yüksek teknolojili sektörlere yarar sağlamaktadır. Ayrıca, IMF-Dünya Bankası programları ülkelerin sınırlarını (yoğun biçimde sübvanse edilen) zengin ülkelerin tarımsal ürün akışına açmalarını istiyorlar. Bunun da bariz etkisi yerel üretimin altının oyulmasıdır. Ve köylülere "rasyonel" olmaları öğütlenir: İhraç pazarı için üretmeli ve en yüksek fiyatları hedeflemelidirler -ki bu "kokain, hint keneviri, afyon" üretimi diye tercüme edilebilir. Köylüler derslerini gerektiği gibi öğrendiklerinde, ödülleri roket saldırıları olur ve tarlaları kimyasal ve biyolojik savaşla tahrip edilir- işte Washington'un nezaketi.

Başka bir soruyu arka planda keşfetmek çok zor değildir. ABD'nin beğenmediği bir ürünü tahrip etmek için başka ülkelerde operasyonlar gerçekleştirmeye ne hakkı var? Hükümetlerin bu "yardımı" talep ettiği biçimindeki kinik yanıtı bir yana bırakabiliriz; eğer talep etmeselerdi, uzun süre hükümet olarak kalamazlardı. ABD'de üretilen öldürücü uyuşturucular yüzünden hayatını kaybeden Kolombiyalıların sayısı, kokainden ölen Kuzey Amerikalıların sayısını geçmektedir ve nüfuslara oranladığımızda aradaki fark çok daha büyüktür. ABD'de üretilen öldürücü uyuşturucular Doğu Asya'da milyonlarca kişinin ölümüne neden oluyor. Ciddi ticari yaptırımlar tehdidi altında, bu ülkeler yalnızca söz konusu ürünleri kabul etmeye değil, aynı zamanda bu ürünlerin reklamını yapmaya da zorlanıyorlar. Buna karşın Kolombiya kartellerinin, Joe Camel benzeri birinin kokainin mucizelerini göklere çıkarttığı devasa reklam kampanyaları finanse etmelerine izin verilmiyor. Durum böyleyse, Çin'in Kuzey Carolina'da askeri, kimyasal ve biyolojik savaş yürütmeye hakkı var mı? Eğer yoksa, neden yok?

Yine başka bir sorun, uyuşturucu kullanımı hakkında var olduğu iddia edilen endişeyle ilgilidir. Bu endişenin ne kadar ciddi olduğu, bir Temsilciler Meclisi Komitesi Clinton'un önerilerini ele aldığında açıklığa kavuştu. Komite, California'lı demokrat Nancy Pelosi'nin uyuşturucu talebini azaltma hizmetlerinin finanse edilmesini talep eden değişiklik önerisini reddetti. Bu hizmetlerin zora dayalı önlemlerden çok daha etkili olduğu oldukça iyi bilinmektedir. ABD ordusu ve hükümetin uyuşturucu denetimiyle ilgilenen kuruluşları tarafından finanse edilen bir Rand araştırması, ulusal uyuşturucu tedavisine harcanan fonların "kaynak ülke denetiminden" (Clinton'un Kolombiya Planı) 23 kat, yasaklamadan 11 kat ve ulusal yasaların uygulamasından 7 kat daha etkili olduğunu ortaya çıkardı. Ancak bu yol izlenmeyecektir. Bunun yerine, "uyuşturucuyla savaş" dışarıda yoksul köylüleri ve içerde yoksul insanları hedeflemektedir. "Uyuşturucuyla savaş" maliyetinin az bir bölümüyle sorunları hafifletmek için yapıcı önlemler almak yerine, kuvvet kullanımı tercih edilecektir. Uyuşturucu trafiğine karıştıkları bir sır olmadığı halde, neden ABD bankaları ve kimya şirketlerine Delta Force baskınları yapılmadığını da sorabiliriz.

Bir sonraki soru şudur: Neden spesifik biçimiyle "uyuşturucuyla savaş"? Yanıt, sosyal istatistiklere yakından ilgi duyan az sayıdaki senatörden Daniel Patrick Moynihan'ın bir gözleminde örtük olarak bulunmaktadır. Moynihan, bu önlemleri benimseyerek, "azınlıklar arasında yoğunlaşmış şiddetli bir suç sorununa sahip olmayı seçiyoruz" tespitini yapmaktadır. Ve neden bu seçimin "yapısal uyumun" dahili bir biçimi dayatılırken yapılması gerekiyor? Yanıtların bulunması çok güç görünmüyor.

25 Nisan 2000

SÜRDÜRÜLEMEZ KALKINMAMA

Geçenlerde yapılan bir söyleşide Chomsky'ye şu soru soruldu: "ABD'nin gelişmekte olan dünyayı sürdürülebilir kalkınma için zorlamasının ardındaki saikler nelerdir?" Chomsky'nin yanıtı şöyleydi:

Bunu ilk kez duyuyorum. ABD sürdürülebilir kalkınmayı mı zorluyor? Benim bildiğim kadarıyla ABD'nin zorlaması sürdürülemez kalkınmama içindir. Örneğin Ticari Fikri Mülkiyet ve Ticari Yatırım Önlemleri (TRIP ve TRIM) gibi Dünya Ticaret Örgütünün kurallarına bir bakın, ABD politikasına içkin olan programlar kalkınmayı ve büyümeyi engellemek üzere tasarlanmıştır. Bu nedenle, fikri mülkiyet hakları tam da tekelci fiyatlandırma ve kontrolün korunmasına yöneliktir. Gerçekte artık mega-şirketler olan şirketlerin tekelci fiyatlar isteme hakkını garanti etmektedir; örneğin ilaç sanayiinin ürettiği ilaçların dünyanın çoğu yerinde, hatta ABD'deki halkın bile satın alamayacağı bir düzeyde fiyatlandırılmasını garanti etmektedir. Örneğin, ABD'deki ilaçlar Kanada kadar yakın bir ülkedeki aynı ilaçlardan çok daha pahalıdır, yine örneğin Avrupa'dan bile çok daha pahalıdır ve üçüncü dünya için bu tam da milyonlarca insanı ölüme mahkum etmektedir.

Başka ülkeler ilaç üretebilirler. Ve daha önceki patent rejimlerinde üretim süreci patentleriniz vardı. Bunların yasal olup olmadıklarını bile bilmiyorum, ama üretim süreci patentleri şu anlama geliyordu: Eğer belirli bir ilaç şirketi bir ilacı üretmenin yolunu bulduysa, daha akıllı birisi bu ilacı üretmenin daha iyi bir yolunu bulabiliyordu. Çünkü patentli olan yalnızca üretim süreciydi. O zaman, eğer Brezilya ilaç sanayi o ilacı imal etmenin daha ucuz ve daha iyi bir yolunu bulduysa, tamam, onu üretebiliyordu. Patentleri ihlal etmiş olmuyordu. Dünya Ticaret Örgütü rejimi bunun yerine ürün patentlerinde ısrar etmektedir. Dolayısıyla daha akıllı bir üretim süreci bulamazsınız. Bunun büyümeyi ve kalkınmayı engellediğine ve bu amaçla yapıldığına dikkatinizi çekerim. Yeniliğin, büyümenin ve kalkınmanın engellenmesi ve aşırı yüksek karların korunması amaçlanmıştır.

Evet, ilaç şirketleri ve diğerleri araştırma ve geliştirme maliyetlerini azaltabilmek için buna ihtiyaç duyduklarını öne sürüyorlar. Ama soruna daha yakından bakalım. Araştırma ve geliştirmenin çok önemli bir bölümü her halükarda kamu tarafından ödenmektedir. Dar anlamda, bu %40-50 düzeyindedir. Ama bu düşük bir tahmindir, çünkü tümü kamu tarafından karşılanan temel biyoloji ve temel bilimi hesaba katmamaktadır. O halde eğer gerçekçi bir tutar elde etmek istediğinizde, şöyle ya da böyle kamu tarafından ödenen yüzdenin çok yüksek olduğunu görürsünüz. Pekala, bu oranın %100'e ulaştığını varsayalım. O zaman tekelci fiyatlandırma için öne sürülen nedenlerin tamamı ortadan kalkmış ve devasa bir sosyal yardım sağlanmış olacaktır. Bunu yapmamak için haklı gösterilebilir ekonomik bir saik yoktur. Belirli bir ekonomik saik, yani kar vardır; ama bu büyümeyi ve kalkınmayı engelleyen bir girişimdir.

Ticari Yatırım Önlemlerine ne demeli? Bunlar neye hizmet ediyorlar? Ticari Fikri Mülkiyetler, kamu tarafından sübvanse edilen şirketler aracılığıyla, zengin ve güçlünün yararına yapılan doğrudan korumacılıktır. Ticari Yatırım Önlemleri biraz daha inceliklidir. Şunu talep eder: Bir ülke bir yatırımcının yapmaya karar verdiği şeye koşullar dayatamaz. Örneğin General Motors'un dışarıda üretim yapmaya, başka bir ülkede sendikasız ucuz emekle parçalar imal etmeye ve sonra bunları General Motors'a geri göndermeye karar verdiğini varsayalım. Asya'daki gelişmekte olan başarılı ülkeleri ele alalım. Kalkınırken izledikleri yollarından birisi, eğer yabancı yatırım olacaksa, bunun yatırımın yapıldığı ülke için üretken bir biçimde gerçekleştirilmesinde ısrar ederek bu tür girişimleri engellemeleri olmuştur. O zaman ya teknoloji transferi olması ya da onların yatırım yapmanızı istedikleri yerlere yatırım yapmanız gerekir; veya yatırımın belirli bir oranının kazanç getiren mamul malların ihracatı için yapılması gerekir. Buna benzer pek çok düzenleme yapılmıştır. Bu, Doğu Asya ekonomik mucizesinin gerçekleştiği yollardan birisidir. Sırası gelmişken söyleyeyim, İngiltere'den teknoloji transfer eden ABD dahil, bu başka bütün gelişmekte olan ülkelerin de geliştikleri yoldur. Bu yaklaşımlar Ticari Yatırım Önlemleriyle engelleniyorlar. Yüzeysel olarak, sanki serbest ticareti arttırıyormuş gibi görünüyorlar. Ama gerçekte arttırdıkları, dev şirketlerin ülke dışı işlemlerini merkezi bir yönetimle gerçekleştirme kapasiteleridir. Çünkü ülke dışında üretim yapma ve şirket içi transferler denen şey budur -merkezi olarak yönetilirler. Bu sözcüğün hangi anlamını kabul edersek edelim, ticaret değildir. Ve yine büyüme ve kalkınmanın altını oymaktadırlar.

Gerçekte, eğer tabloya bakarsanız, kurumsallaştırılan şey bugün zengin olan endüstriyel ülkelerin gerçekleştirdikleri kalkınma türünü engelleyecek olan bir rejimdir. Kuşkusuz hayal edebileceğimiz en iyi kalkınma türü değil, ama en azından belli bir kalkınma türü. Eğer İngiltere'den ABD, Almanya, Fransa, Japonya ve Kore'ye geriye doğru giderseniz, bu ülkelerin her biri şimdi Dünya Ticaret Örgütüne içkin olan ilkeleri radikal biçimde ihlal ederek kalkınmıştır. Bu ilkeler, büyüme ve kalkınmanın altını oyma ve gücün yoğunlaşmasını sağlama yöntemleridir. Sürdürülebilir kalkınma sorunu gündeme bile gelmemektedir. Bu tamamen başka bir sorundur. Sürdürülebilir kalkınma, örneğin, dışşallıklar (externalities) olarak adlandırılan şeylere, iş dünyasının ilgilenmediği şeylere dikkat etmek anlamına gelir.

Örneğin ticareti alalım. Ticaretin refahı arttırdığı varsayılır. Belki arttırıyor, belki de arttırmıyordur. Ama örneğin hava kirliliğinin maliyeti gibi, hesaba katılmayan maliyetleri ticaretin maliyetine dahil edene kadar, refahı arttırıp arttırmadığını bilemezsiniz. Bir şey buradan oraya giderken hava kirliliği yaratmaktadır. Bu bir dışsallık olarak adlandırılır; bunu hesaba katmazsınız. Kaynakların tükenmesi söz konusudur, tarımsal üretimin kaynaklarını tüketmeniz gibi. Askeri maliyetler vardır. Örneğin petrol fiyatı, Ortadoğu petrol üreticilerine yönelik faaliyetler gösteren Pentagon'un esaslı bir bölümü tarafından çok yüksek ve çok düşük olmamak üzere, belirli bir bant içinde tutulur. Bunun nedeni ABD'nin çöl idmanını ya da buna benzer bir şeyi sevmesi değil, orada petrolün bulunmasıdır. Petrol fiyatının çok yükselmemesini, çok da düşmemesini, fakat sizin istediğiniz yerde kalmasını temin etmek istersiniz. Bu konu hakkında pek fazla araştırma yapılmamıştır. Ama ABD enerji bakanlığı için bir danışman tarafından yapılan bir araştırma, yalnızca Pentagon'un harcamalarının belki petrol fiyatına yapılan %30 oranında bir sübvansiyona ulaştığını tahmin etmiştir.

Evet, tabloya baktığınızda buna benzer bir dolu şeyle karşılaşırsınız. Ticaretin maliyetlerinden birisi, insanları geçim alanlarının dışına sürmesidir. Meksika'ya sübvansiyonlu ABD tarımsal ürünleri ihraç ettiğinizde, bu milyonlarca köylüyü çiftçiliği bırakmaya zorlamaktadır. Bu bir maliyettir. Gerçekte çok yönlü bir maliyettir, çünkü bu milyonlarca insan yalnızca acı çekmekle kalmaz, fakat ücret düzeyini düşürdükleri şehirlere sürülürler. Dolayısıyla, şimdi daha da düşük ücretlerle rekabet eden Amerikalı işçiler dahil, başka insanlar da olumsuz etkilenirler. Bunlar maliyetlerdir. Eğer bunları hesaba katarsanız, ekonomik etkileşimler hakkında tamamen farklı bir manzara elde edersiniz.

Sırası gelmişken, bu Gayrisafi Yurtiçi Hasıla gibi göstergeler için de doğrudur. Gayrisafi Yurtiçi Hasılanın ölçümlerine bakarsanız, bunlar büyük ölçüde ideolojiktir. Örneğin, ABD'de Gayrisafi Yurtiçi Hasılayı arttırmanın yollarından birisi, ki gerçekte yapılmaktadır, yolları onarmamaktır. Eğer yolları onarmazsanız her yerde çukurlar oluşur. Bu otomobillerin giderken kaza yapmaları anlamına gelir. Bu da yeni bir araba satın almanız gerekiyor demektir. Ya da tamirciye gitmeniz ve otomobilinizi tamir ettirmeniz gerekir. Bütün bunlar Gayrisafi Yurtiçi Hasılayı arttırırlar. Atmosferi kirleterek insanları hasta edersiniz. Bu Gayrisafi Yurtiçi Hasılayı arttırır, çünkü insanlar hastaneye gitmek, doktorlara para ödemek ve ilaç satın almak zorunda kalırlar. Aslında şimdi örgütlendikleri haliyle toplumlarda Gayrisafi Yurtiçi Hasılayı arttıran şey, genellikle anlamlı bir biçimde refahın bir ölçüsü değildir.

Bunun gibi şeyleri dikkate alan başka ölçümler oluşturma çabaları olmuştur ve bunlar size çok farklı öyküler anlatırlar. Örneğin ABD, çocukların istismarı, yaşam süresi gibi toplumsal refah ölçülerinden oluşan düzenli "sosyal göstergeler" yayınlamayan az sayıdaki endüstriyel ülkelerden birisidir. Çoğu ülke bunu yapmaktadır. Her yıl için bir sosyal gösterge ölçümleri vardır. ABD'nin yoktur, bu yüzden ülkenin toplumsal sağlığının ölçüsünü elde etmek oldukça zordur. Ama bunu yapmak için çabalar olmuştur.

New York'ta bir Cizvit üniversitesi olan Fordham Üniversitesinde büyük bir proje uygulanıyor. Yıllardır ABD için bir toplumsal sağlık ölçüsü oluşturmaya çalışıyorlar. Bir kaç ay önce son cildini yayınladılar. İlginç bir malzeme. Benim sözünü ettiğim türdeki ölçüler hakkındaki analizlerine göre, yaklaşık 1975'e kadar, yani adlandırıldığı gibi "altın çağ" boyunca, toplumsal sağlık az çok ekonomiyle birlikte gelişmişti. Bir anlamda ekonomiyi izlemişti. Ekonomi iyiye gittikçe, toplumsal sağlık da iyiye doğru gidiyordu. 1975'ten sonra yolları ayrıldı. Daha öncesine göre daha yavaş olmakla birlikte ekonomi büyümeyi sürdürdü, ama toplumsal sağlık inişe geçti. Ve inişe geçmeye devam ediyor. Gerçekte, öneme sahip ölçüler açısından bakıldığında, ABD'nin bir durgunluk, ciddi bir durgunluk içinde olduğu sonucuna vardılar. Sürdürülebilir kalkınma, anlamlı kalkınma gibi sorunlara bakmaya başladığınızda söz konusu olan bunlardır. Ama bu, bütün bu ekonomi ve sonuçları gibi sorunlar hakkında tamamen farklı bir perspektif, kesinlikle üstlenilmesi gereken bir perspektif gerektirir. Ve insanlar sürdürülebilir kalkınma hakkında konuştuklarında gündeme gelen sorunlar bunlardır. Ama ABD'nin kesinlikle böyle bir programı yoktur. Olması gerekir, ama yoktur.

30 Mayıs 2000

KREDİBİLİTE

Bu yılın başındaki bir söyleşide Chomsky'ye "Kosova'ya müdahaleyi yönlendiren çıkarlar neler? Bölgedeki halk için neler öngörüyorsunuz?" soruları yöneltildi. Yanıtı şöyleydi:

Müdahalenin ardındaki saiklerin neler olmadığını söyleyerek başlayabiliriz. Müdahalenin saiki insani sorumluluk değildir; bu noktanın karşı konulamayacak ölçüde açık olduğunu düşünüyorum. Şimdi bombardımana kadar gerçekte Kosova'nın, muhtemelen o kadar kötü olmasa da, Kolombiya'dan pek farklı olmayan biraz tatsız bir yer olduğunu gösteren az önce belirttiğim türde kaynaklardan elde edilmiş zengin bir belge madeni bulunmaktadır. Fakat bombardımandan önceki dönemde özel hiçbir şey meydana gelmiyordu. Kosova izleyici heyetleriyle, Avrupalı izleyici heyetleriyle, uluslararası insan hakları örgütleri, ICRC (Uluslararası Kızılhaç Komitesi), UNHCR (BM Mülteciler Yüksek Komiserliği) vs. ile dolup taşıyordu; bunların raporları büyük ölçüde erişilebilir ve oldukça açıktırlar. Bombardımandan önceki son iki aylık rapor döneminde, sözünü ettiğim kuruluşlar günde birden fazla şiddete dayalı ölüm olduğunu tahmin ediyorlardı -ki bu kötü bir durumdur. Bu arada ölümler her iki taraf arasında dağılmıştı -Sırplar, Arnavutlar, Arnavutlar'ın bazıları Arnavutlar tarafından öldürülüyordu. Tatsız, ancak değişmeyen bir durum; ve gerçekte özel hiçbir şey olmuyordu.

Daha sonra, vahşeti keskin biçimde tırmandıracağı beklentisiyle bombardımana girişildi. Şimdi bombardımandan sonra neler olduğuna dair ayrıntılı belgeler vermiş olan Avrupa Güvenlik ve İşbirliği Teşkilatı'ndan (AGİT) elde ettiğimiz, bombardımanın nerede zalimce uygulamaları tırmandırdığını gösteren kayıtlara sahibiz. Kayıtların ulaştığı sonuç zalimliklerin, öngörüldüğü gibi, öncelikle gerilla faaliyetinin olduğu bölgelerde ve potansiyel işgal yollarında meydana geldiği yönündedir. Kötü ve dehşet verici, savaş suçları ve başka her türlü şey. Ama bir ülkeyi bombaladığınızda ve onu işgal etmekle tehdit ettiğinizde bunlar hiç de şaşırtıcı olmayan şeylerdir. Bu bombardımanın öngörülen sonucuydu. Şimdi olayların ifade ediliş tarzında bir tersine çevirme meydana gelmiştir. Bunun sonucunda, okuduğunuz şeye göre onlar etnik temizlik gerçekleştiriyorlardı, dolayısıyla biz etnik temizliği durdurmak için bombalamak zorunda kalmıştık. Kayıtlara bir göz atın; tam tersi doğrudur. Etnik temizlik bombardımandan sonra gerçekleşti ve çirkin, ama anlaşılabilir nedenlerden ötürü, etnik temizlik bombardımanın beklenen sonucuydu. Örneğin eğer Meksika'da üslenmiş bir gerilla ordusu, çok da uzun olmayan bir süre önce Meksika'dan çalınan bir toprağı geri almaya çalışma gayreti içinde, Meksika'dan gelen teçhizatlarla polisleri, memurları, sivilleri öldürseydi ABD'de nelerin olabileceğini kendinize sorabilirsiniz. Burada nasıl bir tepki gösterirdiniz? ABD nasıl bir tepki gösterirdi? Söylemek zahmetine katlanmanıza gerek yok.

NATO komutanı General Clark'ın o zaman söylediği çok doğru çıkıyor. Bombardıman başladığında, Clark basına vahşetin hızla artacağının "tamamen öngörülebilir" olduğunu söylemişti. Şimdi zalimliklerin nasıl keskin biçimde arttığını biliyoruz, çünkü daha önce hangi düzeyde olduklarını ve daha sonra ne olduklarını biliyoruz. Birkaç hafta sonra general Clark basına tekrar, bombardımanın amacının etnik temizlikle hiçbir zaman bir ilgisinin olmadığı, bombardımanı gerçekleştiren politik liderlik veya askeri komutanın kaygısının bu olmadığı bilgisini verdi. Şimdi bugünden geriye doğru baktığımızda, durum tam olarak buydu. O halde bu argümanı, müdahalenin amacının insani olduğunu düşüncesini silip süpürebileceğimizi düşünüyorum. Amacı bu değildi. Öyleyse neydi ? İşte sorun bu.

Evet, burada sınayabileceğiniz olgulardan, dahili belgelere sahip olmadığımız için yalnızca tahmin edebileceğiniz kurguya doğru gidiyoruz. Dolayısıyla eğer benim kurgumu öğrenmek istiyorsanız, şimdi bunun için daha fazla kanıt olduğunu düşünüyorum. Ama bu hala bir kurgudur, çünkü dahili planlama belgelerine sahip değiliz. Eğer o döneme dönüp bakarsanız, bombardıman için iki argümanın öne sürüldüğünü fark edeceksiniz. İlk argüman bizim etnik temizliği durdurmamız gerektiği idi. Bu büyük ihtimalle doğru olamaz -yalnızca olgusal kayıtlara şöyle bir bakın. Sunulan ikinci argüman bana göre daha akla yakındır; bu argümana göre, bombardıman NATO'nun kredibilitesini korumak için zorunluydu. Evet, bunun akla yakın olduğunu düşünüyorum, ama bunu tercüme etmeniz gerekir. Politik retorikteki pek çok şey gibi, bu argüman üzerinde biraz çalışmanız gerekecek.

ABD ve Britanya NATO'nun kredibilitesinden söz ettiklerinde zihinlerinden geçen nedir? Yani şunu demek istiyorum, Norveç'in kredibilitesi hakkında mı endişe duymaktadırlar? İtalya'nın, Belçika'nın kredibilitesi hakkında mı endişeleniyorlar? Sanmıyorum. ABD'nin ve onun saldırı köpeğinin -ki İngiltere bu hale gelmiştir- kredibilitesi hakkında kaygı duymaktadırlar. İngiltere esas olarak insanlara saldırmak üzere gönderilen yüksek derecede militarize olmuş bir devlettir. Bu nedenle tehlikede olan ABD ve onun saldırı köpeğinin, onların kredibilitesidir.

Kimin nezdindeki kredibiliteleri? Bu geniş bir izleyici topluluğudur. Her şeyden önce, Avrupa nezdindeki kredibiliteleri. Şu kanıdayım ki, çatışma alanının diplomasiden şiddete kaydırılmasının nedeni, bir yönüyle, ABD ve Britanya'nın en etkin biçimde hüküm sürdükleri alanın burası olmasıdır. Eğer NATO'yu yardıma çağırabilirseniz, bu bir ABD, ikincil olarak da Britanya operasyonudur. Eğer bu bir diplomasi sorunuysa, ABD'nin elinde Almanya, Fransa ya da başka herhangi ülkeden daha güçlü bir kart yoktur.

Avrupa ve ABD arasında, dünyanın ortaya çıkmakta olan şekli hakkında dikkate değer bir anlaşmazlık vardır. Her şey hakkında aynı görüşte değillerdir. NATO'yu ön cepheye koymak, ABD'yi ön cepheye koymanın bir yoludur. ABD Avrupa'ya hakim değildir, ama NATO'ya hakimdir. Eğer Avrupa, Fransa'nın ve Almanya'da bazılarının önerdiği şekilde, diyelim Atlantik'ten Ural'lara kadar bir güvenlik sistemine doğru ilerlerse, bu ABD'yi Avrupa işlerinde marjinalize edecektir. Eğer Avrupa NATO'nun kontrolü altında kalırsa; ABD, Avrupa'yı yönetecektir. Dolayısıyla söz konusu olan kredibilitenin bir bölümünün, ABD gücünün Avrupa karşısındaki kredibilitesi olduğunu düşünüyorum.

Fakat o zaman sözünü ettiğimiz kredibilite bundan çok daha geniştir. Sırbistan, ister beğenin, ister nefret edin, kendini gelişmelerin ne yönde olması gerektiği konusunda ABD'nin çizdiği manzaraya tabi kılmamış olan Avrupa'nın bir parçasıdır ve gözden çıkarılması gerekmektedir. Ve eğer, yapmış olduğu gibi, emirlere uymayan bir ülke olup çıkarsa, o zaman gözden çıkarılması için çok daha fazla neden var demektir. Burada başka anlamda bir kredibilite devreye girmektedir. Eğer kredibilitenin bu biçimini anlamak isterseniz, sadece gözde mafya babanıza gidin ve ona kredibilitenin ne anlama geldiğini sorun. Eğer yerel bir dükkan sahibi koruma parasını ödemezse, parayı tahsil etmek için yalnızca ona birisini göndermekle kalmazsınız, ibret olsun diye onu cezalandırırsınız. Çünkü kredibiliteyi oluşturmanız gerekir. Kiralık bir kabadayı gönderirsiniz ve onu evire çevire dövdürürsünüz ya da buna benzer bir şey yaparsınız. Bu kredibilite oluşturur. O zaman başkaları isteklerinize daha fazla kulak vermeleri gerektiğini anlarlar. İşte bu kredibilitedir ve ona geçmiş olayların çerçevesinden bakarsınız. Bu, yalnızca mafya babası tarafından değil, fakat küresel mafya babası tarafından da her zaman oluşturulması gereken kredibilite türüdür. Küresel mafya babası kim olursa olsun; ve son yarım yüzyılda bu çoğunlukla - ve şimdi çarpıcı biçimde- ABD oldu. İşte kredibilitenin bu anlamda oluşturulması gerekir. Patronun kim olduğunu göstermelisiniz. San Salvador'daki Cizvitlerin, hayatta kalanlarının öğrendiği gibi, "özlemleri ehlileştirmeniz" gerekir; çünkü güçlü olanın isteklerine aykırı özlemlere tahammül gösterilmeyecektir ve bu özlemleri yerine getirme çabaları son derece ciddi sonuçlara yol açacaktır. Başka pek çok durumda olduğu gibi, bu durumda da planlamayı belirleyen şeyin muhtemelen bu çeşit değerlendirmeler olduğunu tahmin ediyorum. Ama tekrar söylememe izin verin, bu kurgudur. Ben öldükten uzun bir süre sonra, belgelere dayalı kayıtlar ortaya çıkana kadar, tahmin ediyorum ki bu konu hakkında hiçbir açık kanıta sahip olmayacağız.

16 Haziran 2000

İNSANİ MÜDAHALE

Şubat ayında herkese açık bir tartışmada Chomsky'ye şu soru yöneltildi: "Başkan Clinton geçenlerde; 'ABD'nin, yurttaşlarının insan haklarını ihlal ettiği kanaatine vardığı her ülkeye, insani gerekçelerle, zor kullanarak müdahale etme hakkı vardır' dedi. Başkan Clinton'ın önermesine katılıyor musunuz?" İşte Chomsky'nin verdiği yanıt:

Önermenin ilginç sonuçları var. Bu durumda, örneğin, ABD Hava Kuvvetlerinin Washington'u bombalama yetkisi olduğunu sanıyorum. Kesinlikle bu sonuç çıkacaktır. Ve Hava Kuvvetleri başka birçok yeri de bombalayabilir. Örneğin Doğu Timor'u alalım. Okuduklarınızın aksine, Doğu Timor'a hiçbir zaman bir müdahale yapılmadı. Müdahale olmadı, çünkü egemenlik diye bir sorun yoktu. Endonezya'nın Doğu Timor üzerindeki hakları yalnızca ABD tarafından tanınmıştı. Bu bir işgaldi. Endonezya ABD'nin onayıyla Doğu Timor'u 1975'de işgal etti. Güvenlik Konseyi, Endonezya'nın Doğu Timor'dan çıkması talimatını verdi. Aslında ABD bu yönde oy kullandı, ama Güvenlik Konseyi kararının altını oydu. Gerçekte Büyükelçi de böyle söyledi ve nedenini açıkladı. Daha sonra devasa katliamlarla geçen 25 yıllık bir dönem başladı. Nüfusun belki üçte biri ABD'nin diplomatik ve askeri desteğiyle ortadan kaldırıldı. 1999'un başında vahşet tekrar tırmanmaya başladı. Yılın ilk aylarında binlerce insan Endonezya ordusu ve paramiliter güçleri tarafından öldürüldü. Bu olay ABD'de fazla haber konusu yapılmadı, ama çok da gizli kaldığı söylenemez. Geçen Eylül ayında bu durum, 750.000 kişinin, yani nüfusun %85'inin evlerinden sürüldüğü, zalimce sürüldüğü ve ülkenin büyük bölümünün yakılıp yıkıldığı bir noktaya kadar tırmandı. Birkaç yüz bin kişi Endonezya'ya sürüldü. 150.000 kişi hala orada, Endonezya'daki toplama kamplarında bulunuyor. ABD hiçbir şey yapmadı. ABD'nin pozisyonu şuydu: "Bu onların sorumluluğu ve sorumluluklarını azaltmak istemiyoruz." Sonuna kadar benimsenen pozisyon buydu. En sonunda, Eylül ortasında, Clinton -içerdeki baskı ve öncelikle Avustralya'dan gelen oldukça ağır uluslararası baskı altında- Endonezyalı generallere oyunun bittiğini söylemek zorunda kaldı.

Özünde olan buydu. Clinton "Bakın, bu kadarı yeter" dedi. Generaller hemen Doğu Timor'u terk ettiler. Bu size Endonezya'da her zaman tam olarak ne kadar büyük bir gizil gücün bulunmuş olduğunu gösteriyor. Bu gaddarlığı durdurmak için Washington'u bombalamak ya da Jakarta'yı bombalamak veya yaptırımlar uygulamak gerekmiyordu. İşbirliğini bırakmak ve onlara bu işin bittiğini söylemek yeterliydi. Doğu Timor'u terk ettiler. Onlar çekildikten sonra, Birleşmiş Milletler Barış Gücü girdi. ABD, elbette şimdi toplama kamplarında çürüyüp gidenler için hiçbir şey yapmayarak, bu gücün azaltılmasını istiyor ve para yardımı yapmayı reddediyor. Bu müdahale değildir ve insani müdahale değildir.

Ve buna benzer birçok örnek var. Eğer dünyada iyilik yapmak istiyorsak, en iyi başlangıç noktası ünlü Hipokrat ilkesidir: "Önce zarar verme." Yapılması gereken ilk şey, zalimlik yapmayı durdurmaktır. Clinton hiçbir zaman, bir kez bile uygulamadığı insani müdahale hakkından bahsederken, biz bunu yapmıyoruz. Clinton'a dönük eleştirileri azaltmak istiyorum: hiç kimse uygulamamıştır. Bütün tarihte sahici bir insani müdahale örneği bulabilmeniz çok düşük bir olasılıktır. Bulmaya çalışın. Çok zordur. İnsani bir amaçla gerçekleştirilen müdahaleyi kastediyorum. Zaman zaman müdahalelerin insani etkileri olmuştur, ama bunlar tesadüfidir. Ve elbette neredeyse her müdahalenin insani olduğu ilan edilmiştir -Hitler, Mussolini, herkes. Ama gerçek olanları, gerçekten insani amaç taşıyanları bulmak son derece zordur. Tek bir örnek bile olmayabilir. Dolayısıyla Clinton alışılmışın dışında bir örnek değildir. Fakat dünyadaki durumları düzeltecek şekilde hareket edebileceğimiz pek çok yol var.

Örneğin, en kolay yol tırmanan vahşete katılmamaktır. Ve biz tam da şimdi bunu yapıyoruz. Geçmiş hakkında, geçen yıl hakkında konuşmuyorum. Gelecek yıldan söz ediyorum. İşte, Clinton'ın gelecek yıl için başlıca projelerinden birisi Kolombiya'ya yapılan askeri yardımda büyük bir artışa gitmektir. Kolombiya halihazırda yarı-küredeki en kötü insan hakları siciline sahiptir ve geçen on yıl boyunca da sahip olmuştur. Büyük ölçüde himayemizdeki başka ülkelerde insan hakları ihlalleri azalırken, Kolombiya'da arttığı için. Kolombiya aynı zamanda bu on yılda ABD askeri yardımı ve eğitiminden yararlanan başlıca ülke olmuştur ve bu durum Clinton döneminde devam etmektedir. Şimdi ABD'den daha da fazla askeri yardım ve eğitim alacaktır.

Kolombiya'nın şimdi, ABD askeri yardımı alan ülkelerin en başında bulunan Türkiye'nin yerine geçtiğine dikkatinizi çekerim (aslında başka bir kategori var, İsrail ve Mısır, ama bu tamamen farklı nedenlerden ötürü ayrı bir kategoridir). Fakat askeri yardım alan ülkeler arasında Türkiye bu yıla kadar en ön sıradaydı, şimdi Kolombiya en ön sıraya yerleşmiştir. Nedeni şudur ki, Türkiye yaklaşık 2-3 milyon kişinin göç etmesine, 3.500 köyün yıkılmasına -bu Kosova'nın yaklaşık yedi katıdır- on binlerce insanın öldürülmesine yol açan kanlı, acımasız bir karşı-ayaklanma programı ve etnik temizlik operasyonu yürütüyordu (bunun NATO içinde olduğuna, sınırların ötesinde olmadığına dikkat edin). Bunu nasıl yapıyorlardı? Evet, Clinton yönetiminin akıttığı askeri yardımla. Zalimlikler arttıkça yardım da arttı. Bu yardımın önemli bölümü yasal değildi, çünkü Kongre tarafından yasaklanmıştı. Dolayısıyla dolambaçlı yollardan yapılması gerekti. Yardım neden azaldı? Çünkü saldırdıkları yerli nüfusu büyük ölçüde bastırdılar, işte bu nedenle yardım azaldı. Şimdi askeri yardım hala bu sorunun yaşandığı Kolombiya'ya doğru yön değiştirmektedir. Vahşice uygulamaların yaklaşık %70-%80'inden, yılda birkaç bin insanın öldürülmesinden orduyla sıkı bağlantı içinde olan paramiliter güçler sorumlu tutulmaktadır. ABD Dışişleri Bakanlığı bile bu görüştedir. Yardım tam da bu kişilere gidecektir. Yardım bir karşı-ayaklanma savaşı için yönlendirilmektedir ve köylülere saldırılarda kullanılacaktır. Tıpkı ordu gibi, paramiliter güçlerin boğazına kadar uyuşturucu kaçakçılığına bulaştığını herkesin bilmesine karşın, askeri yardım paramiliter güçlerin denetim bölgelerini görmezden gelmektedir. Bütün bunlar, Kolombiya ya da uyuşturucular hakkında biraz bilgisi olan hiç kimsenin ciddiye almadığı bir uyuşturucuya karşı savaş örtüsü altında yapılmaktadır. Evet; bu, zalimlikleri tırmandıracaktır. Çok büyük olasılıkla, halihazırda yarı-kürede en kötü durumdaki insan hakları ihlalleri düzeyini arttıracak ve hatta daha da kötüleştirecektir.

Tamam, durdurmak istiyorsunuz. Yine, akademik insani müdahale (ki bilinen örnekleri yoktur) sorunu hakkında konuşmadan önce, geçmişte yapmakta olduğunuz gibi zalimce uygulamaları tırmandırmayarak işe başlayabilirsiniz. Öyleyse örneğin Türkiye'de olduğu gibi ve başkalarını içeren uzun bir liste verebilirdim, zulümleri tırmandırmak yerine, Kolombiya'da ve başka birçok yerde bunu yapmayın. Dolayısıyla yapılabilecek bir dolu şey var. Sorun yapılabilecek hiçbir şeyin olmaması değil; fakat bu konuda ciddi olmanız gerekir.

5 Temmuz 2000

"BARIŞ SÜRECİ" BEKLENTİLERİ

Camp David'den gelen en son AP haberi (25 Temmuz, akşam) şöyle başlıyor: "Camp David'deki Ortadoğu barış görüşmeleri Doğu Kudüs üzerindeki rakip talepler dolayısıyla Salı günü başarısızlığa uğradı. Hayal kırıklığına uğrayan Başkan Clinton birçok yaklaşım denediğini fakat bir sonuca ulaşamadığını söyledi". Clinton Doğu Kudüs sorununda bir sonuca ulaşılana kadar sürecin devam edeceğini, bu noktada önde gelen temel sorunun çözülmüş olacağını umduğunu belirtti.

Ne olduğu hakkında bir fikir edinmek için, geriye doğru birkaç adım atmak ve şu andaki olaylara biraz daha geniş bir perspektiften bakmak yararlıdır.

İster şu anda Camp David'de sürmekte olan, isterse başkası olsun, "barış süreci" olarak adlandırılan şey hakkındaki her tartışma ifadenin işlevsel anlamı akılda tutularak yapılmalıdır: Tanım itibarıyla, "barış süreci" ABD hükümetinin yürütmekte olduğu bir şeydir.

Bu temel ilkeyi kavradıktan sonra, bir barış sürecinin Washington'un açıkça ilan edilmiş çabalarıyla barışın altını oymak için ilerletilebileceği anlaşılabilir. Örnek vermek gerekirse: Basın Ocak 1988'de "Shultz'un planladığı Latin Barış Turu" manşeti altında Dışişleri Bakanı George Shultz'un Orta Amerika'ya "barış turunu" haber yapmıştır. Alt manşet amacı açıklıyordu: "Heyet Kontralara Yapılan Yardıma Karşı Muhalefeti Etkisizleştirmek için Son Kurtuluş Çabası Olacaktır". Yetkililer "barış heyetinin, büyüyen Kongre muhalefeti" karşısında kontralara yardımı "kurtarmak için tek yol" olduğunu açıklıyorlardı.

Zamanlama önemlidir. Ağustos 1987'de, ABD'nin kuvvetli itirazlarına karşın, Orta Amerika ülkelerinin başkanları Orta Amerika'daki şiddetli ihtilaflar için bir barış anlaşmasına vardılar: Esquipulas Anlaşmaları. ABD, bu anlaşmaların altını oymak için hemen harekete geçti ve Ocak ayına gelindiğinde büyük ölçüde başarılı olmuştu. Anlaşmalarda belirtilen tek "vazgeçilmez unsuru" fiili olarak dışladı: Kontralara verilen ABD desteğine son verilmesi (CIA'in tedarik sağlayan uçuşları hemen üç katına çıktı ve kontra terörü arttı). Washington aynı zamanda anlaşmaların ikinci temel ilkesini de ortadan kaldırdı: İnsan hakları hükümleri Nikaragua'ya olduğu kadar ABD'den yardım alanlara da uygulanmalıdır (ABD'nin kararına göre, yalnızca Nikaragua'ya uygulanmaları gerekiyordu). Washington, aynı zamanda, Ağustos'ta planın uygulanmasından sonra ne olup bittiğini doğru olarak tanımlama suçunu işleyen ve hor görülen uluslararası izleme heyetinin görevini sona erdirmeyi başardı. Reagan yönetiminin şaşkın bakışları altında, Nikaragua yine de ABD gücünün ustaca kotardığı Anlaşmaların değiştirilmiş halini kabul etti; ABD gücünün eseri Shultz "barış heyeti" yıkım operasyonundan geri dönüş olmamasını temin ederek "barış sürecini" ilerletme görevini üstlenmişti.

Kısacası, "barış heyeti" barışı engellemek ve ABD'nin yakın zaman önce Dünya Mahkemesi tarafından mahkum edildiği "yasadışı kuvvet kullanımını"nı desteklemek üzere Kongre'yi harekete geçirmek için "son bir kurtuluş çabasıydı".

Ortadoğu'daki "barış sürecinin" sicili benzer bir nitelikte, ama çok daha uç noktadadır. 1971'den itibaren, ABD İsrail-Filistin sorununun müzakerelere dayalı diplomatik çözümünü engelleme konusunda, uluslararası arenada neredeyse tek başınaydı: "Barış süreci" bu gelişmelerin kaydıdır. Kısaca temel noktaları gözden geçirirsek, Kasım 1967'de BM Güvenlik Konseyi ABD inisiyatifi altında "barış karşılığı toprak" üzerine 242 no'lu kararı kabul etti. ABD ve diğer imzacılar tarafından açıkça anlaşıldığı haliyle, BM 242 Filistinlilere hiçbir şey sunmadan, çok küçük ve karşılıklı ayarlamalarla Haziran 1967 öncesi sınırlar üzerinde tam bir barış anlaşması için çağrı yapıyordu. Şubat 1971'de Mısır başkanı Sedat resmi ABD pozisyonunu kabul edince, Washington ABD ve İsrail'in belirleyeceği şekilde, BM 242'yi İsrail'in kısmi çekilmesi anlamına gelecek biçimde değiştirdi. Tek yanlı olarak yapılan bu değişiklik şimdi "toprak karşılığında barış" olarak adlandırılan şeydir ve ABD gücünün doktrin ve ideoloji alanındaki yansımasıdır.

AP'nin yukarıda belirtilen Camp David görüşmelerinin başarısızlığa uğraması hakkındaki haberi son resmi beyanatın, "Arafat'a bir jest olarak", "barışa giden tek yolun 1967 ve 1973 Ortadoğu savaşlarından sonra BM Güvenlik Konseyi tarafından kabul edilen kararlar olduğunu" belirttiğini bildirmektedir. Bu kararlar, "güvenli sınırlar karşılığında" İsrail'i Araplardan kazandığı toprakları terk etmeye çağırmaktadır. 1967 kararı BM 242'dir ve çok küçük ve karşılıklı sınır ayarlamalarıyla İsrail'in tamamen çekilmesi çağrısında bulunmaktadır; 1973 kararı, değişiklik yapmaksızın sadece BM 242'yi desteklemektedir. Ancak BM 242'nin anlamı, Washington'un dikte ettirdiği şartlardan sonra, Şubat 1971'den bu yana kritik biçimde değişmiştir.

Sedat, ABD-İsrail'in BM 242'yi reddetmesinin savaşa yol açacağı uyarısında bulunmuştu. Dikkat çekici biçimde dinsel üstünlüğe ve ırkçılığa dayalı gerekçelerle (bu daha sonra İsrail'de sert biçimde eleştirilmiştir) ne ABD, ne de İsrail Sedat'ı ciddiye aldı. Mısır Ekim 1973'de savaşa girdi. Olaylar İsrail için ve dünya için bir felakete doğru gelişmeye başladı: Nükleer bir savaş ihtimali az değildi. 1973 savaşı Henry Kissinger'a bile Mısır'ın basitçe görmezden gelinebilecek, uzuvları kesilmiş bir ülke olmadığını açıkça gösterdi. Dolayısıyla Washington doğal yedek stratejisine yöneldi: İsrail'in, artan ABD desteğiyle, işgal edilmiş toprakları ilhak etmeye ve Lübnan'a saldırmaya girişebilmesini sağlayacak şekilde Mısır'ı sorunun dışında bırakmak. Bu sonuca, o zamandan beri "barış sürecinin" büyük anı olarak kabul edilen Camp David'de 1978'de ulaşıldı.

Bu arada ABD, Güvenlik Konseyinin BM 242'yi içeren, ama şimdi Filistin haklarını da kapsayan diplomatik bir çözüm için çağrıda bulunan kararlarını veto etti. ABD aynı zamanda her yıl (İsrail ile, bazen de himayesindeki şu ya da bu devletle birlikte) benzer Genel Kurul kararlarına karşı oy kullandı ya da Avrupa, Arap ülkeleri veya FKÖ tarafından başlatılan sorunun barışçıl bir çözümüne dönük bütün çabaları engelledi. Diplomatik çözümün bu sürekli reddi "barış süreci"dir.

Bu gerçek olguların medyada yer almasına uzun süre izin verilmedi ve akademik çalışmalarda bile büyük ölçüde yasaklandı; bunları ortaya çıkarmak çok kolaydır.

Körfez Savaşı'ndan sonra, ABD nihayet kendi tek yanlı inkarcı tutumunu dayatacak bir konumdaydı ve ilk önce 1991 sonunda Madrid'de, daha sonra da 1993'ten sonra birbirini izleyen İsrail-FKÖ anlaşmalarında bunu yaptı. Gözleri açık herkes için aşikar olması gerektiği ve belgelerdeki kayıtlarda, daha önemlisi deneyim alanındaki kayıtlarda tamamen açık olduğu gibi, "barış süreci" bu önlemlerle ABD ve İsrail'in istediği Bantustan tarzı düzenlemelere* doğru ilerledi. Bu bizi mevcut aşamaya getiriyor: Camp David, Temmuz 2000.

Birkaç hafta süren müzakereler boyunca, düzenli olarak esas engelin Kudüs olduğu bildirildi. Son haber bu sonucu tekrarlamaktadır. Gözlem yanlış olmamakla birlikte, biraz yanıltıcıdır. Kudüs'de, ya da Arapça adlandırıldığı gibi El-Kuds'da,** sembolik Filistin iktidarına imkan tanıyacak "yaratıcı" çözümler önerilmişti. Önerilen "yaratıcı" çözümler şunları içeriyordu: Arap mahallelerinde Filistin yönetimi (İsrail'in tercih edeceği biçimde ve eğer rasyonelse), Müslüman ve Hristiyanların dinsel alanlarında bazı düzenlemeler ve küçük bir el çabukluğuyla ismi "El-Kuds" olarak değiştirilebilecek, Kudüs yakınlarındaki Abu Dis kasabasının Filistin başkenti olması. Böyle bir girişim başarılı olabilirdi ve hala başarılı olabilir. Ama temel bir soru sorduğumuzda hemen daha güç bir sorun ortaya çıkıyor: Kudüs nedir?

İsrail Haziran 1967'de Batı Şeria'yı ele geçirdiğinde, Kudüs'ü ilhak etti -ama pek de nazik olmayan bir biçimde. Örneğin, yakın zaman önce İsrail'de şu gerçek ortaya çıkartıldı: Ağlama Duvarının yakınındaki Arap Mughrabi mahallesinin 10 Haziran'da yıkımı o kadar aceleyle yapılmıştı ki, sayısı bilinmeyen çok sayıda Filistinli buldozerlerin bıraktığı kalıntıların altında gömülü kalmıştı.

İsrail şehrin sınırlarını hızla üç katına çıkardı. Pek az değişiklikle bü-

* Irkçı Güney Afrika'da kuşatılmış bölgeler içinde yaşayan ve belirli bir özerkliğe sahip olan siyahların, rejimle işbirliği yapan önderleri tarafından denetim altında tutulması. -ç.n.

** Türkçede kullanılan biçimiyle Kudüs Arapça El-Kuds'dan gelir. İngilizce orijinal metinde kullanılan Jerusalem ise İbranice Yeruşalim'den gelir. -ç.n.

tün hükümetler tarafından izlenen ardışık gelişme programları "büyük Kudüs'ün" sınırlarını dışarıya doğru genişletmeyi amaçlıyordu. Bugünkü İsrail haritaları temel planları yeterince açık biçimde ifade etmektedir. 28 Haziran'da İsrail'in önde gelen gazetesi *Ha'aretz* "İsrail'in kalıcı yerleşim için önerisini" ayrıntılı olarak gösteren bir harita yayınladı. Bu harita hükümetin bir ay önce sunulan "Nihai Statü Haritasıyla" neredeyse özdeştir. Büyük ölçüde genişlemiş "Kudüs'ün" etrafındaki ilhak edilecek topraklar her yöne uzanmaktadır. Birbirlerine yakın iki büyük Filistin şehrine, Kuzeyde eski Ramallah'a ve güneyde eski Beyt-ül Alem'e kadar ulaşmaktadır. Bu şehirler Filistin kontrolüne bırakılacak, ama İsrail topraklarıyla bitiştirilecek ve Ramallah'ın durumunda, doğuda Filistin topraklarıyla bağlantısı kesilecektir. Bütün Filistin toprakları gibi her iki şehir de, İsrail'in ilhak ettiği topraklarla Kudüs'ten, Batı Şeria yaşamının merkezinden ayrılmıştır. Doğu'da, İsrail'e dahil edilecek topraklar hızla gelişen İsrail kasabası Ma'ale Adumim'i içermektedir ve Eriha şehrine komşu olan küçük bir yerleşim bölgesine, Vered Eriha'ya kadar uzanmaktadır. Bu çıkıntı Ürdün sınırına ulaşmaktadır. Bütün Ürdün sınırı Batı Şeria'yı bölen "Kudüs" çıkıntısıyla birlikte İsrail'e dahil edilecektir. Daha kuzeyde ilhak edilecek başka bir çıkıntı fiili olarak ikinci bir bölünmeyi dayatmaktadır.

Geçmiş yılların yoğun inşaat ve yerleşim projeleri bu "kalıcı yerleşime" yol açacak "olguları yaratmak" üzere tasarlanmıştır. Bu, Eylül 1993'teki "Oslo Anlaşması'ndan" bu yana birbirini izleyen hükümetlerin açık taahhüdü olmuştur. Pek çok yoruma karşıt olarak, resmi güvercinler (Rabin, Peres, Barak) en fazla mahkum edilen Benyamin Netanyahu kadar inançla bu projeye kendilerini adamışlardı -projeyi daha az protestoyla yürütebilmiş olsalar da. Bildik bir hikaye burada da karşımıza çıkmaktadır. Bu yılın Şubat ayında İsrail basını, yeni bina inşaatına başlama sayısının 1998'den (Netanyahu) içinde bulunduğumuz yıla kadar (Barak) yaklaşık üçte bir oranında arttığını bildirmektedir. İsrailli muhabir Nadav Shragai tarafından yapılan bir analiz yerleşime ayrılan toprakların yalnızca küçük bir bölümünün halihazırda tarımsal ya da başka amaçlarla kullanıldığını ortaya koymaktdır. Örneğin Ma'ale Adumim'in durumunda, buraya ayrılan topraklar kullanılan topraklardan 16 kat daha fazladır ve benzer oranlar başka yerler için de geçerlidir. Filistinliler İsrail Yüksek Mahkemesine Ma'ale Adumim'in genişlemesine karşı çıkan dilekçeler vermişler ama itirazları reddedilmiştir. Geçen Kasım'da bir başvuruyu reddederken bir Yüksek Mahkeme yargıcı gerekçesini şöyle açıklamıştır: Fiili olarak Batı Şeria'yı bölen "Ma'ale Adumim'in ekonomik ve kültürel gelişmesinden çevre [Filistin] kasabalarında yaşayanlar için bazı faydalar doğabilir."

Projeler ABD'li vergi verenlerin yardımseverliği sayesinde, ABD yardımının resmi olarak bu amaçlar için yasaklanmış olmasının üstesinden gelmek için çeşitli "yaratıcı" araçlar devreye sokularak uygulanmıştır.

Amaçlanan sonuç olası bir Filistin devletinin Batı Şeria'da dört kantondan oluşmasıdır: (1) Eriha, (2) Abu Dis'e (yeni Arap 'Kudüs'ü) kadar uzanan güney kantonu, (3) Nablus, Cenin ve Tulkarm Filistin şehirlerini kapsayan bir kuzey kantonu ve (4) Ramallah'ı içine alan merkezde bir kanton. Kantonlar tamamen İsrail'e dahil edilecek topraklarla kuşatılmıştır. Filistin nüfusunun yoğun olduğu yerler Filistin yönetimi altında olacaktır - İsrail ve ABD söz konusu olduğunda tek anlamlı sonuç olan geleneksel sömürge kalıbının benimsenmesi. Beşinci kanton olan Gazze Şeridi için planlar belli değildir: İsrail burasını Filistinlilere bırakabilir veya güney kıyı bölgesini ve fiili olarak Gazze şehrinin altındaki şeridi bölen başka bir çıkıntıyı elinde tutabilir.

Bu ana hatlar, İsrail'in, hiçbir zaman resmi olarak sunulmamış, fakat açıkça Batı Şeria'nın yaklaşık %40'ını İsrail'e dahil etmeyi amaçlayan "Allon Planı"nı kabul ettiği 1968'den bu yana ortaya atılan önerilerle tutarlıdır. O zamandan bu yana aşırı sağcı general Şaron, İşçi Partisi ve diğerleri tarafından spesifik planlar önerilmiştir. Bu planlar anlayış ve ana hatlar bakımından tanıdıktır. Temel ilke, Batı Şeria içindeki kullanılabilir toprakların ve kritik kaynakların (öncelikle su) İsrail denetiminde kalması, ama nüfusun yoz, barbar ve itaatkar olması beklenen bir Filistinli işbirlikçi rejim tarafından kontrol edilmesidir. Filistin yönetimi altındaki kantonlar böylece İsrail ekonomisi için ucuz ve kolay sömürülebilir emek sağlayabilirler. Ya da uzun vadede, uzun süredir beslenen umutlara uygun olarak, Filistinli nüfus şu ya da bu yolla başka bir yere "transfer edilebilir."

Dinsel alanları ve Kudüs'un Filistinli mahallelerinin yönetimiyle ilgili sorunları ustalıkla yoluna koyacak "yaratıcı" projeler hayal etmek mümkündür. Fakat daha temel sorunlar başka yerde yatmaktadır. Şu ana kadar daha ötedeki etkileri bir yana, yüzyıllardır bizatihi Avrupa'daki caniane sonuçlarıyla birlikte dünyanın büyük bölümüne Batının fethi ve egemenliğiyle dayatılmış olan ulus-devletlerin çerçevesi içinde, bu temel sorunların anlamlı biçimde çözülebilecekleri hiç de açık değildir.

Temmuz 2000

SEATTLE'IN ANLAMI*

Söyleşi: David Barsamian**

Kasım sonu /Aralık başında, WTO (Dünya Ticaret Örgütü) bakanlar toplantısı sırasında Seattle'da olanlar hakkında konuşalım. Orada olup bitenlerden nasıl bir anlam çıkartıyorsunuz?

Çok önemli bir olay olduğunu düşünüyorum. Dünyanın büyük bir bölümünde yoğunluğu giderek büyüyen ve gelişen yaygın bir duyguyu yansıttı. Seattle'da ilginç olan, her şeyden önce, olayların çok geniş eğitim ve örgütlenme programlarını yansıtmasıdır ve Seattle bunlarla nelerin başarılabileceğini göstermektedir. İkinci olarak, katılım son derece genişti ve çeşitlilik gösteriyordu. Geçmişte ender olarak birbirleriyle bağlantı kurmuş olan gruplar bir araya geldiler. Bu uluslara-

* Seattle'da Dünya Ticaret Örgütüne (WTO) karşı yapılan protestolar, ekonomik küreselleşmenin yol açtığı sonuçlarla ilgiliydi: Örneğin Batılı ülkelerdeki üretim tesislerinin Üçüncü Dünyaya aktarılması, böylece Batılı ülkelerde milyonlarca işçinin işsiz kalması, yaşam standartlarının gerilemesi, sosyal amaçlı programlara son verilmesi, sendikasızlaştırma vs. sorunları yaşanmaktadır.

Diğer yandan, üretim tesislerinin ihraç edildiği Üçüncü Dünya ülkelerinde, çoğunlukla çocuk emeği kullanılmakta, sendikalar yasaklanmakta, ekolojik çeşitlilik yok edilmektedir.

WTO'nun izlediği küreselleşmeci politikalar, emek, insan hakları, sağlık, ekolojik çeşitlilik açısından bir dizi sorun yaratmaktadır. Bu nedenle, Seattle'daki gösterilere emek örgütlerinin yoğun bir katılımı oldu. Aynı nedenle, çevreciler de katılım gösterdiler.

Bunun yanısıra, WTO "serbest ticaret" adına, dünya çapında tarımsal desteklerin kaldırılması politikası izlemektedir. Bu, ulusal devletlerin sağladıkları desteklerle ayakta duran çok sayıda küçük tarım işletmesini doğrudan tehdit eder. Bu nedenle, çiftçi örgütleri de Seattle gösterilerine katıldılar.

Diğer yandan sistem-karşıtı hareketler yelpazesinden birçok siyasal grup (anarşistler, vs.) aktif katılım gösterdi. Seattle'daki gösterilere katılanların sayısı 40.000'in üzerindeydi. -ç.n.

** David Barsamian: Boulder, Colorado'da bulunan Alternatif Radyo'nun kurucusudur. *Z Magazine* ve diğer yayınlara sıkça katkı yapmaktadır.

rası düzeyde doğruydu -Üçüncü Dünya, yerliler, köylüler, emek örgütleri liderleri ve diğerleri. Burada ABD'de, ayrı çıkarları olan ama ortak bir anlayış etrafında bir araya gelen çevreciler, sendikaların geniş bir katılımı ve diğer gruplar vardı. Bir yıl önce Çok Taraflı Yatırım Anlaşmasını (MAI) engelleyen ve NAFTA (Kuzey Amerika Serbest Ticaret Anlaşması) ya da WTO gibi başka sözümona anlaşmalara -ki bunlar, en azından halk dikkate alınacaksa anlaşma değildir- güçlü biçimde karşı çıkan güçlerin koalisyonuyla aynı türde bir koalisyon oluştu. Halkın büyük çoğunluğu bu anlaşmalara karşı çıkmıştı. Seattle'daki olaylar, dramatik bir karşı karşıya gelme noktasına ulaştı. Muhtemelen de devam edecek ve ben son derece yapıcı formlar kazanabileceğini düşünüyorum.

Seattle'dan çıkartılması gereken dersler var mı?

Derslerden birisi, uzun bir süre boyunca dikkatlice yapılmış eğitim ve örgütlenmenin gerçekten başarılı olabileceğidir. Bir başka ders ise, Amerikan ve dünya nüfusunun önemli bir bölümünün -sanıyorum bu konular hakkında düşünenlerin muhtemelen çoğunluğunun- zamanımızın gelişmelerinden rahatsızlık duymaktan bunlara güçlü biçimde muhalefet etmeye uzanan bir yerde konumlanmasıdır. Öncelikle muhalefet edilen şey demokratik haklara, kendi kararlarınızı verme özgürlüğüne yapılan saldırılar ve bütün meselelerin, temelde, karın azami hale getirilmesine ve dünya nüfusunun çok küçük, gerçekten çok küçük bir kısmının egemenliğine bağımlı kılınmasıdır. Küresel eşitsizlik geçmişte benzeri olmayan bir düzeye erişti.

Birleşmiş Milletler'in Ticaret ve Kalkınma Konferansı (UNCTAD) toplantısı Bangkok'ta yapıldı. Şubat ortasında ***Guardian Weekly'****de yazan Andew Simms şöyle demişti: "Gerekli güç ve kaynaklar sağlandığında, UNCTAD uluslararası sistemdeki çöküşlerin üstesinden gelinmesine yardımcı olabilir." Ve UNCTAD "Gelişmekte olan ülkelerin güvenine sahiptir."*

Bu biraz abartma. UNCTAD temelde bir araştırma kuruluşudur. Yaptırım yetkisi yoktur. Belirli ölçüde "gelişmekte olan ülkelerin", daha yoksul ülkelerin çıkarlarını yansıtır. Bu kadar marjinal kalmasının nedeni budur. Örneğin, iş dünyası gazetelerinin yer yer verdikleri haberler dışında, ABD'de UNCTAD konferansı hakkında çok az haber çıktı. Konferansa Üçüncü Dünya'nın, Güney'in katılımı oldu. UNCTAD dünya nüfusunun büyük çoğunluğunun sorunlarını yansıttığında, genellikle görmezden gelinir. Önemli güncel yankıları olan bir örnek, UNCTAD'ın 30 yıl önce tarımsal ürün fiyatlarını istikrara kavuşturma girişimiydi. Böylece yoksul çiftçiler geçimlerini sürdürebileceklerdi. Tarım şirketleri fiyatlardaki çöküşü bir yıl idare edebilirler. Ama yoksul çiftçiler çocuklarına yemek için bir yıl beklemelerini söyleyemezler. Tavsiyeler zengin ülkelerde rutin olarak uygulanan politikalara uyuyordu. Ancak politik iktisatçı Susan Strage'in belirttiği gibi, "güvenilir liberal iktisatçıların" tavsiyesine, kar ve güce katkıda bulunduğu zaman uyulan, başka türlü görmezden gelinen tavsiyeye uygun olarak zenginler tarafından engellendi. Sonuçlardan birisi "yasal ürünlerin" (kahve vb.) üretiminden, yıkıcı fiyat dalgalanmalarından etkilenmeyen koka, hint keneviri ve haşhaş üretimine kayıştır. ABD'nin tepkisi ülkede ve yurtdışındaki yoksullara daha da acımasız cezalandırmalar dayatmaktır ve mevcut tavsiyelerin uygulanması halinde, gelecek yıl bu cezalandırmalar belirgin biçimde yoğunlaşacaktır.

Bu tek örnek değildir. UNESCO da benzer nedenlerle zayıflatıldı. Tüm bunlara rağmen hala "gelişmekte olan ülkelerin güveni"nden söz etmek durumu abartmak olur. Üçüncü Dünyada çıkan yayınlara, diyelim Malezya'daki *Third World Network*'den (Üçüncü Dünya Ağı) bir örneğe bakın. Önemli yayınlarından birisi *Third World Economics*'dir (Üçüncü Dünya Ekonomisi). Geçen sayılarından birisi, güçlülerin gündemine tabi olduğu için UNCTAD konferansı hakkında eleştiri dozu çok yüksek çeşitli haberlere yer verdi. UNCTAD'ın, diyelim endüstriyel ülkelerin yönetimi altındaki WTO'ya göre daha bağımsız olduğu ve gelişmekte olan ülkelerin çıkarlarını daha çok yansıttığı doğrudur. Bu nedenle evet, farklıdır. Ancak abartılmaması gerekir.

Eşitsizlik sorununu görmezden gelmek hiç şüphesiz çok zor. ***Financial Times*** *bile geçenlerde şu yorumu yaptı: "19. yüzyılın başında, dünyanın en zengin ve en yoksul ülkeleri arasında kişi başına düşen gerçek gelirin oranı üçe karşı birdi. 1900 itibarıyla, ona karşı bir oldu. 2000* *yılı itibarıyla ise, altmışa karşı bire yükseldi."*

Bu son derece yanıltıcı. Olanları, büyük ölçüde gerçekte olduğundan daha önemsiz gösteriyor. Gerçek ve çarpıcı fark ülkeler arasındaki fark değil, fakat küresel nüfus içindeki farktır, ki bu farklı bir ölçüdür. Ülkelerin kendi içinde bölünmeler keskin biçimde arttı. Şimdi yaklaşık 80'e karşı 1'den, yaklaşık 120'ye karşı 1'e ulaştığını düşünüyorum -yalnızca son 10 yılda ya da buna yakın bir sürede. Dünya nüfusunun en üstteki yüzde 1'i, şimdi muhtemelen en alttakilerin yaklaşık yüzde 60'nın gelirine sahip. Bu yaklaşık üç milyar insan ediyor.

New York Times*'ta yazan Thomas Friedman Seattle'daki göstericileri "dünyanın düz olduğunu sanan, Nuh'un Gemisi'nin savunucuları" olarak tanımladı.*

Onun bakış açısıyla, bu muhtemelen doğrudur. Köle sahiplerinin bakış açısından, köleliğe karşı çıkanlar muhtemelen böyle görünüyorlardı. Eğer bazı sayılar isterseniz, Doug Henwood'un çok değerli *Left Business Observer* dergisinin yakında çıkan bir sayısı, küresel gerçekleri ortaya koyuyor. Bu bir Dünya Bankası iktisatçısının yakın zaman önce yaptığı bir tahmin. Yalnızca 1993'e kadar geliyor. 1993'de, nüfusun en zengin yüzde 1'inin serveti en alttaki yüzde 57'nin servetine eşit. Bu 2,5 milyar insan eder. Dünyanın en zengin yüzde 5'i ile en yoksul yüzde 5'i arasındaki ortalama gelirlerin oranı, 1988'de 78'e karşı 1'den, 1993'de 114'e karşı 1'e yükselmiş. Gini endeksi olarak adlandırılan eşitsizlik endeksi, kayıtlarda görülen en yüksek düzeyine ulaşmış durumda. Burada söz konusu olan dünya nüfusu. Eşitsiz biçimde olsa bile, eğer herkes kazanıyorsa bunun çok önemli olmadığı öne sürülebilir. Bu dehşet verici bir argüman; ama dikkate almamamız gerekiyor, çünkü öncül yanlış.

Seattle sokaklarında göz yaşartıcı gazlarla karışan eylemlerin, aynı zamanda bir demokrasi esintisi olduğunu söylemek uygun düşer mi?

Bu düşünceyi kabul ederim. İşleyen bir demokrasinin sokaklarda gerçekleştiği kabul görmez. Karar verme süreçlerinde gerçekleştiği varsayılır. Seattle'daki eylemler, demokrasinin altının oyulmasının ve buna karşı popüler tepkinin bir yansıması, ilk kez olan bir şey değil. Yüzyıllar boyunca demokratik özgürlükler alanını genişletmeye çalışmak için uzun bir mücadele verildi ve pek çok zafer kazanıldı. Bu mücadelelerden pek çoğu tam da bu yolla kazanıldı; lütufla değil, çatışma ve mücadeleyle. Eğer bu durumda popüler tepki örgütlü, yapıcı bir form kazanıyorsa, zorla dünyaya kabul ettirilen uluslararası ekonomik düzenlemelerin büyük ölçüde anti-demokratik hamlesini zayıflatabilir ve tersine çevirebilir -söz konusu düzenlemeler büyük ölçüde anti-demokratiktir. Doğal olarak yerel egemenliğe saldırı akla geliyor, ama dünyanın büyük bölümü çok daha kötü durumda. Dünya nüfusunun yarısından fazlasının kendi ulusal ekonomi politikaları üzerinde, kelimenin gerçek anlamıyla teorik bir denetimleri bile yok. Edilgen, kabul edici durumdalar. Ekonomi politikaları "borç krizinin" bir sonucu olarak Washington'daki bürokratlar tarafından yönetiliyor -ki "borç krizi" ekonomik değil ideolojik bir kurgudur. Dünya nüfusunun yarısından fazlasının asgari düzeyde bile egemenliği bulunmuyor.

Neden borç krizinin ideolojik bir kurgu olduğunu söylüyorsunuz?

Bir borç var, ama borcun sahibi kim ve borcun sorumlusu kim sorusu ekonomik değil, ideolojik bir sorudur. Örneğin, hiç kimsenin dikkate almak istemediği kapitalist bir ilke vardır: Diyelim ki eğer ben sizden borç alırsam, borç alan benim, dolayısıyla borcu geri ödemek benim sorumluluğumdur; ve siz borç verensiniz, o halde eğer ben geri ödemezsem bu sizin riskinizdir. Kapitalist ilke budur. Borç alanın sorumluluğu ve borç verenin riski vardır. Bu ilkeye uyduğumuzu varsayalım. Örneğin Endonezya'yı alalım. Şu sıralar borcu Gayri Safi Yurtiçi Hasılasının (GSYH) yaklaşık yüzde 140'ı olduğu için ekonomisi çökmüş durumda. Bu borcu geriye doğru izliyorsunuz, borç alanların bizim desteklediğimiz askeri diktatörlüğün çevresindeki 100 ya da 200 kişi ve onların dostları olduğu ortaya çıkıyor. Borç verenler ise uluslararası bankalardı.

Bu borcun büyük bölümü IMF aracılığıyla toplumsallaştırıldı, ki bu Kuzeyli vergi verenlerin sorumlu olduğu anlamına geliyor. Paraya ne oldu? Diktatörlük yönetimi kendisini zenginleştirdi. Belirli bir sermaye ihracı ve belirli bir kalkınma gerçekleşti. Fakat borç alanlar bundan sorumlu tutulmadılar. Borcu temizlemek zorunda olan Endonezya halkıdır. Bu ezici kemer sıkma programları, ciddi bir yoksulluk ve acı altında yaşamak demektir. Gerçekte almadıkları borcu geri ödemek katlanılamayacak bir külfettir. Borç verenlere ne oldu? Borç verenler riskten korunuyorlar. Bu IMF'nin başlıca işlevlerinden birisidir, borç veren ve riskli tahvillere yatırım yapan kişilere ücretsiz risk sigortası sağlamak. İşte bu nedenle yüksek kazançlar elde ediyorlar, çünkü bir dolu risk var. Risk almak zorunda değiller, çünkü risk toplumsallaştırılmıştır. Brady bonoları gibi, risk IMF ve diğer aygıtlar aracılığıyla çeşitli yollardan Kuzeyli vergi verenlere transfer edilmiştir. Bütün sistem, borç alanların sorumluluktan kurtarıldıkları bir sistemdir. Bu sorumluluk kendi ülkelerindeki nüfusun yoksullaştırılmış kitlesine aktarılmıştır.

Bunlar ekonomik değil, ideolojik tercihlerdir. Hatta bunun da ötesine geçmektedir. 100 yıl önce ABD Küba'yı "kurtardığı" zaman -ki bu Küba'nın kendisini 1898'de İspanya'dan kurtarmasını önlemek için Küba'yı fethetmesi demektir- ABD tarafından icat edilen bir uluslararası hukuk ilkesi vardır. Bu tarihte ABD Küba'yı aldığında Küba'nın İspanya'ya olan borcunu iptal etti. Bunu oldukça makul gerekçelere dayanarak yaptı: Borç geçersizdi, çünkü Küba halkına onların onayı olmaksızın, zorla, güçlü bir iktidar ilişkisi altında dayatılmıştı. Bu ilke, yine ABD'nin inisiyatifiyle, daha sonra uluslararası hukukta "çirkin borç" olarak adlandırılan ilke olarak tanındı. Eğer esas olarak zorla dayatılmışsa, borç geçersizdir. Üçüncü Dünyanın borcu çirkin borçtur. Bu, birkaç yıl önce eğer çirkin borç ilkelerini uygulamış olsaydık Üçüncü Dünyanın borcunun büyük bölümü ortadan kalkardı demeye getiren uluslararası bir iktisatçı ve ABD'nin IMF'deki temsilcisi Karen Lissaker tarafından bile kabul edildi.

Seattle'a ve yakın geçmişteki diğer aktivizmlere dönersek, New York'lu bir NGO (Sivil Toplum Örgütü) olan MADRE'den Vivian Stromberg ülkede bir çok hareketlenme olduğunu, ama "hareket" olmadığını söylüyor:

Aynı fikirde değilim. Örneğin, Seattle'da meydana gelenler hiç kuşkusuz hareketti. Yalnızca birkaç gün önce, üniversitelerin, birçok öğrenci örgütünün önerdiği kötü çalışma koşullarına karşı güçlü düzenlemeleri kabul etmemesi üzerine yapılan protestolarda öğrenciler tutuklandılar. Bana hareket olarak gözüken, meydana gelen başka pek çok şey var. Biz Seattle üzerinde odaklanmayı sürdürsek de, yakın zaman önce Montreal'de meydana gelenler birçok bakımdan daha çarpıcıdır.

Montreal'de yapılan biyo-güvenlik Protokol toplantısıydı.

İkircikli bir uzlaşmaya ulaşıldı, ama çok keskin bir saflaşma vardı. Uzlaşmayla sonuçlanan müzakerelerde ABD çoğu zaman neredeyse yalnızdı. ABD'yi biyoteknoloji ihracatından kar etmeyi uman başka birkaç ülke destekledi. Ama öncelikle çok önemli bir sorun hakkında ABD dünyanın büyük çoğunluğunu karşısına aldı: "Önleyici ilke" olarak adlandırılan sorun. Bu şu anlama geliyor: Bir ülkenin, bir halkın "gerçekleştirdiğiniz bir deneyde ben bir deney nesnesi olmak istemiyorum" deme hakkı var mı? Kişisel düzeyde bu olanak var. Örneğin, eğer üniversite biyoloji bölümünden birisi büronuza gelir ve size "siz bir deneyde deney nesnesi olacaksınız. Beyninize elektrotlar yapıştıracağım ve şunu şunu ölçeceğim" derse, sizin "üzgünüm, ben deney nesnesi olmak istemiyorum" deme hakkınız var. Sizin söz konusu deneyin size zarar vereceğini gösteren bilimsel kanıtlar sunmanız, tekrar gelmelerine ve sizi deney nesnesi olarak kullanacaklarını söylemelerine imkan tanınmaz. Ama ABD uluslararası düzeyde tam olarak bunun üzerinde ısrar ediyor. İşte önleyici ilke bu. Montreal'daki görüşmelerde, büyük biyoteknoloji sanayilerinin, genetik mühendisliği vb. merkezi olan ABD sorunun WTO kurallarına göre belirlenmesini talep ediyordu. Bu kurallara göre, deney nesnesi olacak kişiler bunun kendilerine zarar vereceğini gösteren bilimsel kanıtlar sağlamak zorundalar. Yoksa şirketin haklarının her şeyin üstündeki değeri ağır basıyor ve yapmak istediklerini yapabiliyorlar. Avrupa ve dünyanın geriye kalan ülkeleri önleyici ilke üzerinde ısrar ettiler. İnsanların "ben bir deney nesnesi olmak istemiyorum. Bunun bana zarar vereceğini gösteren bilimsel kanıtım yok, ama buna maruz kalmak istemiyorum" deme hakkı.

Besinlerin güvenli olması, yiyeceklerin radyasyona maruz bırakılarak uzun süre dayanıklı olmalarının sağlanması ve genetik mühendisliği sorunu insanların can damarına dokunuyor ve aynı zamanda geleneksel sol-sağ, liberal-muhafazakar çizgileri enlemesine kesiyor gibi görünüyor. Örneğin, oldukça muhafazakar olan Fransız çiftçileri ve Hindistan'daki çiftçiler de ayağa kalkmış durumdalar.

Hem üretim, hem de tüketimde besin sistemine sonuçları bilinmeyen müdahaleler yapılırken, ülkelerin deney nesneleri olmaya zorlanması konusunda pek çok sorun var. Geçen sonbaharda bir ara oldukça alışılmamış bir şey meydana geldiğinde, sorunlar burada da kendini gösterdi. Biyoteknoloji ve genetik mühendislikle üretilen ürünleri piyasaya süren başlıca şirketlerden Monsanto'nun stokları önemli ölçüde düşmeye başladı. Kamuoyundan özür dilemek ve terminatör genler, yani tohumları kısırlaştıracak genler gibi daha aşırı projelerden bazılarını, en azından teorik olarak, iptal etmek zorunda kaldılar. Eğer projeler sürseydi, örneğin, Hindistan'daki yoksul çiftçiler Monsanto tohumlarını ve gübrelerini fahiş bir bedelle satın almaya devam etmek zorunda kalacaklardı. Bir şirket için böyle bir konuma zorlanmak oldukça alışılmamış bir şeydir.

ABD'de, bu temelde bir sınıf sorunudur. Daha zengin, daha eğitimli kesimlerde, örneğin yüksek fiyatlı organik besinler satın almamak gibi, deney nesnesi olmaya karşı kendini koruma anlamına gelen eğilimler vardır.

Size göre besin güvenliği sorunu, solun gündemine alarak daha geniş kesimlere ulaşabileceği sorunlardan birisi olabilir mi?

Ben bunu özel olarak solun bir sorunu olarak görmüyorum. Gerçekte, solun sorunları tam da popüler sorunlardır. Eğer solun herhangi bir anlamı varsa, bu solun ihtiyaçlarla, refahla ve genel nüfusun haklarıyla ilgileniyor olmasıdır. Dolayısıyla solun nüfusun ezici çoğunluğu olması gerekir ve bazı bakımlardan öyle olduğunu düşünüyorum. Bu anlamda, popüler bir sorun solun sorunu olabilir. Geri planda tutulması çok güç olan başka bağlantılı konular var. Bunlar her yerde öne çıkıyorlar. Gözle görülür biçimde yine en yoksul ülkelerde kendilerini gösteriyorlar. Ama bu sorunlar burada, ABD'de dahi kendini gösteriyor. Örneğin, ilaç sanayi ürünlerinin fiyatlarını alalım. Fahiş düzeydeler. ABD'de başka ülkelerden çok daha yüksekler. Öyle ki

ABD'deki ilaçlar Kanada'dan yüzde 25 daha pahalı ve muhtemelen İtalya'dakinin iki misli. Bunun nedeni ABD hükümeti tarafından büyük ölçüde desteklenen ve WTO'nun kurallarına içkin olan tekelci uygulamalar. Bunlar fikri mülkiyet hakları denilen ve aslında dev mega-şirketlere uzun bir süre için tekel fiyatlarına varan fiyatlandırmaları garanti eden büyük ölçüde korumacı düzenlemeler. Söz konusu düzenlemelere Afrika, Tayland ve başka yerlerde güçlü biçimde direniş gösteriliyor.

Afrika'da, AIDS'in yayılması son derece tehlikeli. Burada, Clinton ya da Gore bir konuşma yaptıklarında, Afrikalıların davranışlarını değiştirmesi gerektiğinden bahsediyorlar. Güzel, tamam, belki Afrikalıların davranışlarını değiştirmeleri gerekiyor. Ama kritik unsur bizim, tamamı olmasa da çoğunluğu ABD kökenli üreticilere hiç kimsenin satın alamayacağı kadar yüksek fiyatlar belirleme garantisi veren davranışımız. Son raporlara göre, yılda 600.000 çocuğa annelerinden HIV virüsü bulaşıyor, ki bu büyük olasılıkla hepsinin AIDS'ten öleceği anlamına geliyor. Bu günde birkaç dolar eden ilaçların kullanılmasıyla durdurulabilecek bir şey. Ancak ilaç şirketleri ilaçların, zorunlu lisans alma olarak adlandırılan prosedüre göre satılmalarına izin vermiyor. Yani ülkelerin ilaçları, ilaç şirketlerinin tekelci koşullar altındaki fiyatlarından çok daha ucuz bir fiyatla üretmelerine imkan tanıyan prosedüre izin vermiyorlar. Yakında yalnızca Afrika'da sadece AIDS yüzünden 40 milyon öksüz ve yetim çocuk olabilir.*

Benzer şeyler Tayland'da oluyor ve protesto ediyorlar. Tayland ve Afrika'nın kendi ilaç sanayileri var ve özellikle başlıca ilaç şirketlerinin sattıklarından çok daha ucuza mal olacak markasız ilaçlar üretme hakkını kazanmaya çalışıyorlar. Bu büyük bir sağlık krizi. Söz konusu olan on milyonlarca kişi. Aynı şey başka alanlarda da geçerli: Sıtma, tüberküloz. Muazzam sayıda insanın ölümüne yol açan önlenebilir hastalıklar var. İnsanlar ölüyorlar, çünkü önleyici imkanlar o kadar pahalı tutuluyor ki insanlar bunları kullanamıyorlar.

Gerçekte neden ilaç şirketlerinin muazzam tekelci hakları var? Araş-

* bkz. AIDS politikasındaki değişiklikler için, McClarty'nin *Z Magazine* Temmuz-Ağustos sayısında yer alan makalesi.

tırma ve geliştirme maliyetleri yüzünden bu haklara ihtiyaçları olduğunu ileri sürüyorlar. Ama bu büyük ölçüde bir tezgah. Araştırma ve geliştirme maliyetlerinin esaslı bir bölümü kamu tarafından karşılanıyor. 1990'ların başlarına kadar kamu maliyetlerin yaklaşık yüzde 50'sini ödüyordu, şimdi belki yüzde 40'tır. Bu oranlar gerçek kamu maliyetini olduğundan daha küçük gösteriyor, çünkü her şeyin dayandığı temel biyolojiyi hesaba katmıyor. Oysa temel biyoloji neredeyse tamamen kamu tarafından destekleniyor. Çok iyi bir ekonomist olan ve bu konuyu titizlikle inceleyen Dean Baker bariz soruyu sordu. "Tamam" dedi, "kamunun bütün maliyetleri ödediğini varsayalım, kamu maliyetini iki katına çıkartın ve sonra ilacın pazara sürülmesi için diretin." Tahminleri bundan muazzam bir refah tasarrufu elde edileceğini gösteriyor. Yalnızca önümüzdeki birkaç yılda on milyonlarca insanın yaşamı ve ölümünden söz ediyoruz.

ABD'ye dönersek, öğrencilerin ağır çalışma koşullarına karşı hareketinden biraz daha söz edelim. Sizin aşina olduğunuz daha önceki hareketlerden farklı mı?

Farklı ve benzer. Bazı bakımiardan apartheid karşıtı harekete benziyor. Ancak bu defa, sözünü ettiğimiz bu inanılmaz eşitsizlik rakamlarına ulaşmak için kullanılan sömürü ilişkilerinin kalbine darbeyi vuruyor. Son derece ciddi. Farklı grupların nasıl bir arada çalıştıklarının başka bir örneği. Bu hareketin büyük kısmı, New York'taki Ulusal Emek Komitesi'nden Charlie Kernaghan ve emek hareketindeki başka gruplar tarafından başlatılmıştı. Şimdi birçok alanda dikkate değer bir öğrenci sorununa dönüştü. Birçok öğrenci grubu bu konuda çok şiddetli baskı yapıyor, o kadar ki ABD hükümeti bu baskıyı karşılamak için yasal bir düzenleme başlattı. Hükümet destekli bir koalisyon oluşturmak üzere sendika ve öğrenci liderlerini bir araya getirdiler. Ama pek çok öğrenci grubu buna karşı çıkıyor, çünkü hiçbir biçimde yeterli bir çözüme ulaşılmadığını düşünüyorlar. Bunlar şimdi çok fazla tartışılan konular.

Öğrenciler kapitalistlerden daha az bencil olmalarını talep etmiyorlar mı?

Sömürü sisteminin sona erdirilmesi için çağrıda bulunmuyorlar. Belki bulunmaları gerekiyor. İstedikleri teorik olarak garanti altına alınmış emek hakları. Eğer bu konulardan sorumlu olan Uluslararası Çalışma Örgütü'nün (ILO) sözleşmelerine bakarsanız, öğrencilerin karşı çıktıkları uygulamaların çoğunu, muhtemelen hepsini yasaklıyor. ABD bu sözleşmelere taraf değildir. En son baktığımda, ABD ILO sözleşmelerinin neredeyse hiçbirisini onaylamamıştı. Belki Litvanya ya da El Salvador dışında, ABD'nin dünyadaki en kötü sicile sahip olduğunu düşünüyorum. Diğer ülkeler de sözleşmelere gerektiği ölçüde uyuyor değiller, ama en azından sözleşmelerde adları var. ABD sözleşmeleri ilkesel olarak kabul etmiyor.

Sizin kampüsünüzde, MIT'de (Massachusetts Institute of Technology) neler oluyor? Ağır çalışma koşullarına karşı hareket etrafında bir örgütlenme var mı?

Evet ve pek çok konu üzerinde. Lisans öğrencilerinden oluşan ve sürekli faaliyet gösteren çok aktif toplumsal adalet grupları var. Birkaç yıl öncesine göre daha fazla.

Buna yol açan nedenler neler?

Bu hareketlerin nedeni nesnel gerçeklik. İnsanları Seattle'da sokaklara itenlerle aynı duygular, anlayış ve algılama. ABD'yi ele alalım. ABD Üçüncü Dünya gibi acılar yaşamıyor. Latin Amerika'da, sözümona reformların uygulanmasından 20 yıl sonra bir ilerleme sağlayamadılar. Dünya Bankası başkanı daha geçenlerde 20 yıl önce hangi noktada iseler, yine aynı noktada olduklarını açıkladı. Ekonomik büyüme söz konusu olduğunda bile. Bu bütün sözümona kalkınmakta olan ülkeler için duyulmamış bir şey. Bu terimi sevmiyorum, ama Güney için kullanılan bir terim. 1990'ları, 1970'lerden daha yavaş bir büyüme hızıyla geride bırakıyorlar. Refah uçurumu artıyor. Bu dünyanın geri kalan kısmında da böyle. Aynı zamanda ABD'de daha öncekilere benzemeyen bir gelişme var. Ekonominin büyümesi, üretkenlik, sermaye yatırımı gibi bütün makro-ekonomik ölçüler açısından, daha önceki 25 yılla karşılaştırıldığında son 25 yıldaki ekonomik büyüme göreli olarak yavaş oldu. Birçok iktisatçı daha önceki altın çağla karşılaştırdıklarında, bu dönemi "kurşuni çağ" olarak adlandırıyorlar. Ama öncesine göre daha yavaş olsa da, büyüme oldu. Yönetim ve denetim görevi olmayan işçilerin çoğu için, ki bu işgücünün çoğunluğudur, ücretler 25 yıl öncesine göre belki yüzde 10 ya da daha düşüktür. Bu mutlak düzeydir. Tabi göreli olarak çok daha düşük. Bu dönem boyunca üretkenlikte ve ekonomide büyüme gerçekleşti, ama bu nüfusun ana kitlesine yansımıyor. Yarısı daha düşük, yarısı daha yüksek demek olan ortalama gelirler, şimdi yalnızca on yıl önceki düzeylerine geri dönüyor ve bundan önceki 10 ve 15 yıldaki düzeylerinin oldukça altındalar. Bu, son iki veya üç yıldaki oldukça yüksek ekonomik büyüme döneminde gerçekleşiyor. Bunu, hayranlık uyandıran bir dönem olarak adlandırıyorlar, ama son iki veya üç yıl yaklaşık olarak 1950'ler ya da 1960'ların düzeyindeydi -ki bu yıllar tarihsel standartlar açısından yüksektir. Yine de nüfusun çoğunu dışarıda bırakıyor.

Uluslararası ekonomik düzenlemeler, sözümona serbest ticaret anlaşmaları temelde bu durumu muhafaza etmek için tasarlanmıştır. "Esnek bir iş gücü pazarı" olarak adlandırılan ve insanların güvenceden yoksun olması anlamına gelen şeyi teminat altına alıyorlar. Alan Greenspan bir zamanlar işçilerin giderek artan güvencesizliğinin sihirli ekonominin başlıca faktörlerinden birisi olduğunu söylemişti. Eğer insanlar korku içindeyseler, iş güvenceleri yoksa, daha iyi koşullar talep etmezler. Eğer başka bir işe aktarılma korkuları varsa (bu yanlış biçimde adlandırılan "serbest ticaret anlaşmalarının" sonuçlarından birisidir) ve iş güvencesinden yoksun olmanız demek olan esnek bir işgücü pazarı varsa, insanlar daha iyi koşullar ve sosyal yardımlar talep etmeyeceklerdir.

Dünya Bankası bu konuda çok açık davranmıştır. Şimdi alıntı yapıyorum, dünyanın bütün bölgeleri için asli önemde olduğunu söyledikleri işgücü pazarı esnekliğinin, ücretleri düşürmek ve işçileri işten çıkartmanın kibarca adlandırılışı olarak kötü bir şöhret kazandığını kabul ediyorlar. İşgücü piyasasının esnekliği tam olarak bunu sağlıyor. İşgücü piyasası esnekliği bu kötü şöhreti haklı bir nedenle kazandı. İşgücü piyasasının esnekliği işte bu demek. Bir Dünya Bankası kalkınma raporundan alıntı yapıyorum, dünyanın bütün bölgeleri için asli önemde olduğunu, en önemli reform olduğunu söylüyorlar. Bu rapor, işgücü hareketliliği ve ücret esnekliğinin üzerindeki bütün kısıtlamaların kaldırılmasını istiyor. Bu ne demek? İşçilerin istedikleri her yere gitmekte, örneğin Meksikalı işçilerin New York'a gelmekte özgür olması gerektiği anlamına gelmiyor. İşçilerin işlerinden atılabilmeleri anlamına geliyor. İnsanların işlerinden atılmaları ve ücret esnekliği üzerindeki kısıtlamaları kaldırmak istiyorlar -ki bu yukarıya doğru değil, aşağıya doğru esneklik demek. İnsanlar bir dereceye kadar bunun farkındalar. Tüketimin ve devasa bir borçlanmanın yüceltilmesinin altında bir dolu şeyi gizleyebilirsiniz. Ama yalnızca durağanlaşan ya da azalan gelirlerini korumak için insanların haftada, 25 yıl önce olduğundan daha fazla saat çalıştıkları olgusunu gizlemek güçtür.

Massachusetts'deki devlet yüksek okullarında durum nasıl?

Birçok açıdan çok daha güç. Bunlar çoğunlukla şehrin yoksul, köhne bölgelerinden gelen ya da işçi sınıfı kökenli, birçoğu göçmen, etnik azınlıklara mensup ve diğer öğrenciler. Buna karşın çoğunluğunun, bir hemşire ya da polis olmak anlamında, ilerleme şansları olan beyaz çalışan sınıf olduğunu düşünüyorum. Üzerlerinde çok sıkı baskılar var. Seçkin bir okuldaki gibi geniş bir hareket alanları yok. Bunun yalnızca ne yaptıkları üzerinde değil, fakat ne düşündükleri üzerinde de güçlü bir disipline sokma etkisi olduğunu sanıyorum. Aynı zamanda, bu yüksek okullar büyük baskı altındalar.

Hangi bakımdan?

Sezgilerime göre, ama bunu kanıtlayamam, devlet yetkilileri yoksul ve çalışan insanlara bu olanakları sunan devlet okullarını esaslı biçimde azaltma çabası içindeler. Olan şu ki, temelde yoksul ve çalışan sınıfın okulları demek olan devlet okullarına kabul standartlarını yükseltiyorlar. Kabul standartlarını yükseltiyorlar, ama 12 devlet okulunda kapasiteyi arttırmıyorlar. Ne olduğunu öngörmek zor değil. Eğer kabul standartlarını yükseltirseniz ve okulların kapasitelerini arttırmazsanız, bu daha az kişinin okumaya hak kazanması anlamına gelir. Dolayısıyla okula kabul edilen öğrenci sayısını azaltmış olursunuz. Okullara kabul edilen öğrenci sayısındaki azalma geçen yıl ya da iki yıldır oldukça belirgindi. Eğer okullara kabulleri azaltırsanız, eyalet meclisine ve buraya hakim olan iş adamlarına başvurmanız gerekiyor.

Onlar personel ve fakülte sayısını azaltın diyorlar, bu da fırsatları daha fazla azaltıyor. Bu durum personel ve fakülteye işgücü pazarı esnekliği getiriyor. Bu da personelin hiçbir güvencesi olmaması ve devlet okullarına daha az bağlı kalması anlamına geliyor. Uzun vadede eğilim, eyalette daha yoksul olanlara ve çalışanlara hizmet eden kamu eğitim sistemini küçültmek veya muhtemelen ortadan kaldırmaktır. O zaman geriye, yüksek okula gitmeme ya da özel yüksek okullardan birisine yılda 30.000 dolar ödeme seçenekleri kalacak.

İnternet ve mahremiyet konularından söz edelim. Ticari şirketler insanların tercihleri hakkında kişilik özelliklerine ilişkin bilgiler ve veriler topluyorlar. Bu durum hangi sonuçlara yol açabilir?

Sonuçlar oldukça ciddi olabilir, ama bana kalırsa başka bir konuya, yani internet erişimine göre hala ikincil önemdeler. Gerçekleşmekte olan devasa medya şirketlerinin birleşmesi şu tehdidi barındırıyor: Gözde sitelere erişimi etkin biçimde yönlendirecek güce kavuşabilirler. Yani internet sistemini bilgi ve karşılıklı etkileşim yerine, şimdi olduğundan çok daha fazla evden alışveriş hizmetine çevirme tehdidini taşıyorlar. Sistem henüz devlet denetimindeyken ve internet genellikle bir "süper bilgi otoyolu" olarak adlandırılırken, 1990'ların başında bir meyda eleştirmeni olan Norman Solomon buna işaret etmişti. 1990'ların sonunda, internet kimsenin bilmediği bir yolla bir hediye olarak özel şirketlere devredildiğinde, bir süper bilgi otoyolu değil, e-ticarete dönüştü. AOL-Time Warner gibi mega birleşmeler, internete girdiğinizde sizi, görmek isteğiniz şeye doğru değil, onların görmenizi istedikleri şeye doğru çekmelerini sağlayan teknik olanaklar sunuyor. Bu bilgi, örgütlenme ve iletişim için muazzam bir araç. İş dünyasının interneti başka bir şeye dönüştürmeyi istediğinden kuşku yok.

Temmuz-Ağustos 2000

EL-AKSA İNTİFADASI

İsrail işgalindeki topraklarda üç hafta süren fiili savaştan sonra, başbakan Ehud Barak bölgenin nihai statüsünü belirlemek için yeni bir plan açıkladı. ABD basınında pek söz edilmeyen Uluslararası Af Örgütü'nün ayrıntılı bir raporunda, bu haftalar boyunca "ne güvenlik güçlerinin, ne de başkalarının yaşamının yakın bir tehlike içinde olmadığı koşullarda, yasadışı ölümlerle sonuçlanan aşırı ve öldürücü güç kullanımıyla" 30'u çocuk, 100'ü aşkın Filistinlinin öldürüldüğü sonucuna varıldı. O tarihte, Filistinli ölülerin İsraillilere oranı yaklaşık 15'e karşı 1'di ve kullanılan gücün kaynaklarını ele veriyordu. Barak'ın planının ayrıntıları açıklanmadı, ama ana hatları tanıdıktır: Temmuz'da başarısızlığa uğrayan Camp David görüşmelerinin temelini oluşturan ve ABD-İsrail tarafından sunulan "nihai statü haritasına" uyuyor. Bu plan, ABD-İsrail'in önceki yıllardaki inkarcı tekliflerini genişleterek, kullanılabilir toprağın ve kaynakların (öncelikle suyun) İsrail'in elinde kalmasını sağlayacak mekanizmalarla, İsrail'in 1967'de işgal ettiği toprakların Yahudi yerleşimine açılmasını öngörüyordu. Bu arada Filistin halkı, emperyal yönetimin çeşitli türleri altında geleneksel olarak yerli işbirlikçilere verilen rolü oynayan, yozlaşmış ve zorba bir Filistin Yönetimi (FY) tarafından yönetilecektir. Bu yönetim biçimine en bariz şekilde benzeyen bir örnek olarak, Güney Afrika'daki Bantustanların siyah önderliğini verebiliriz. Batı Şeria'da, kuzeyde bir Yahudi yerleşimi Nablus'u ve diğer Filistin şehirlerini içine alacak, merkezde bir yerleşim Ramallah'da ve güneyde bir yerleşim de Beyt-ül Alem'de kurulacaktır. Eriha yalıtılmış bir durumda kalacaktır. Filistinliler, Filistin yaşamının merkezi olan Kudüs'den fiili olarak koparılacaktır. İsrail güney kıyı bölgesini ve (yakın geçmişte pek çok zalimliğe tanık olan) Netzarim'deki küçük bir yerleşimi elinde tutarken, benzer düzenlemeler muhtemelen Gazze'de de yapılacaktır -ki bu büyük bir askeri gücün ve Gazze'nin altındaki Şeridi bölen yolların varlığı için bir bahaneden başka bir şey değildir. Bu teklifler, Körfez Savaşı'ndan sonra ABD'nin kendi "barış süreci" yorumunu uygulama olanağı bulmasından bu yana, artan bir enerjiyle sağladığı muazzam yardım sayesinde, İsrail'in yürütmekte olduğu geniş yerleşim ve inşaat programlarını resmileştirmektedir.*

Müzakerelerin amacı, FY'nin bu projeye resmen katılmasını sağlamaktı. Müzakerelerin başarısızlığa uğramasından iki ay sonra, içinde bulunduğumuz şiddet evresi başladı. Barak Hükümetinin 28 Eylül Perşembe günü Ariel Şaron'un 1.000 polisle müslüman dinsel bölgeleri (El Aksa) ziyaret etmesini onaylamasıyla birlikte, her zaman yüksek olan gerilim arttı. Şaron, 1953'e kadar uzanan zengin bir vahşet siciliyle, İsrail devlet terörü ve saldırganlığının tam bir sembolüdür. Şaron'un açıklanan amacı, El Aksa üzerindeki "Yahudi egemenliğini" kanıtlamaktı. Fakat deneyimli muhabir Graham Usher'in belirttiği gibi, Filistinlilerin adlandırdığı şekliyle "El Aksa intifadası", Şaron'un ziyaretiyle değil, bir sonraki gün, Cuma yani ibadet günü, Barak'ın kitlesel ve tehditkar bir polis ve asker gücü yığmasıyla başladı. Bu, öngörülebileceği gibi, binlerce kişi camiden sel gibi boşalınca, geriye 7 ölü ve 200 yaralı Filistinli bırakan çatışmalara yol açtı. Barak'ın amacı ne olursa olsun, sonraki haftaların şok edici zulümleri için sahneyi hazırlamanın daha etkili bir yolu olamazdı.

Aynı şey, Kudüs -ki ABD'nin yorumunda titizlikle gözetilen bir koşuldur- üzerinde odaklanan başarısız müzakereler için de söylenebilir. İsrailli sosyolog Baruch Kimmerling, bu sorun için çözüme "beş dakikada ulaşılabilirdi" diye yazarken muhtemelen abartıyordu. Ama "her çeşit diplomasi mantığına göre çözülmesi en kolay sorun olmalıydı" derken haklıdır (*Ha'aretz*, 4 Ekim). Clinton-Barak'ın çok daha fazla önem taşıyan, işgal edilmiş topraklarda yapmakta oldukları şeyleri

* **Müzakereler ve bunların arka planı hakkında daha fazla bilgi için benim 25 Temmuz'daki yorumuma, Alex ve Stephen Shalom'un 10 Ekim'de *Znet*'te yer alan yorumlarına bakınız.**

gizlemek istemeleri anlaşılabilir. Arafat bunu neden kabul etti? Kabul etmesinin nedeni, belki de Arafat'ın şu gerçeği bilmesidir: Arap devletleri liderliği Filistinlilere bir baş belası olarak bakmaktadır ve Bantustan tarzı bir çözümle pek bir sorunları yoktur. Fakat, kendi halklarının tepkisinden korktukları için, dini bölgelerin yönetimini göz ardı edemezler. Yüzyılların deneyiminin açığa çıkardığı gibi, dini tonlara bürünmüş bir çatışmayı, çatışmanın en uğursuz türünü ateşlemek için daha iyi bir hesap yapılamazdı.

Barak'ın yeni planının başlıca yeniliği, şantajcı diplomasi yerine ABD-İsrail taleplerinin doğrudan kuvvet uygulanarak dayatılması ve kibarca teslim olmayı reddeden kurbanların daha acımasız bir şekilde cezalandırılmasıdır. Ana hatlar, 1968'de gayri resmi olarak oluşturulan politikalarla (Allon planı) ve o zamandan beri her iki politik grup tarafından teklif edilen versiyonlarla (Şaron planı, İşçi Partisi hükümeti planı ve diğerleri) temelde uyuşmaktadır. Politikaların yalnızca önerilmekle kalınmadığını, fakat ABD desteğiyle uygulandığını hatırlamak önemlidir. Bu destek, Washington'un başlattığı diplomatik çerçeveyi (BM Güvenlik Konseyi Kararı 242) terk ettiği ve sonraki yıllarda Filistin haklarının tek yanlı olarak inkarı politikası izlediği 1971'den bu yana belirleyici olmuştur -bu inkarcı politikalar "Oslo süreciyle" doruğa çıkar. Bütün bunlar ABD'de fiilen tarihten silindiği için, asli olguları ortaya çıkartmak biraz çalışma gerektiriyor. Bu olgular tartışmalı değildir, sadece görülmek istenmemiştir.

Belirtildiği gibi, Barak'ın planı bildik ABD-İsrail inkarcılığının özellikle sert bir biçimidir. Şimdi fiili bir kuşatma altındaki Filistin halkına düşük oranlarda verilen elektriğin, suyun, telekomünikasyon ve diğer hizmetlerin kesilmesini istemektedir. 1967'den itibaren halkı yoksulluk ve bağımlılık içinde bırakarak, bağımsız gelişmenin askeri rejim tarafından acımasızca engellendiği hatırlanmalıdır. Bu durum, ABD'nin başını çektiği "Oslo süreci" sırasında belirgin biçimde daha kötü hale gelmiştir. Bir nedeni, güvercin İşçi Partisi temelli hükümetler tarafından daha zalimce uygulanan düzenli "kapatmalar"dır, yani Filistin bölgelerinin giriş çıkışlarının kapatılmasıdır. Başka bir kalburüstü gazeteci Amira Hass'ın tartıştığı gibi, bu politika Rabin hükümeti tarafından "Hamas'ın intihar saldırıları planlamasından yıllar önce başlatılmış [ve] yıllar geçtikçe, özellikle Filistin Ulusal Yönetimi'nin kurulmasından bu yana kusursuz biçimde uygulanmıştır." Etkin bir boğma ve denetim mekanizması olan kapatmaya, ekonominin büyük bölümünün dayandığı ucuz ve sömürülen Filistin emeğinin yerine geçmesi için asli bir metanın ithal edilmesi eşlik etmiştir: Pekçoğu "küreselleşmenin" ilk yıllarında yapılan "neo-liberal reformların" kurbanı olan, dünyanın her yanından gelen yüz binlerce yasadışı göçmen. Sefalet içinde ve haklardan yoksun yaşayan bu göçmenler, genellikle İsrail basınında fiili bir köle emeği olarak betimleniyor. Barak'ın mevcut teklifi, Filistinlilerin basit olarak yaşamlarını sürdürme beklentilerini dahi fazlasıyla azaltarak, bu programın genişletilmesini amaçlamaktadır.

Bu programın önündeki başlıca engellerden birisi, yılda 2.5 milyar dolarlık bir ihracat için tutsak alınmış bir Filistin pazarına dayanan İsrail iş dünyasıdır. İsrailli işadamları, "Filistin güvenlik yetkilileriyle" ve kendilerine resmi FY onayıyla tekeller oluşturma imkanı sağlayan" Arafat'ın "ekonomi danışmanıyla bağlar kurmuştur."* İsrailli işadamları aynı zamanda, çevre kirliliğini İsrail'in dışına aktararak ve öteden beri bu şekilde zenginleşen İsrail işletmelerinin ve Filistinli seçkinlerin sahip olduğu maquiladora-tarzı** tesislerde ucuz bir işgücünü sömürerek, işgal edilmiş topraklarda sanayi bölgeleri kurmayı ümit etmişlerdir.

Daha önce gündeme gelenlerin doğal bir uzantısı olmalarına karşın, Barak'ın yeni teklifleri bir plandan çok bir uyarıya benzemektedir. Bu teklifler uygulandıkları ölçüde, yıllardır gerçekleştirilen "görünmez nüfus transferi" projesini genişletecektir ve bu (resmi düşmanlar tarafından yürütüldüğünde adlandırdığımız gibi) doğrudan "etnik temizlikten" daha akıllıca bir yöntemdir. Umudunu terk etmeye zorlanan ve anlamlı bir varoluş için fırsat tanınmayan insanlar, eğer bunu yapma şansları varsa, başka bir yere sürükleneceklerdir. Başlangıcından itibaren (ideolojik yelpazenin bir ucundan diğerine) siyonist hareke-

* 22 Ekim tarihli *Financial Times* ve yine aynı tarihli *New York Times*

** Orta Amerika'da, ihracat amacıyla gümrük vergisi ödemeden parçalar ithal eden ve montaj yapan imalat tesisleri. Bu düzenleme, işletme sahiplerine ucuz emek avantajı sağlamaktadır. -ç.n.

tin geleneksel hedeflerinde kökleri bulunan bu planlar, doğrudan etnik temizlik yapılırken, 1948'de İsrail hükümetinin iç tartışmalarında formüle edilmiştir: Beklentileri mültecilerin "yok olacakları" ve "ölecekleri", "çoğunun ise yaşayan insan kalıntılarına ve toplum artığına dönüşerek, Arap ülkelerindeki en yoksul sınıflara dahil olacağı" idi. Günümüzdeki planlar da, ister şantajcı diplomasi ister doğrudan güçle uygulansınlar, aynı amaca yöneliktir. Eğer dünyanın egemen gücüne ve onun entelektüel sınıflarına dayanabilirlerse, bunlar pekala gerçekçi planlardır.

Mevcut durum Amira Hass tarafından İsrail'in en prestijli gazetesinde eksiksiz biçimde tanımlanmaktadır (*Ha'aretz*, 18 Ekim). Görmeyi tercih eden herkes için bu sonucu önceden haber veren Eylül 1993'deki İlkeler Bildirgesi'nden yedi yıl sonra, "İsrail" Batı Şeria'nın çoğunda ve Gazze Şeridinin %20'sinde "güvenliği ve idari denetimi elinde tutmaktadır." İsrail, "10 yılda yerleşimcilerin sayısını iki katına çıkarmayı, yerleşimleri genişletmeyi, üç milyon Filistinlinin su kotalarını azaltarak ayrımcılık politikasını sürdürmeyi, Batı Şeria'nın büyük bölümünde Filistinlilerin gelişmesini önlemeyi başarmıştır. Ayrıca, sadece Yahudilerin kullandığı ve Filistin bölgelerinden geçmeyen bir yol şebekesi içinde hapsolmuş bütün bir ulusu sınırlı alanlara kapatabilmiştir. Batı Şeria'da dahili hareketin katı biçimde kısıtlandığı günlerde, her yolun ne kadar dikkatle planlandığı görülebilir: öyle ki, 200.000 Yahudinin hareket özgürlüğü varken, yaklaşık üç milyon Filistinli İsrail taleplerine boyun eğene kadar kendi Bantustanlarına kapatılmışlardır. Nasıl ilk intifada İsrail'in doğrudan işgalinin sonucu olduysa, üç haftadır süregiden kan banyosu da yedi yıllık yalan ve aldatmacanın doğal sonucudur."

İktidarda kim olursa olsun, yerleşimler ve inşaat programları ABD desteğiyle devam etmektedir. 18 Ağustos'ta, *Ha'aretz* iki hükümetin -Rabin ve Barak- ABD'de ve İsrail solunun büyük bölümünde tercih edilen güvercin imajına uygun olarak, yerleşimlerin "dondurulduğunu" ilan etmiş olduklarına dikkat çekti. "Dondurduk" açıklamasını, yerleşimleri yoğunlaştırmak için kullandılar. Buna seküler nüfus için ekonomik teşvikler, aşırı dinci yerleşimciler için ise otomatik devlet yardımları ve diğer düzenlemeler dahildi. Bunlar, "iki kötüden daha az kötü olan" kararları verirken, fazla bir protestoyla karşılaşmadan gerçekleştirilebildi -başka yerlerde oldukça tanıdık olan bir tarz. Haber iğneleyici bir şekilde, "bir yanda dondurma, diğer yanda gerçeklik var" saptamasını yapıyor. Gerçeklik şu ki, Barak yönetimi sırasında devam eden -belki hızlanan- işgal edilmiş topraklardaki yerleşimler, İsrail nüfus merkezlerinin dört katından daha büyük bir hızla artmıştır. Yerleşimler, kendileriyle birlikte bölgenin çoğunu İsrail'le birleştirmek için tasarlanan büyük altyapı projelerini yanında getirirken, geçilmesi cesaret isteyen "Filistin yolları" dışında, Filistinlileri yalıtılmış bir durumda bırakmaktadır.

Başarılı bir sicili olan başka bir gazeteci, Danny Rubinstein, "Filistin gazetelerini okuyanların (haklı olarak), yerleşimlerdeki faaliyetin hiçbir zaman durmadığı izlenimi edindiklerine" işaret etmektedir. "İsrail, Batı Şeria ve Gazze'deki Yahudi yerleşimlerde sürekli olarak inşaat yapmakta, yerleşimleri genişletip güçlendirmektedir. İsrail sürekli 1967'deki sınırların ötesinde evler ve topraklar ele geçiriyor ve tabii bütün bunlar Filistinlilerin zararına oluyor: Filistinlileri daha dar bir toprakla sınırlandırmak, onları köşeye sıkıştırmak ve daha sonra da oradan atmak amaçlanıyor. Başka bir deyişle, amaç sonunda Filistinlileri kendi anavatanlarından ve başkentlerinden, yani Kudüs'ten yoksun bırakmaktır." (*Ha'aretz*, 23 Ekim)

Rubinstein, tamamen olmasa da, hoşa gitmeyen olguların büyük ölçüde İsrail basınının okuyucularından gizlendiğini söyleyerek devam ediyor. Aşikar nedenlerle, ABD'de halkın bilgisiz bırakılması çok daha önemlidir: Ekonomik ve askeri programlar kritik şekilde ABD desteğine dayanmaktadır ve ABD'de bu yardım programları için kamuoyu desteği zayıftır. Eğer amaçları bilinirse, bu destek çok daha fazla zayıflayabilir.

Örnek vermek gerekirse, 3 Ekim'de, sert çatışmaların ve ölümlerin yaşandığı bir haftadan sonra, *Ha'aretz*'in savunma muhabiri "İsrail hava kuvvetleri tarafından son on yıldaki en büyük askeri helikopter alımının yapıldığını" bildirdi. Keşif uçakları ve Apaçi saldırı helikopterlerinin alınmasından kısa süre sonra, ABD ve İsrail arasında, jet yakıtıyla birlikte, 525 milyon dolarlık 35 Blackhawk askeri helikopterleri ve yedek parçası tedarik edilmesini öngören bir anlaşma yapılmıştı. *Jerusalem Post* bunların "ABD envanterindeki en yeni ve en gelişmiş, çok amaçlı saldırı helikopterleri olduğunu" eklemektedir. Bu hediyeleri sağlayanların olayı ortaya çıkartamayacaklarını söylemek haksızlık olur. Bir veri tabanı araştırmasında, David Peterson askeri helikopter satışının Raleigh (Kuzey Carolina) basınında haber yapıldığını buldu.

Askeri helikopterin satışı Uluslararası Af Örgütü tarafından kınandı (19 Ekim), çünkü "ABD'nin tedarik ettiği helikopterler, bölgede kısa süre önceki çatışmalar sırasında Filistinlilerin ve İsrailli Arapların insan haklarının ihlal edilmesi amacıyla kullanılmışlardır." İlerlemiş derecede zeka geriliği yoksa, bu sonuçlar hiç şüphesiz öngörülmüştü.

İsrail, Filistin şiddetine karşı "orantısız bir tepki göstererek aşırı güç kullandığı için" (ABD'nin çekimser oyuyla) uluslararası düzeyde mahkum edilmiştir. Buna, en az 18 Kızıl Haç ambulansına saldırı düzenlendiği için Uluslararası Kızıl Haç Komitesinin (ICRC) nadiren aldığı kınama kararları bile dahildir (*NYT*, 4 Ekim). İsrail'in yanıtı, kendisinin haksız yere eleştirildiği olmuştur. Yanıt tamamen doğrudur. İsrail, çok daha eski dönemlere ait olmasına, yüzyıllarca geriye gitmesine karşın, burada "Powel doktrini" olarak adlandırılan resmi ABD doktrinini kullanmaktadır: Algılanan her türlü tehdide karşı yoğun güç kullan. İsrail'in resmi doktrini yaşamları tehdit eden, özellikle güçlerimize ve İsraillilere ateş açan herkese karşı bütün silahların tamamen kullanılmasına* izin vermektedir. Modern bir ordunun tam güç kullanımı tankları, helikopter roketlerini, sivilleri (genellikle çocukları) hedef alan keskin nişancıları, vs. kapsar. Bir Pentagon yetkilisi, ABD silahlarının satışının "silahların sivillere karşı kullanılamayacağı şeklinde bir koşul taşımadığını" söylemiştir. Aynı yetkili "bununla birlikte, anti-tank roketler ve saldırı helikopterlerinin genellikle kalabalığın kontrolü için düşünülmüş araçlar olmadığını kabul etmiştir" -hakim süper gücün koruyucu kanatları altında, yeteri kadar kudretli olanlar için bu sınırlama söz konusu değildir. Başka bir ABD yetkilisi "birlikleri saldırıya uğradığı için bir Kobra helikopteri çağıran İsrailli bir komutanının bunu neden yaptığı hakkında bir

* **İsrail askeri hukuk danışmanı, Daniel Reisner, *FT*, 6 Ekim.**

yargıda bulunamayız"* demiştir. Bu nedenle, bu tür öldürme makinelerinin kesintisiz bir akış içinde sağlanması gerekir.

ABD himayesinde, çok yakın geçmişteki yıllar dahil ardında kaydedilmesi çok utanç verici bir ölüm bilançosu bırakmış bir devletin standart ABD askeri doktrinini benimsemesi gerektiği, şaşırtıcı değildir. Elbette bu doktrini benimserken ABD ve İsrail yalnız değillerdir ve hatta bazen söz konusu doktrin mahkum edilmektedir: Yani, yok edilmesi hedeflenen düşmanlar tarafından kullanıldığı zaman. Yakın bir örnek, Arnavutluk'ta konuşlanmış gerillaların (ABD'nin ısrarla belirttiği gibi) Sırbistan topraklarına saldırmasına, Sırp polisiyle sivilleri öldürmelerine ve (Arnavutlar dahil) sivilleri kaçırmalarına Sırbistan'ın verdiği karşılıktır. Arnavut gerillalar, Batı'nın öfkesini, sonra da NATO'nun askeri saldırısını gündeme getirmek için "orantısız bir karşılığa" yol açma niyetlerini açıkça ilan etmişlerdi. Şimdi, ABD, NATO ve diğer Batılı kaynaklara dayanan çok zengin belgeler var ve çoğu bombardımanı haklılaştırmak çabasıyla hazırlanmıştır. Bu kaynakların güvenilir olduğunu varsaydığımızda şu sonuca ulaşırız: Öne sürüldüğü gibi kuşkusuz "orantısız" ve suç içeren Sırp tepkisi, İsrail dahil, ABD ve himayesindeki devletlerin aynı doktrine başvurmasıyla karşılaştırılamaz.

Egemen İngiliz basınında, en azından şunları okuyabiliyoruz: "Eğer Filistinliler siyah olsalardı, İsrail şimdi ABD'nin öncülük ettiği [maalesef, bu doğru değildir] ekonomik yaptırımlara tabii, dışlanmış bir devlet olurdu. İsrail'in Batı Şeria'da gelişmesi ve yerleşimleri, beyazlar su ve elektriği tekellerine alırken, yerli halkın ülkesinin küçük bir bölümünde, öz yönetime sahip 'bantustanlarda' yaşamasına izin verildiği bir apartheid sistemi olarak görülürdü. Ve Siyah nüfusun, Güney Afrika'nın beyaz bölgelerinde hiçbir kaynağa sahip olmayan kasabalarda rezilce yaşamasına izin verimesi, nasıl bir skandal olarak kabul edildiyse İsrail'in İsrailli Araplara karşı -barınma ve eğitim harcamalarında onlara karşı ahlaksızca ayrımcılık yapan- tutumu da bir skandal olarak kabul edilirdi."**

* *Deutsche Presse - Agentur*, 3 Ekim

** *Observer, Guardian*, 15 Ekim

Bu tür sonuçlar, yıllardır görüşleri doktriner at gözlükleriyle sınırlanmamış olanlara şaşırtıcı gelmeyecektir. Bu at gözlüklerini en önemli ülkede çıkartmak başlıca görev olarak durmaktadır. Bu, seyredilmesi hoş olmayan uzun vadeli sonuçlarıyla, gözlerimizin önünde yeterince korkunç biçimde tırmanan kaos ve yıkıma karşı her türlü yapıcı tepkinin önkoşuludur.

26 Ekim 2000

ORTADOĞU'DA BARIŞ OLASILIKLARI

Noam Chomsky'nin, Toledo Üniversitesi'nde, 1. Yıllık Maryse Mikhail Konferansında yaptığı konuşmanın metni.

Hepinize teşekkür ederim. Maryse Mikhail konferansları dizisini açma imtiyazına sahip olabildiğim için gerçekten kıvanç duyuyorum. Konferanslar dizisini kutlayıcı bir konuşmayla açabilmeyi isterdim, ama bu gerçekçi olmazdı. Belki daha gerçekçi olan, şu ünlü vecizeye bağlı kalmaktır: Zihnin kötümserliği, fakat iradenin iyimserliği için çaba göstermeliyiz.

Konuya girmeden önce, konuyla ilgili birkaç ön yorumda bulunmama izin verin. İlkinde, sadece duyurunun başlığını ödünç alıyorum. Barış savaşa tercih edilir. Ama bu mutlak bir değer değildir. Ve bu nedenle her zaman "nasıl bir barış?" sorusunu sorarız. Eğer Hitler dünyayı fethetmiş olsaydı barış olurdu, ama bu bizim görmek istediğimiz türden bir barış olmazdı.

İkinci yorum, bu tikel konunun -Ortadoğu'da Barış Olasılıkları- birçok boyutu olduğudur. Süregiden vahim şiddetin birçok alanı var. Özellikle, hakkında bir şeyler söyleyeceğim üç alan. Birisi İsrail ve Filistin'dir. İkincisi Irak'tır -orada hem yaptırımlar, hem de bombardıman var. Üçüncüsü ise Türkiye ve Kürtlerdir. Burası gerçekte halen devam eden, 1990'larda insan haklarına yapılan en ciddi saldırıların olduğu yerdir. Ve başka pek çok mesele söz konusudur. İran'ın bölgedeki yeri sorunu var. Ve baktığınız her yerde, neredeyse istisnasız olarak, ciddi baskılar, insan hakları ihlalleri, işkence ve diğer dehşet verici olaylar vardır. Dolayısıyla Ortadoğu'da barış sorununun birçok boyutu bulunmaktadır.

Üçüncü ve son yorum şudur: Bütün bu alanlarda ABD'nin rolü önemlidir ve ekseri belirleyicidir -ve gerçekte değindiğim dört özel durumda da belirleyicidir. Ayrıca, bir faktör ne kadar önemli olursa olsun, tamamen açık nedenlerden ötürü, bizim kendi sorunlarımız açısından merkezi bir yer tutmalıdır -bu, bizim doğrudan etkileyebileceğimiz bir faktördür. Başkalarını suçlayabiliriz, ama onlar hakkında fazla bir şey yapamayız. Bu bildik bir doğrudur veya bildik bir doğru olması gerekir. Ama bunu vurgulamak önemlidir, çünkü neredeyse evrensel olarak reddedilmektedir. Egemen doktrin, Lazer gibi başkalarının suçları üzerinde odaklanmamız, onlar için feryat figan etmemiz gerektiğini söyler. Kendi suçlarımızı ise görmezden gelmemiz ya da inkar etmemiz gerekir. Ya da daha doğrusu, aynaya bakma imkanını reddedecek şekilde olayları görme tarzımızı yapılandırmamız gerekir. Söylemi öylesine şekillendirmeliyiz ki, kendi sorumluluklarımıza dair sorunu gündeme bile gelemesin veya daha doğrusu, yalnızca bir bağlantıyla gündeme gelebilsin: Başkalarının suçlarına nasıl tepki göstermemiz gerektiği bağlantısı. Böylelikle, örneğin, başkaları suç işlediğinde -ki genellikle öyle olduğu kabul edilir- "insani müdahalenin ikilemleri" olarak adlandırılan konu hakkında gerek popüler, gerekse akademik düzeyde şimdiye kadar devasa bir literatür oluştu ve son birkaç yılda bir dolu eser yazıldı. Fakat başka bir sorun, çok daha önemli bir konu hakkında bir sözcük bile bulamazsınız: Büyük zulümlere katılmaktan geri durmanın ikilemleri. Aslında ikilemler yoktur, ama bu kepenkleri sıkıca kapatılması gereken bir penceredir; yoksa önümüze bakmamamız gerektiği düşünülen, hoş olmayan görüntüler çıkacaktır.

Merkezi temalardan kaçışın tam olarak nasıl gerçekleştiği ilginç ve önemli bir konudur ve bu konuda söylenecek bir dolu şey var. Ama ne yazık ki bunu bir yana koyacağım ve yalnızca bir tür arka plan uyarısı olarak bırakarak, bizi burada ilgilendiren özel durumları ele alacağım. Şunu da eklemeliyim ki, bu utanç verici duruş hiçbir şekilde bir yenilik değildir -gerçekte kültürel-evrensel bir duruştur. Tarihte ya da bugün başka bir yerde, aynı tutumun egemen olmadığı bir örneği bulmak için çok büyük bir gayret sarfetmek zorunda kalacağınızı düşünüyorum. Bu *Homo sapiens*'in çekici bir özelliği değildir, ama son derece gerçek bir özelliğidir.

Gelin elimizdeki örneklere bakalım. Irak'la başlayalım. Yaptırımlara ilişkin tek ciddi soru şudur: Bunlar basitçe korkunç suçlar mıdır? Yoksa, durum hakkında en yakından bilgi sahibi olanların, özellikle BM programları koordinatörü ve oldukça saygın bir BM görevlisi olan Denis Halliday'ın suçladığı gibi, sözcüğün gerçek anlamında soykırımsal suçlar mıdır? Halliday, halefi Hans von Sponeck'in yaptığı gibi, "soykırımsal eylemler" olarak adlandırdığı şeyleri gerçekleştirmeye zorlandığı için protesto ederek istifa etmiştir. Bütün taraflar, yaptırımların etkisinin Saddam Hüseyin'i güçlendirmek ve halkı mahvetmek olduğu konusunda hemfikirdir; ama yine de bunu kabul ederek devam etmeliyiz. Yaptırımların bu sonuçları doğurduğu konusunda ciddi bir görüş ayrılığı yoktur.

Sunulan gerekçeler var ve özenli bir dikkati hakkediyorlar -bu gerekçelerin bize, kendimiz hakkında pek çok şey söylediğini düşünüyorum. Yaptırımları haklı çıkartmaya dönük en basit argüman çizgisi Dışişleri Bakanı Madeleine Albright tarafından sunulmuştur. Birkaç yıl önce ulusal televizyonda Albright'a, yarım milyon Iraklı çocuğu öldürmüş olduğu gerçeği karşısında kendisini nasıl hissettiğinin sorulduğunu eminim hatırlayacaksınız. Albright olgusal suçlamayı inkar etmedi. "Yüksek bir bedel" olduğunu söyleyerek böyle olduğunu kabul etti, ama şöyle dedi: "Buna değdiğini düşünüyoruz." Tartışma bu şekilde kapandı. Bu önemli bir olgudur ve tepkiyi görmek son derece aydınlatıcıdır. Yorum ona, tepki ise bize aittir. Tepkiye bakarak kendimiz hakkında bir şeyler öğreniyoruz.

Genellikle gösterilen ikinci bir gerekçe, bunun Saddam Hüseyin'in hatası olduğudur. Mantık ilginç mi ilginçtir. Öyleyse iddianın doğru olduğunu varsayalım: Bu Saddam Hüseyin'in hatasıdır. Çıkartılan sonuç, o halde, bizim de sivil halkın mahvedilmesi ve kendi yönetiminin güçlenmesi için ona yardım etmemiz gerektiğidir. Eğer onun hatası olduğunu, fakat bizim yardım etmeyi sürdürmemiz gerektiğini söylerseniz, mantıksal olarak yukarıdaki sonucun çıktığına dikkatinizi çekerim.

Sunulan üçüncü argüman, ki en azından doğru olmak gibi bir değeri vardır, Saddam Hüseyin'in bir canavar olduğudur. Gerçekte, eğer Tony Blair'i, Bill Clinton'ı, Madeleine Albright'ı ya da bu konuda görüşlerini dile getiren hemen herkesi dinlediğinizde, bu adam öyle bir canavardır ki, yaşamasına izin veremeyiz diyerek tekrar tekrar yaptırımları haklı gösterirler. Saddam Hüseyin en acımasız gaddarlığı bile yapmıştır -yani, tüyler ürpertici bir biçimde Kürtleri gazla zehirleyerek, kendi halkına karşı kitle imha silahları kullanmıştır. Bunların hepi doğrudur, ancak atlanan iki sözcük var. Doğru, Saddam -kendi halkına karşı zehirli gaz ve kimyasal silahlar kullanarak- **bizim desteğimizle** en büyük kötülüğü yapmıştır. Tepkimizin de kanıtladığı gibi, besbelli ki bizim için bir önemi olmayan bu zulümlerden tamamen bağımsız olarak, Saddam gözde bir dost, ticari bir ortak ve bir müttefik olarak kaldıkça desteğimiz gerçekte devam etti -devam etti ve aslında arttı. Yapabileceğiniz ilginç bir deney, egemen basındaki tartışmaların herhangi bir yerinde, yukarıdaki iki eksik sözcüğün eklenmiş olduğu bir yer bulup bulamayacağınızı görmektir. Bunu okuyucu için bir deney olarak bırakacağım. Ve bu aydınlatıcı bir deneydir. Size yanıtı doğrudan verebilirim: Bulamayacaksınız. Ve bu aynı zamanda bize kendimiz hakkımızda da bir şeyler söylüyor, ve tabii argüman hakkında da.

Aynı şey, bir rastlantı olarak Saddam'ın kitle imha silahları için de doğrudur. Muhtemelen yarattığı kitle imha silahları tehlikesinden ötürü, genellikle onun yaşamasına izin veremeyeceğimiz öne sürülmüştür. Bu tamamen doğrudur. Şu istisnayla ki, bugünkünden çok daha büyük bir tehdit olduğu bir sırada, bu kitle imha silahlarını geliştirmesi için ona bilinçli olarak araçlar sağladığımız dönem boyunca da bu doğruydu. Dolayısıyla bu, argüman hakkında bazı sorular doğurmaktadır.

Dördüncü argüman, Saddam Hüseyin'in bölgedeki ülkeler için bir tehdit oluşturduğudur. Ve kuşkusuz menzili içindeki herkese karşı ciddi bir tehdittir; tam da en kötü suçlarını ABD desteği ve katılımıyla işlediğinde olduğu gibi. Fakat gerçek şudur ki, şimdi menzili geçmişte olduğundan çok daha dardır ve bölgedeki ülkelerin, örneğin geçen günkü ABD bombardımanına karşı tutumları bu argüman hakkında ne düşündüklerini açıkça ortaya çıkarmaktadır.

Evet, bildiğim kadarıyla bu bize sunulan argümanları tüketiyor. Fakat bu argümanlar, çok sert yaptırımlar dayatarak halka işkence yapmaya ve Saddam Hüseyin'i güçlendirmeye devam etmemiz gerektiği sonucunu doğuruyor. Görebildiğim kadarıyla, bütün bunlar dürüst bir yurttaşı iki görevle karşı karşıya bırakmaktadır: Birincisi bunun hakkında bir şeyler yapmak -bunun biz olduğunu hatırlayın, o halde yapabiliriz. İkincisi entelektüeldir; gerçek nedenleri anlamaya çalışmak, çünkü gerçek nedenler büyük ihtimalle öne sürülenler olamazlar. Hiçbir anlam ifade etmiyorlar.

Diğer yandan, tehdidi olduğundan daha küçük göstermek istemiyorum. Irak ve Saddam Hüseyin hakkında kaygı duymak için çok ciddi sebepler var. Tehdidi geliştirmeye yardım ettiğimiz dönem boyunca daha da büyük sebepler vardı. Ama bu, kaygılanmak için bugün de sebepler olduğu gerçeğini değiştirmiyor. Ve daha genel olarak, bölgede çok büyük bir şiddet ve yıkım tehdidi hakkında kaygılanmamızı gerektiren sebepler var. Ve bu sadece benim görüşüm değil. Örneğin, Clinton yönetiminde Stratejik Komuta Başkanı olan General Lee Butler tarafından da altı çiziliyor. Bu nükleer strateji ve nükleer silahların kullanılmasıyla ilgili en yüksek askeri kurumdur. General Butler şunları söylemiştir:

"Bizim Ortadoğu dediğimiz düşmanlık kazanında bir ulusun, açıkça, belki yüzlerce nükleer silah stokuyla kendini silahlandırmış olması ve bunun diğer ulusları aynı yönde teşvik etmesi son derece tehlikelidir."

Ya da caydırıcı bir güç olarak başka kitle imha silahlarının geliştirilmesi -ki son derece uğursuz sonuçlar doğurabilecek açık bir tehdittir. Ve General Butler'ın bu konuda haklı olduğundan kuşku duyulmamalıdır. Gerçekte başka bir şey eklediğimizde tehdit çok daha fazla uğursuz hale gelir: Ulusun süper güçlü patronunun kendisine "irrasyonel ve intikamcı" ve tahrik edildiğinde, nükleer silahları olmayan devletlere karşı nükleer silahların ilk kullanımı dahil, aşırı şiddete başvurmaya hazır birisi olarak bakılmasını istemesi. Clinton yönetiminin yüksek düzeydeki planlama belgelerinden söz ediyorum -o zaman Başkanın direktifleriyle hazırlanan planlar. Eğer birisi kendimiz hakkında ve neden dünyanın büyük bölümünün bizden dehşetle korktuğu hakkında bir şeyler öğrenmek isterse zorlukla karşılaşmayacaktır, bütün bunlar kamuoyuna açık kayıtlarda bulunmaktadır.

Gerçekte dünyada, başkalarının caydırıcı güç olsun diye doğal olarak kendi kitle imha silahlarıyla karşılık vermeye zorlandıkları anlaşılmaktadır -ve buradaki stratejik analistler de bunu anlıyor ve hakkında yazılar yazıyorlar. Bunlar ABD istihbaratı ve ABD'li stratejik analistler tarafından kabul edilen olasılıklardır ve oldukça aşikardırlar. Ve ABD istihbaratı ve analistler oldukça açık biçimde, bu gizli değildir, şimdi yürütülmekte olan programların insanlığın yaşamına yönelik tehdidi arttırdığını da kabul etmektedirler. Örneğin, dünyadaki hemen her ülkenin bir İlk Saldırı silahı olarak baktığı Ulusal Füze Savunmasının geliştirilmesi. Oldukça gerçekçi biçimde, böyle bakmaktadırlar. Dolayısıyla potansiyel hasımlar çok muhtemel olarak Ulusal Füze Savunmasına karşı şu ya da bu türden caydırıcı bir güç geliştirerek karşılık vereceklerdir. Bu, ABD istihbaratı ve stratejik analistleri tarafından baştan kabul edilmektedir ve neden kendimizi olduğu gibi başkalarını da yok etme tehdidi doğuran bir politikayı izlemekte ısrar ettiğimiz hakkında sorulara yol açmaktadır. Sorulabilecek başka bir soru.

Ortadoğu'ya geri dönersek, belki öncelikli tehlikeyi bu bakımdan gündeme getirmektedir; tek tehlike değil, fakat en azından kesinlikle ilk sıralarda yer alıyor.

1990 ve 91'de, Körfez Savaşı'nın arifesinde bu soruların gündeme geldiği hatırlanmaya değer. Irak tarafından gündeme getirilmişlerdi. Körfez Savaşı başlamadan birkaç gün önce, Irak bir kez daha -açıkça bunun gibi birçok teklifte bulunmuştu- Kuveyt'ten çekilmeyi teklif etti. Ancak teklifi, kitle imha silahlarının yasaklanması dahil, bölgesel stratejik meselelerin çözüme kavuşturulması bağlamı içindeydi. Bu pozisyon, Dışişleri Bakanlığı Ortadoğu uzmanları tarafından "ciddi" ve "müzakere edilebilir" şeklinde değerlendirildi. Bundan bağımsız olarak, savaştan önce -birkaç gün önce- yapılan son kamuoyu yoklamalarına göre bu pozisyonun, ABD kamuoyunun üçte ikisi tarafından benimsendiği ortaya çıktı.

Dışişleri Bakanlığı görevlilerinin karar verdiği gibi, Irak'ın bu tekliflerinin gerçekten ciddi ve müzakere edilebilir olup olmadığını bilmiyoruz. Bilmememizin nedeni üzerinde hiç düşünülmeden ABD tarafından reddedilmiş olmalarıdır. Söz konusu teklifler medya tarafından gizlendi, öyle ki etkileri neredeyse yüzde bire düştü. Şurada burada birkaç sızıntı vardı. Ve Irak'ın teklifleri fiili olarak tarihten silindi. Bu nedenle bilmiyoruz. Buna karşın, sorunlar çok büyük ölçüde canlı kaldılar -General Butler'in söylediği gibi çok büyük ölçüde- ve politikanın gündeminden ve kamuoyunun tartışmasından silinseler de, canlı kalmaya devam ediyorlar. Bir kez daha bu bizim yapabileceğimiz bir tercihtir. Hiç kimse bizi silinmiş olmalarını kabul etmeye zorlamıyor.

Pekala, ikinci soruna dönmeme izin verin -Türkiye ve Kürtler. Modern Türk devletinin bütün tarihi boyunca Kürtler fena halde ezildiler, ama işler 1984'de değişti. 1984'te, Türk hükümeti Güneydoğu'da Kürt nüfusuna karşı büyük bir savaş başlattı. Ve bu devam etti. Gerçekte, halen devam etmektedir.

Eğer ABD'nin Türkiye'ye askeri yardımına bakarsak -genellikle oldukça iyi bir politika göstergesidir- Türkiye tabii ki stratejik bir müttefikti, dolayısıyla her zaman oldukça yüksek düzeyde askeri yardım aldı. Ancak yardım 1984'te, karşı-ayaklanma savaşı başladığında, büyük artış gösterdi. Bunun, açıkça görülebileceği gibi, Soğuk Savaşla hiçbir ilgisi yoktu. Karşı-ayaklanmadan kaynaklanıyordu. Yardım yüksek düzeyde kalmaya devam etti ve zulümler arttıkça, 1990'larda doruğa çıktı. Yardımın en yüksek olduğu yıl 1997 idi. Gerçekte tek başına 1997 yılında ABD'nin Türkiye'ye askeri yardımı, sözümona Soğuk Savaş sorunlarının olduğu bütün bir 1950-1983 dönemine göre daha yüksekti. Sonuç büyük ölçüde utanç vericidir: Öldürülen on binlerce insan, iki ya da üç milyon göçmen, 3.500 civarında köyün yıkıldığı yoğun bir etnik temizlik. NATO bombardımanı altındaki Kosova'nın yedi katı. Üstelik bu kez, Clinton'un nasıl kullanılacakları hakkında kesin bilgi sahibi olarak gönderdiği uçakları kullanan Türk Hava Kuvvetleri dışında, hiç kimse bombalamıyordu.

ABD Türkiye'nin silahlarının yaklaşık yüzde 80'ini sağlıyordu ve silahlar derken, ağır silahları kastediyorum. Siz ve ben bunu durdurmadığımız için -ve ancak biz durdurabiliriz- Clinton yönetimi 1990'ların en kötü zulümlerinden birisini gerçekleştirmek için kullanılan jet uçaklarını, tankları, napalm bombalarını, vs. serbestçe gönderebildi. Ve göndermeye devam ediyorlar. Düzenli olarak, hem Türkiye'nin güneydoğusuna, hem de Kuzey Irak'a oradaki Kürtleri hedef alan sınır ötesi operasyonlar yapılıyor. Kürtlerin ABD tarafından, bir süredir haksız yere Kürtleri ezdiği düşünülen Saddam'dan korundukları "uçuşa yasak bölge" şeklinde adlandırılan yerde, bir dolu zulümle sonuçlanan saldırılar gerçekleştiriliyor. Kuzey Irak'taki operasyonlar, İsrail'in Güvenlik Konseyi kararına aykırı olarak, ama ABD'nin onayıyla (dolayısıyla bir sorun yoktu) Güney Lübnan'ı işgal ederek 22 yıl boyunca Lübnan'da sürdürdüğü operasyonlarla nitelik olarak benzerlik göstermektedir. Bu dönem boyunca İsrail'in öldürdüğü insan sayısı bilinmiyor; hiç kimse gerçek anlamda bilmiyor, çünkü hiç kimse ABD ve dostlarının kurbanlarını saymıyor. Ama Lübnan kaynaklarına dayanarak bir yargıya varırsak, bu yıllar boyunca öldürülenlerin sayısının yaklaşık 45.000 kişi olduğu görünüyor. Hiçbir şekilde, önemsiz bir sayı değil. Ve Kuzey Irak'taki operasyonlar da benzer nitelikteki operasyonlardır. Orası uçuşa yasak bölgedir.

Daha fazla ayrıntıya girmeden şu soruyu soralım: ABD'de bütün bu sorunlarla nasıl başa çıkılıyor? Çok basit. Sessizlikle. Kontrol edip görebilirsiniz -bunu yapmanızı kuvvetle tavsiye ediyorum. Sorun zaman zaman uyumsuz insanlar tarafından gündeme getirilmiştir. Ve gündeme getirildiğinde ve görmezden gelinemediğinde, istikrarlı bir tepki gösterilir: Kendi kendilerini insan hakları savunucuları ilan edenler, "Kürtleri korumaktaki başarısızlığımız" olarak adlandırdıkları olguyu esefle karşılar ve onaylamazlar vs. Aslında biz "Kürtleri korumakta", Rusların "Çeçenistan halkını korumakta başarısız kaldığı" gibi "başarısız kalıyoruz."

Ya da ABD hükümetinin olup bitenden haberdar olmadığı öne sürülür. Öyleyse Clinton Türkiye'ye devasa miktarda silah gönderirken, danışmanları silahların kullanılacağını fark etmediler. Oysa, bu dönem boyunca Türkiye dünyada en fazla ABD askeri yardımı alan ülke haline geldi (birazdan bunu açacağım). Clinton'ın danışmanları, Türkiye'nin silahlarının yüzde 80'ini tedarik ederken -savaş büyüdükçe sayı artmaktadır- akıllarına hiçbir zaman silahların gerçekten o sırada devam eden savaşta kullanılacağı gelmedi ve savaşın silah akışıyla çok yakın biçimde çakıştığını fark etmediler. Sofistike yorumcular konuyu gündeme getiren ve başka bir yol öneren uyumsuz kişilerin "nüansların" farkında olmadıkları saptamasını yaptılar.

Ya da bazen ABD'nin olup bitenlerin ayrımına varamadığı öne sürülmektedir -gerçekten de uzak bir bölgedir- Türkiye'nin güneydoğusunda ne olduğunu kim bilebilir? ABD üslerinin serpiştirildiği, ABD'nin nükleer silahlar taşıyan uçaklara sahip olduğu ve son derece sıkı gözetim altında bulunan bir bölge. Fakat orada ne olduğunu nasıl bilebilirdik? Ve tabii hiç kimse, sürekli olarak olup bitenleri ayrıntılı şekilde tanımlayan insan hakları raporlarını veya başka pek çok araştırmayı okuyamıyor. Gösterilen tepki tam da budur.

Bu dönem boyunca, Türkiye'nin dünyada ABD silahlarının önde gelen alıcısı haline geldiğinden söz ettim. Bu tam olarak doğru değildir -başlıca alıcılar farklı bir kategori oluştururlar. Bunlar İsrail ve Mısır'dır. Her zaman ilk sırada yer alan alıcılardır. Fakat bu ülkeler dışında, bir karşı-ayaklanma savaşı dönemi boyunca Türkiye ilk sıraya yerleşmiştir. Türkiye, bir süreliğine, o tarihlerde kendi halkını katleden ve ilk sıraya geçen El Salvador tarafından yerinden edilmişti. Ama El Salvador bastırma operasyonunda başarılı olunca, Türkiye sırasını devraldı ve birinci oldu.

Bu durum 1999'a kadar sürdü. 1999'da Türkiye'nin yerine Kolombiya geçti. Kolombiya yarı-küredeki en kötü insan hakları siciline sahiptir ve en kötü insan hakları siciline sahip olduğu son on yılda, ABD askeri yardımı ve eğitiminin önemli bir bölümünü, yaklaşık yarısını almıştır. Bu arada, bunun oldukça yakın bir bağıntı olduğunu söyleyeyim. Neden 1999'da Kolombiya Türkiye'nin yerini aldı? Evet, 1999 kadar Türkiye'nin iç direnişi bastırmakta başarılı olduğu ve Kolombiya'nın henüz başarılı olamadığını fark etmemiz istenmiyordu -ve tamamen tesadüf eseri bu yıl, Kolombiya'ya gönderilen devasa silah akışının arttığı ve iki daimi alıcı dışında, Kolombiya'nın Türkiye'nin yerine geçtiği yıl oldu.

Bütün bunlar hepinizin bildiği bir şeyden ötürü özellikle dikkat çekicidir: Son iki ya da üç yılda, tarihte ilk defa insan haklarını savunmak adına "ilkeler ve değerleri" uygulamayı istediğimiz için ne kadar muhteşem olduğumuzu düşünerek bir kendini beğenmişlik denizinde yüzüyoruz. Başkan Clinton'ın sözcüklerini ödünç alırsak, özellikle kritik durumlarda, NATO'nun sınırlarının bu kadar yakınında insan hakları ihlallerine müsamaha gösteremeyeceğimiz, dolayısıyla bunlarla mücadele etmek için muhteşemliğin yeni doruklarına çıkmamız gerektiğini düşünüyoruz. Bildiğim kadarıyla bu kendini beğenmişliğin tarihte bir örneği yoktur. Yine atlanan birkaç sözcük var. Açıkça NATO'nun sınırlarının yakınında insan hakları ihlallerine tahammül edemeyiz, ama bu ihlallere tahammül etmekle kalmayıp, aslında **NATO'nun sınırları içinde** teşvik eder ve katılırız. Bu eksik sözcükleri bulmaya çalışın. Bulamayacaksınız; ve bulamamanız bir kez daha size bir şey anlatacaktır. Evet, bu da ikinci örnekti.

Üçüncü örneğe dönmeme izin verin -İsrail-Filistin. Doğrudan bugünden başlayayım. Biraz olayların arka planına geri gideceğim, ama şimdilik yalnızca şöyle bir bakmakla yetineceğim. Öyleyse El Aksa İntifadası olarak adlandırılan halihazırdaki çatışmayı ele alalım ve ABD'nin tepkilerine yakından bakalım. Bu beni en fazla ilgilendiren kısımdır ve bizi en fazla ilgilendirmesi gereken kısım olmalıdır.

ABD'nin resmi bir pozisyonu var; daha dün ABD büyükelçisi Martin Indyk tarafından tekrar edildi. Şiddeti ödüllendirmenin yararlı olacağına inanmadığımızı söyledi. Dün Filistinlilere sert bir uyarı yapılmıştı ve bunun gibi başka pek çok uyarı yapıldı. Ve bu iddianın geçerliliğini değerlendirmek kolaydır. Öyleyse gelin bu iddiayı yalnızca olanlara bakarak değerlendirelim. El Aksa İntifadası, Indyk'in onaylamadığı şiddet 29 Eylül'de başladı. Bu tarih, şimdi başbakan olan Ariel Şaron'un yaklaşık bin askerle birlikte Haram El Şerif'e gittiği günün ertesi günüdür. O gün şaşırtıcı biçimde pek bir olay olmadan geçti. Ama ertesi gün, Cuma günüydü, insanlar ibadetten sonra camiden ayrılırken devasa bir ordu vardı. Bazıları taş attılar ve hemen ardından İsrail ordusu ve Sınır Devriyesi, arkasında yarım düzine ölü ve yüzden fazla yaralı Filistinli bırakarak ateş açtı. Bu 29 Eylül'dür. 1 Ekim'de, İsrail askeri helikopterleri, daha kesin konuşursak, İsrailli pilotların kullandığı ABD askeri helikopterleri, Gazze'de iki Filistinliyi öldürerek şiddeti tırmandırdı. 2 Ekim'de, askeri helikopterler Gazze'de 10 kişiyi öldürüp, 35 kişiyi yaraladı. 3 Ekim'de, helikopterler apartmanlara ve başka sivil hedeflere saldırdılar. Ve böylece devam eti. Kasım başına gelindiğinde, helikopterler hedeflenen politik suikastler için kullanılıyordu.

Ve ABD nasıl tepki gösterdi? Evet, ABD'nin tepkisi ilginçtir -ve hatırlayın, ABD'nin tepkisi biziz. Eğer istersek onu kontrol edebiliriz. Eylül ortasında, çatışma başlamadan önce, ABD İsrail'e yeni bir gelişmiş saldırı helikopteri sevkıyatı yaptı. Yine Eylül ortalarında, ABD deniz piyadeleri ve İsrail ordusunun seçkin birimleri IDF ortak bir tatbikat yaptılar -işgal edilmiş toprakların yeniden ele geçirilmesi için eğitim tatbikatları. Deniz piyadelerinin rolü, İsrail'in sahip olmadığı gelişmiş yeni teçhizat sağlamak ve bunların kullanılması için eğitim vermek, teknikleri öğretmekti. Bu Eylül ortalarıdır.

3 Ekim, basının, askeri helikopterlerin apartmanlara saldırdığı ve düzinelerce insanı öldürdüğünü haber verdiği gündür. 3 Ekim'de, İsrail basını ABD askeri helikopterlerinin İsrail'e sevk edilmesi için ABD ve İsrail'in anlaşmaya vardıklarını (on yıldaki en büyük anlaşma) duyurdu. Daha sonra uluslararası basın bu haberi tekrar etti. Bir sonraki gün, önde gelen askeri dergiler bu sevkıyatın yeni gelişmiş saldırı helikopterlerini ve eski helikopterler için parçaları kapsadığını haber verdiler; bunlar sivil hedeflere saldırı kapasitesini arttıracaktı. Bu arada, İsrail savunma bakanı helikopter üretemediklerini açıkladı. Helikopter üretme kapasiteleri yoktu, dolayısıyla ABD'den almak zorundaydılar. 19 Ekim'de, Uluslararası Af Örgütü

ABD'ye, bu koşullar altında İsrail'e askeri helikopter göndermeme çağrısı yapan bir rapor hazırlardı - Uluslararası Af Örgütünün bir dizi raporundan bir tanesi.

Hemen bugüne geçersek, 19 Şubat'ta buradaki Savunma Bakanlığı (Pentagon), İsrail ve ABD'nin gelişmiş Apaçi saldırı helikopterlerini kapsayan yarım milyar dolarlık başka bir anlaşma yaptıklarını duyurdu. Bu bizi bugüne getiriyor. Tabi biraz basitleştirdim.

Şimdi bu konunun nasıl ele alındığına bakalım. Evet, aslında bir dostumdan bu konuda bir veri tabanı analizi yapmasını istedim. Bütün bunların Özgür Basında belirtilmeden geçilmediği ortaya çıktı. Raleigh Kuzey Carolina'da çıkan bir gazetedeki bir köşe yazısında bir kere sözü edilmişti. Bugüne kadar, betimlediğim gelişmeler hakkındaki bütün haberler bundan ibaret. Bunun oldukça etkileyici olduğunu düşünüyorum.

Şimdi olaylar bilinmediği için basında yer verilmiyor değil. Tabi ki biliniyor. Ülkede bütün boyutlarıyla gelişmelerin farkında olmayan tek bir haber bürosu yok. Uluslararası Af Örgütünün raporlarını okuyabilen herkes konu hakkında bilgi sahibi olur. Aslında konu hakkında bilgi sahibi olmak isteyen herkes bunları bilebilir. İlgisiz bir şekilde, en az bir büyük ABD gazetesinin (ki o da en liberal gazete olmakla ünlenmiştir) editörlerinin özel olarak dikkatini çekmiştir. Ve kesinlikle herhangi bir editörler kurulu ya da haber bürosunda konunun yüksek bir haber değeri taşıdığına dair en küçük bir kuşku yoktur. Fakat bilgiyi kontrol edenler besbelli ki, bilmek istemiyorlar veya okuyucularının bilmesine izin vermek istemiyorlar. Ve bunu yapmamak için geçerli nedenleri var. Halka kendi adına ne yapıldığı hakkında bilgi sağlamak, ulusal düzeyde bir doktrini etkin şekilde aşılamak istediğinizde sıkı sıkıya kapalı tutmanız gereken pencereleri açacaktır. Sivil hedeflere saldıran veya seçilmiş hedeflere politik suikast düzenleyen ABD helikopterlerinden tek tük bahseden ve ABD'nin bütün taraflara şiddetten uzak durmaları için yaptığı sert uyarılara yer veren haberlerin yanısıra bu raporları yayınlamak basitçe uygun düşmeyecektir.

Bu şiddeti ödüllendirmeye inanmadığımız ilkesine nasıl uyduğumuzu gösteren, birçok örnekten birisidir. Ve yine dürüst yurttaşı iki görevle karşı karşıya bırakmaktadır: Önemli olanı -bunun için bir şeyler yap. Ve ikincisi, neden bu politikaların izlendiğini bulmaya çalış.

Evet, bu konu hakkında, temel nedenlerin gerçekten tartışmalı olmadıklarını düşünüyorum. Uzun süredir Körfez bölgesinin dünyadaki başlıca enerji kaynaklarına sahip olduğu anlaşılmıştı. Bu karşılaştırılamaz bir stratejik kaynaktır ve büyük bir zenginlik kaynağıdır. Kim bu bölgeyi kontrol ederse yalnızca muazzam bir zenginliğe erişmekle kalmaz, fakat aynı zamanda dünya işlerinde çok güçlü bir etkiye sahip olur. Çünkü enerji kaynaklarının kontrolü dünya işlerinde son derece güçlü bir maniveladır. Bilindiği kadarıyla bu kaynaklar, başka herhangi bir yerdekine göre, karşılaştırılamaz bir üstünlüğe sahiptir -en azından kolaylıkla erişilebilir kaynaklardır. Ayrıca Ortadoğu enerji kaynaklarının bu kritik öneminin süreceği ve gerçekte gelecek yıllarda artacağı -belki keskin biçimde artacağı- beklenmektedir.

Petrol üzerinde denetim kurulmasının önemi aşağı yukarı I. Dünya Savaşı döneminde anlaşılmıştır. Bu dönemde, İngiltere başlıca dünya gücüydü ve bölgenin büyük bölümünü denetliyordu. Bununla birlikte, I. Dünya Savaşından sonra İngiltere'nin bölgeyi doğrudan askeri işgalle denetleyecek askeri gücü yoktu. Askeri gücü bunu yapamayacağı bir düzeye düşmüştü. Dolayısıyla başka araçları öne çıkardı. Birisi hava gücünün kullanılması ve aynı zamanda, o tarihte en büyük zulüm olduğu düşünülen, zehirli gazdı. Zehirli gazın en coşkulu destekçisi, Kürtlere ve Afganlara karşı kullanılmasını isteyen Winston Churchill'di.

İngiltere'nin zehirli gaz kullandığı yıllarca gizlendi. Churchill'in coşkusu dahil, kayıtlar 1980 civarında yayınlandı. İngiltere'ye ne zaman gitsem ve herhangi bir konu hakkında konuşma yapsam, mutlaka bunu gündeme getiririm ve herkesin habersiz olduğunu fark ederim. Körfez Savaşı zamanında bu konu hakkındaki bilgiler sızmaya başlamıştı, ama ordunun Churchill'in direktiflerini nasıl yerine getirdiği konusundaki ayrıntılar hala gizliydi. 1992'de Britanya hükümeti kamuoyu baskısı altında "açık hükümet" politikası uygulamaya başladı. Bu, özgür ve demokratik bir toplumda, halkın kendi hükümetleri hakkındaki bilgilere ulaşması gerektiği anlamına geliyordu. Açık bilgi politikası altında yapılan ilk şey, İngiltere'nin Kürtlere ve Afganlara karşı zehirli gaz kullanması ve Churchill'in buradaki rolüyle ilgili bütün belgelerin Devlet Kayıtları dairesinden silinmesi oldu. Dolayısıyla bu, kendimizi coşkuyla övdüğümüz özgürlük ve demokrasiye adanmışlık sayesinde hakkında fazla bir şey öğrenemeyeceğimiz konulardan birisidir.

Denetimin askeri bileşeninin yanısıra, belirli bir şekilde devam eden politik düzenlemeler de vardı. I. Dünya Savaşı boyunca Britanya Sömürge Bakanlığı "Arap cephesi" olarak adlandırdıkları şeyi kurmak için bir plan önerdi ve sonra uyguladı: Durumun kontrolden çıkması halinde nihai olarak Britanya denetimi altında yerel halkları yönetecek zayıf, uysal devletler. O zaman oldukça büyük bir güç olan Fransa da işin içindeydi ve ABD dünya işlerinde önde gelen bir güç olmamakla birlikte, bölgedeki eylemden bir parça ele geçirecek kadar güçlüydü. Üç devlet 1928'de, Ortadoğu petrol rezervlerini üç güç arasında parselleyecek Kırmızı Hat Anlaşması'nı yaptılar. Bütün bu süreçlerin içinde dikkat çekici ölçüde eksik olan bölge halkıydı. Fakat onlar, arkasında kuvvet bulunan cephe tarafından denetim altında tutuldular. Bu temel düzenlemeydi.

II. Dünya Savaşından itibaren ABD ezici bir üstünlükle dünyanın egemen gücüne dönüştü ve hemen ardından açık açık Ortadoğu'nun enerji kaynaklarını ele geçirmeye yöneldi -bu konuda bir tartışma yoktu. Fransa nezaket kuralları hiçe sayılarak devreden çıkartıldı. İngiltere gönülsüzce, bir Dışişleri Bakanlığı görevlisinin hüzünle ifade ettiği biçimiyle "küçük ortak" rolünü kabul etti ve rolü zaman içinde normal güç ilişkilerinin sonucu olarak tedrici bir şekilde gerilemektedir. Artık İngiltere ABD'nin bir tür saldırı köpeği haline gelmiştir -dünya işlerinde önemli ancak ikincil bir rol.

ABD'nin batı yarı-küredeki petrolün çoğunu kontrol ettiğini eklemeliyim. Kuzey Amerika yaklaşık 25 yıl boyunca en büyük üretici konumunu korudu. ABD batı yarı-küredeki petrolü özellikle, Wilson yönetimi İngiltere'yi en büyük üretici olan Venezüela'dan kovduktan sonra etkin biçimde kontrol etmeye başladı.

ABD, İngiltere'nin kurduğu yapıyı devraldı -temel ilke varlığını sürdürdü. Temel ilke Batı'nın (bu öncelikle ABD demektir) bu bölgede olup bitenleri kontrol etmesi demektir. Ayrıca, bölgenin zenginliğinin Batı'ya akması gerekir. Bu da, öncelikle ABD ve İngiltere'ye akması anlamına gelir: Bu iki ülkenin enerji şirketleri, yatırımcıları, tekrar dolaşıma giren petro-dolarlara büyük ölçüde bağımlı olan ABD hazinesi, ihracatçıları, inşaat firmaları vs. Esas nokta budur. Karların Batı'ya akması ve iktidarın, başta Washington olmak üzere, mümkün olduğu kadar Batı'da kalması gerekir. Bu temel ilkedir.

Bu her çeşit sorunu ortaya çıkartır. Sorunlardan birisi, bölge halkının geri kalmış ve eğitimsiz oluşu ve bu düzenlemelerin mantığını veya temeldeki haklılığını hiçbir zaman anlayamamış olmasıdır. Batılılar bölgedeki insanların kafasına, bölgedeki zenginliğin oradaki yoksul ve acı çeken halka değil de, bir şekilde Batı'ya akması gerektiğini sokamamaktadır. Ve bu basit ve aşikar ilkelerin onlar tarafından anlaşılmasını sağlamak sürekli olarak kuvvet gerektirmektedir - geri kalmış halklarla sürekli yaşanan bir sorun.

1953'de muhafazakar milliyetçi bir hükümet İran'ı sistemin dışına çıkartmaya çalıştı. Bu durum, tekrar Şahı iktidara getiren ABD ve İngiltere'nin desteklediği bir askeri darbeyle hızla tersine çevrildi. Bu olaylar sırasında, ABD İngiltere'nin İran üzerindeki kontrolünü büyük oranda ele geçirdi.

Bundan hemen sonra, Nasır etkili bir kişilik haline geldi ve kısa sürede başlıca tehdit olarak değerlendirildi. Belki petrolü yoktu ama Nasır bağımsızlıkçı milliyetçiliğin sembolüydü -ve işte tehdit buydu. "Başkalarına bulaşabilecek" bir "virüs" olarak adlandırılan birisi gibi düşünüldü- bağımsızlıkçı milliyetçilik virüsü. Bu uluslararası planlamanın (yalnızca Ortadoğu'yla sınırlı olmayan) geleneksel terminolojisi ve temel özelliğidir.

Bu noktada ABD, arkasında İngiltere kuvvetinin olduğu bir Arap cephesinden oluşan İngiliz sistemini tadilata sokan ve genişleten bir doktrin geliştiriyordu -yani ABD, Nixon yönetiminin daha sonra "yerel polisler" olarak adlandıracağı bir çevre devletleri kordonu oluşturuyordu. Polis merkezi Washington'dadır, ama yerel polisleriniz vardır. O zaman başlıca iki yerel polis, büyük bir askeri güç olan Türkiye ve Şah yönetimindeki İran'dı.

1958'den itibaren, CIA Arap milliyetçiliğine karşı mücadele etmenin (alıntı yapıyorum) "mantıksal sonucu, Ortadoğu'da geriye kalan tek güvenilir Batı yanlısı güç olarak İsrail'i desteklemek olacaktır" tavsiyesinde bulundu. Bu akıl yürütmeye göre, İsrail ABD gücünün bölgedeki başlıca üssü haline gelebilirdi. O zaman bu önerilmiş, ama henüz uygulanmamıştı. 1967'den sonra uygulandı. 1967'de, İsrail ABD'ye büyük bir hizmet sundu -yani Nasır'ı, virüsü yok etti. Ve aynı zamanda Arap ordularını darmadağın etti ve ABD'nin tek yükselen güç olmasını sağladı. Ve bu noktada, aslında üç ayaklı bir ittifak kuruldu -İsrail, İran ve Suudi Arabistan. Suudi Arabistan teknik olarak İran ve İsrail'le savaş halindeydi ama bu önemli bir farklılık yaratmaz. Suudi Arabistan'ın petrolü vardı; İran ve İsrail (ve elbette Türkiye) ise askeri güçlerdi. Bu, hatırlayın Şah yönetimi altındaki İran'dır. Pakistan da bu dönemde sistemin bir parçasıydı.

Bu çok açık olarak kabul edilmişti -gerek konu hakkında yazan ABD istihbarat uzmanları, gerekse planlamada önde gelen kişiler tarafından. Örneğin bunlardan birisi, Senato'nun Ortadoğu ve petrol konusundaki başlıca uzmanı Henry Jackson'dı. Jackson, İsrail, İran ve Suudi Arabistan'ın "bazı Arap devletlerindeki sorumsuz ve radikal unsurları engelledikleri ve denetim altında tuttuklarına" işaret etmişti. Bu sorumsuz unsurlar "eğer bunu yapabilecek serbestliğe sahip olsalardı, gerçekten Ortadoğu'daki başlıca petrol kaynaklarımıza yönelik ciddi bir tehdit oluştururlardı." Ortadoğu'daki petrol kaynakları derken kastettiği, kendisinin de bildiği gibi, öncelikle kar akışı ve dünyanın denetimi için bir manivelaydı. Suudi Arabistan bunu sadece fon sağlayarak ve en büyük petrol rezervlerini elinde tutarak yapmaktadır. İran ve İsrail, Türkiye ve Pakistan'ın yardımıyla, bölgesel gücü sağlıyorlardı. Bu ülkeler yalnızca "yerel polislerdir", hatırlayın. Yani eğer bir şeyler yolunda gitmezse, büyük abileri çağırırsınız -ABD ve İngiltere.

Evet, işte manzara budur. 1979'da bir sorun meydana geldi -direklerden birisi çöktü: İran bağımsızlıkçı milliyetçiliğin pençesine düştü. Carter yönetimi Şah'ın iktidarını yeniden tesis etmek için hemen bir askeri darbeyi destek vermeye çalıştı. Carter bir NATO generali gönderdi, ama işe yaramadı. İran ordusu içindeki ABD müttefiklerinin desteğini kazanamadı.

Hemen ardından, geriye kalan iki direk, İsrail ve Suudi Arabistan eski düzenlemeyi geleneksel araçlarla yeniden tesis edecek bir darbe gerçekleştirmek için ABD'nin girişimine katıldılar: Silah yollamaya başladılar. Olgular ve amaç hemen ifşa edildi, ama çabucak kamuoyundan gizlendiler. Daha sonra, artık gizlenmesi olanaksız hale gelince, ufak tefek haberler kamuoyuna ulaşmaya başladı. O zaman bu, "rehineler karşılığı silahlar" anlaşması olarak adlandırıldı. Tamamen "hata" olsa bile, kulağa hoş gelen insancıl bir adlandırmadır: Reagancılar, Lübnan'da alıkonulan ABD'li rehinelerin serbest bırakılmasını sağlamak için bir yol arıyorlardı. Gerçekte olan şuydu ki, ABD İran'a (İran'daki belirli askeri gruplara) daha önce İran ordusuyla yakın ilişkileri olan İsrail üzerinden, Suudi Arabistan'ın finanse ettiği silahlar gönderiyordu. Bu, basit bir nedenden ötürü rehineler karşılığı bir silah anlaşması olamazdı: Ortada rehine filan yoktu. Lübnan'daki ilk rehineler daha sonra alıkonuldular (ve bunlar İran uyrukluydu). Gerçekte bu, yalnızca işlerin normal işleyiş biçimiydi. Eğer herhangi biriniz diplomaside çalışmaya karar verirse ve sivil bir hükümetin nasıl devrileceğini öğrenmek istiyorsanız, bunun dolaysız bir yanıtı vardır. Bunun derslerde öğretilmiş olduğunu sanıyorum, ama belki o kadar aşikar ki ders gerekli olmayabilir. Eğer sivil bir hükümeti devirmek istiyorsanız, soru şudur: Hükümeti kim devirecek? Askeri unsurlar. Öyleyse askeri unsurlarla ilişkiler kurarsınız, onları finanse edersiniz, onları eğitirsiniz, iyi ilişkiler kurarsınız, onları hükümeti devirmeye ikna edersiniz ve sonra isteğiniz yerine getirilmiş olur. Son derece akla yatkındır ve genellikle işe yarar. Endonezya ve Şili yakın zaman önce bu yöntemin gayet güzel işe yaradığı iki örnektir -Endonezya'da yüz binlerce katledilmiş insanın ve Şili'de işkence edilmiş cesetlerin pek yararına olmadı, ama bu yönteme önem ve değer atfeden insanların işine hayli yaradı. Ve aynı politikayı İran'da denemek tamamen akla uygundu.

Gerçekte oldukça aleniydi. Gizli saklı bir tarafı yoktu. Öyle ki ABD'deki İsrail büyükelçisi Moşe Arens dahil, üst düzey İsrailli yetkililer ne olup bittiğini ABD medyasına anlatmışlardı. Arens çabucak susturuldu. Çarpıcı bir şekilde sunulan önemli bir BBC belgeselinde, Şah zamanında fiilen İsrail'in İran büyükelçisi olan Uri Lubrani, eğer sokaklarda binlerce insana ateş etmeye istekli birini bulabilirsek, muhtemelen Şah'ın yeniden iktidara geçmesini sağlayabiliriz dedi. Eski üst düzey İsrailli ve Amerikalı istihbarat yetkilileri kesin bir şey bilmediklerini, ama bunun izlenmesi gereken doğal yol gibi gözüktüğünü söyleyerek yanıt verdiler. Açıkça silahlar bunun içindi -bir kez daha rehine filan yoktu. Olanlardan habersiz ABD'deki halk hariç, her şey tamamen aleni olarak gerçekleşiyordu. Planlar işe yaramadı. İran hükümeti komployu açığa çıkardı, ordu içinde ABD-İsrail'in ilişki kurduğu kişileri buldu ve infaz etti. Daha sonra başka bir aşama geldi. Bu hakkında bir şeyler duyduğunuz Oliver North aşamasıdır. Ama bunun yalnızca ilk aşamanın bir devamı olduğunu varsaymak için geçerli nedenler var. Eğer böyleyse ve böyle görünmektedir, o halde "rehineler karşılığında silahlar" için olası hiçbir geçerli nedeninin olmadığı kritik ilk aşamanın fiilen hasır altı edilmesiyle birlikte düşünüldüğünde, bu tamamen akla yatkın ve alışageldiktir.

Aynı dönemde, ABD İran'ın Irak tarafından işgal edilmesini destekliyordu -yani, Irak'ın İran'ı işgal etmesi için dostu Saddam'ı destekliyordu. Yine aynı amaçla: Bağımsız bir ülke faciasını, bu durumda Arap olmayan, ama bağımsız bir petrol üreticisi ülke haline gelme faciasını tersine çevirmeye çalışmak. Saddam'ın Irak'ı da rahat davranmak açısından fazlasıyla bağımsızlığa sahipti, ama İran ABD'nin bölgedeki politikasının en sağlam direklerinden birisi olmuştu. Bundan bağımsız olarak, İran 25 yıl önce bağımsızlığa doğru ilerleme çabasını engelleyen ABD destekli bir askeri darbeyi boşa çıkartmak gibi ciddi ve bağışlanamaz bir suç işlemişti. Bu tür bir itaatsizliğe tahammül edilemezdi, yoksa "kredibilite" tehdit altına girerdi.

Evet, bu bizi 1980'lerin ortalarına getiriyor. ABD'nin Irak istilasını desteklemesi son derece ciddiye alınmıştı. Bu yalnızca bütün büyük zulümleri süresince Saddam'ın desteklenmesinden ibaret değildi, bunun çok daha ötesinde bir şeydi. Bu nedenle ABD, İran'ın Irak'ın petrol sevkıyatına engel olmamasını sağlamak için Körfezde devriye gezmek üzere askeri gemiler göndermeye başladı. Ve bu çok ciddi bir sorun haline gelmeye başladı. ABD'nin Saddam Hüseyin'e bağlılığının derinliği, Irak'ın İsrail dışında bir Amerikan gemisine saldırma ve hiçbir ceza görmeden bu kez 37 denizciyi öldürme hakkı bahşedilen tek ülke olması olgusuyla örneklendi. Öyle çok fazla ülkenin bu durumdan sıvışmasına izin verilmez. İsrail 1967'de ve Irak 1987'de bunu yaptılar, ama başka bir örneği yoktur. Bu bağlılığın derinliğinin bir göstergesidir.

Bunun da ötesine geçti. Bir sonraki yıl, 1988'de, bir ABD kruvazörü (Vincennes) İran hava sahasında ticari bir İran uçağını, İran Havayolları 654'ü düşürdü ve 290 kişiyi öldürdü. Gerçekte kruvazör İran karasularındaydı. Olayla ilgili temel olgular hakkında ciddi bir görüş ayrılığı yoktur. İran bunu çok ciddiye aldı. Saddam'ın kazanması için ABD'nin her türlü çareye başvurmaya istekli olduğu sonucuna vardılar ve bu noktada teslim oldular. Bu İranlılar için önemsiz bir olay değildi. Burada önemsiz bir olay olarak algılanıyor, çünkü bu yalnızca bizim gerçekleştirdiğimiz bir vahşettir. Ve doğası gereği kudretli olanın normal ahlaki sorumlulukları yoktur ve suç işleyemez.

Burada spekülasyon yaptığımı vurgulamama izin verin. Pan Am 103'ün intikam olarak havaya uçurulduğunu varsaymak olası ve makul görünmektedir. Batı istihbaratının olayın hemen arkasından ortaya attığı varsayım, bunun İran havayolları 654 uçağının vurulmasına karşı İran'ın intikamı olduğuydu. Ve olup bitenlere bakılarak karar verilirse, bunun akla uygun bir spekülasyon olmaya devam ettiğini düşünüyorum. Libya'nın sorumlu olduğu yolundaki kanıtlar çok zayıf kalmaktadır. ABD ve Britanya'nın sonunda davanın başlamasını izin vermeyi kabul etmesinden sonra (Libya yıllar önce davaya tarafsız bir yargı bölgesinde izin vermeyi teklif etmişti), Lahey'deki tuhaf yargılama süreci, konuyu yakından izleyenler arasında kuşkuları arttırmaktan başka bir sonuç yaratmadı. Ama bu konunun tartışılmasına izin verilmeyecektir -bundan emin olabiliriz. Örneğin, 1192 (1998) no'lu Güvenlik Konseyi kararına uygun olarak, BM genel sekreteri Kofi Annan tarafından atanan uluslararası bir gözlemci "Hollanda'da Lockerbie Yargılaması Hakkında Rapor" hazırlamıştı. Bu raporun tamamen gizli tutulması açıkça gerekli görüldü. Bir ay önce yayınlanan gözlemcinin raporu, yasal süreçleri sert biçimde mahkum ediyordu. Eğer ABD-Britanya'nın resmi pozisyonunu onaylasaydı, basında rapordan bahsedileceği, muhtemelen manşetlere çıkacağı hakkında yine spekülasyon yapılabilir.

Eğer İran sorumluysa, "makul inkar edilebilirliği" hedeflemiş olmaları oldukça muhtemeldir -CIA'nin Beyaz Saray'a sağladığı bir hizmet türü. Ve 1985'de Beyrut'ta uluslararası terörizmin en korkunç eylemini düzenlediğinde CIA'nin açıkça yaptığı gibi, İran ajanlar kullanmış olabilir. Beyrut'ta bir caminin dışındaki bir arabaya konan ve insanların camiden çıkacağı saate ayarlanmış bir bomba, 80 kişiyi öldürmüş, bilinmeyen sayıda insanı yaralamıştı -bir ABD zalimliği, dolayısıyla alışılmış geleneklere göre bir suç değil. Olasılıkla İran Libyalı bir ajan seçmiş olabilir. Ama bunların hepsi spekülasyondur. Büyük ihtimalle hiçbir zaman bilemeyeceğiz, çünkü bunlar araştırılması uygun olmayan konulardır.

Evet, bütün bunlara karşın, Irak bir tür aykırı durum olarak kalmayı sürdürdü. 1958'de, Irak kendisini ABD egemenliği altındaki sistemin dışına çıkarmıştı. Bu aykırı bir durumdu ve ortada başka bir açıdan da aykırılık vardı. Rejim ne kadar dehşet verici olursa olsun, gerçekte durum şuydu ki Irak kendi kaynaklarını iç kalkınması için kullanıyordu. Bu nedenle Irak'ta önemli bir toplumsal ve ekonomik gelişme oldu ve bu sistemin işlemesi gerektiği düşünülen tarz değildir -zenginliğin Batı'ya akması gerekiyordu. Dolayısıyla öteden beri çapraşık ve aykırı ilişkiler vardı. Şimdi bunlara girecek zaman yok. Bu kadar yeter. Şimdi savaşın ve özellikle yaptırımların etkisi istenen tarzdan sapmaları esaslı biçimde tersine çevirmiştir. Neredeyse kesinlikle gerçekleşeceği gibi, Irak'ın ABD denetimindeki uluslararası sisteme tekrar girmesine izin verildiği andan itibaren -ki bunun gerçekleşeceği hemen hemen kesinleşmiştir- Irak'ın iç kalkınması için kaynaklarını kullanması artık ciddi bir tehlike olmaktan çıkacaktır. Ayakta kalır ve kısmen yaralarını sararsa şanslı olacaktır. Dolayısıyla bu sorun belki de az çok sona ermiştir. Bunun yaptırımların amacının bir parçası olup olmadığı tartışılabilir, ama sonucu olması büyük bir ihtimaldir.

Evet, bütün bunlar bir soruyu gündeme getiriyor -bizim insan haklarına efsanevi sadakatimiz ne durumda? İnsan hakları Ortadoğu'daki çeşitli aktörler arasında nasıl dağıtılmıştır? Yanıt çok basittir: Haklar sistemin ayakta tutulmasına yapılan katkıya göre dağıtılır. ABD doğası gereği haklara sahiptir. İngiltere'nin sadık bir saldırı köpeği olduğu sürece hakları vardır. Arap cephesi kendi halklarını denetim alında tuttuğu ve zenginliğin Batı'ya akmasını temin ettiği sürece haklara sahiptir. Yerel polislerin kendi işlerini yaptıkları sürece hakları vardır.

Ya Filistinliler? Evet, onların hiçbir zenginliği yok. Hiçbir güce sahip değiller. Dolayısıyla, devlet yönetme sanatının en temel ilkelerine göre, onların hiçbir hakkı olmadığı sonucu çıkar. Bu iki ile ikinin toplanıp dört etmesine benzer. Gerçekte, negatif hakları vardır. Nedeni şudur ki, mülksüzleştirilmeleri ve acı çekmeleri bölgenin geri kalanında protesto ve muhalefete yol açmaktadır. Öyleyse sistemin gözünde değerleri tam olarak sıfır değildir, daha ziyade zararlı addedilirler.

Evet, bu değerlendirmelerin ışığında bakıldığında, geçen yaklaşık 30 yıl boyunca ABD'nin politikasını tahmin etmek oldukça basittir. Bu politikanın temel unsuru inkarcılığın aşırı bir biçimi olmuştur ve öyle olmayı sürdürmektedir. Şimdi burada terimi geleneksel olmayan bir biçimde kullandığımı açıklamam gerekiyor -yani, ırkçı olmayan bir anlamda. "İnkarcı" terimi geleneksel olarak Batı söyleminde tamamen ırkçı bir anlamda kullanılır: Terim Yahudilerin ulusal haklarını reddedenlere gönderme yapar. Bunlar (öyle oldukları için) "inkarcı" olarak adlandırılırlar. Fakat eğer biz bu terimi ırkçı-olmayan bir anlamda kullanırsak, o zaman terim eski Filistin'deki rakip güçlerin birisi ya da diğerinin ulusal haklarını reddedenlere gönderme yapar. Bu nedenle Filistinlilerin ulusal haklarını inkar edenler inkarcıdırlar. Ve ABD son otuz yılda, ırkçı olmayan anlamda inkarcı kampın önderliğini yapmıştır. Gerçekte, öncülüğünü yaptığı ve halen yapmakta olduğu kampın tek önemli üyesidir.

67 savaşı tehlikeliydi; nükleer bir çatışmaya çok yaklaşmıştı. Ve belirli bir diplomatik çözümün bulunması gerektiği kabul edildi Başta ABD ve diğer büyük güçler tarafından önerilen diplomatik çözüm, 242 no'lu BM kararı olarak adlandırılmaktadır. Bu kararın açık biçimde inkarcı olduğuna dikkatinizi çekerim. İsrail'in kabul edilen sınırlar içinde barış ve güvenlik içinde yaşama hakkının tanınması için çağrı yapmakta, fakat, mülteciler sorununa yapılan muğlak bir gönderme dışında, Filistinlilerin hakları konusunda hiçbir şey söylememektedir. 242 no'lu BM kararı, bölgenin varolan devletleri arasında bir çözüm talep etmektedir. Anlaşmaya göre, basit sözcüklerle söylersek, İsrail'in işgal edilmiş topraklardan tamamen geri çekilmesi karşılığında tam bir barış olmalıdır. BM 242 budur. Ve BM 242 o zaman ABD'nin resmi politikasıydı. Geri çekilme, sınırlarda küçük düzeltmeleri ve karşılıklı ayarlamaları içerebilir: Belki şurada buradaki eğri sınırların düzleştirilmesi. Ama daha fazlası değil. Ve tabii ki işgal edilmiş topraklar içinde her türlü yerleşim ve gelişme yasaklanmıştır. Bunun, Cenevre Konvansiyonunu ihlal edeceği konusunda bir tartışma söz konusu değildir. Bu konuda dünyanın görüşü, İsrail ve ABD dışında, ortaktır. Ve ABD bu durumda, Nazilerin gerçekleştirdiklerine benzer suçları yasaklamak için oluşturulan uluslararası hukuka ve Konvansiyonlara karşıtlığını aleni bir biçimde ifade etmek istememiştir. Bu yüzden, İsrail'in red ve ABD'nin çekimser oyu hariç, oy birliğiyle geçen kararlar karşısında çekimser kalmıştır.

ABD, BM 242'nin bu yorumunu 1971'e kadar benimsedi. 1971'de çok önemli bir olay gerçekleşti. Mısır'da başkan Sedat iktidarı geçti ve BM 242'nin koşullarına uygun bir çözüm teklif etti -yani, resmi ABD politikasına uygun bir çözüm: İsrail'in tamamen çekilmesi karşılığında tam barış. Aslında Sedat'ın pozisyonu daha da dostçaydı: Tam barışı, İsrail'in Mısır topraklarından çekilmesi karşılığında önermiş ve işgal edilmiş topraklar ve Golan tepelerinin statüsünü açık bırakmıştı. Tabi ki onun önerisi de ödünsüz biçimde inkarcıydı ve Filistinliler hakkında hiçbir şey söylemiyordu.

Evet, ABD bir seçimle karşı karşıyaydı: Bunu kabul mü edecekti, yoksa BM 242'yi red mi edecekti? İsrail'in ifade ettiği gibi, Sedat'ın önerisinin "hakiki bir barış önerisi" olduğu anlaşılmıştı -o tarihte İsrail'in ABD büyükelçisi olan İzak Rabin'in anılarında tanımladığı gibi "barışa giden yolda bir kilometre taşı."

ABD'nin karar vermesi gerekiyordu. ABD içinde bir çatışma yaşandı. Henry Kissinger kazandı ve Washington onun "açmaz" politikasını benimsedi: Müzakere olmayacak, yalnızca güç konuşacaktı. Böylelikle ABD, BM 242'yi Şubat 1971'de fiilen reddetti ve BM 242'nin "ABD ve İsrail'in karar verdiği kadarıyla geri çekilme" anlamına geldiğinde ısrar etti. Bu, 1971'den bu yana ABD'nin küresel yönetimi altında BM 242'nin işlevsel anlamıdır.

Resmi düzeyde, ABD BM 242'yi Clinton'a kadar desteklemeyi sürdürdü. Clinton, BM kararlarının işlevsel olmadığını açıklayan ilk başkandır. Ama o zamana kadar, en azından açıklama düzeyinde, ABD BM 242'yi kabul etmişti. Bununla birlikte, bunlar yalnızca sözcüklerdi. Pratikte, ABD Kissinger'ın yorumunu izliyordu. Her başkan için BM 242, İsrail ve ABD'nin belirleyeceği şekilde kısmi bir geri çekilme demekti. Örneğin, Carter ABD'nin BM 242'ye olan desteğini güçlü biçimde teyit etti, ama aynı zamanda (Camp David anlaşmasının bir parçası olarak) İsrail'e yaptığı yardımı, ABD'nin toplam yardımının yaklaşık yarısına ulaşacak şekilde arttırdı. Böylece tam olarak öngörüldüğü ve gerçekleştiği gibi, İsrail'in işgal edilmiş toprakları ilhak etmesini ve BM 242'nin anlamlı bir biçimde uygulanmasının önlenmesini (ve İsrail'in kuzey komşusuna saldırmasını) sağladı.

Uluslararası sistemin inkarcı taahhütleri 1970'lerin ortasından itibaren değişti. 70'lerin ortalarından itibaren, son derece geniş bir uluslararası konsensüs oluştu ve aslında temelde her ülke, İsrail'in haklarının yanısıra Filistinlilerin ulusal haklarını kabul etmeye başladı. Ocak 1976'da Güvenlik Konseyi, 242'nin metnini de içeren, ama İsrail'in çekileceği topraklarda yaşayan Filistinlilerin ulusal haklarının eklendiği bir kararı tartıştı. ABD bu kararı veto etti, dolayısıyla bu kararı tarihten sildi. Öyle ki ender istisnalar dışında, söz konusu kararı tarih kitaplarında bile bulamazsınız. Aynı şey Şubat 1971 olayları için de geçerlidir. Gayretli bir araştırmayla olguları ortaya çıkartabilirsiniz, ama fiilen tarihsel hafızadan silindiler.

Bu devam etti. Olayların bütün kayıtlarına girmeyeceğim. ABD 1980'de, benzer bir Güvenlik Konseyi kararını veto etti ve genellikle (İsrail'le birlikte) yalnız başına ve zaman zaman himayesindeki başka bir devleti de yanına alarak, yıllarca benzeri Genel Kurul kararlarına karşı oy kullandı. Bir Genel Kurul kararının ABD tarafından tek yanlı olarak reddedilmesinin aslında çifte veto olduğunu hatırlayın: Karar işlevsiz hale gelmekte ve ancak nadiren haber konusu yapılarak tarihten silinmektedir. Washington aynı zamanda başka müzakere çabalarını da engellemiştir: Avrupalı ve Arap devletlerin gösterdiği çabalar, Filistin Kurtuluş Örgütünün (FKÖ) çabaları ve aslında her türlü kaynaktan gelen çabalar. Ve olaylar bu şekilde Körfez Savaşı'na kadar devam etti.

Bu barışçıl bir diplomatik çözümün engellenmesi sürecinin bir ismi vardır, tam da Orwell'ın çağında konması beklenecek bir isim: "Barış süreci" olarak adlandırılmaktadır.

Körfez Savaşı olayların akışını değiştirdi. Bu noktada, dünyanın geri kalan bölümü ABD'nin çok açık bir şey söylediğini kavradı: ABD dünyanın bu bölgesini güçle yönetecektir, öyleyse yoldan çekilin. Bu dünyanın her yerinde böyle anlaşıldı. Avrupa yelkenleri suya indirdi. Arap dünyası tam bir kargaşa içindeydi. Rusya çökmüştü. Başka hiç kimse dikkate alınmıyordu. ABD hemen, uluslararası bir izolasyon içinde 20 yıldır koruduğu ABD'nin inkarcı çerçevesini tek yanlı olarak dayatabileceği Madrid müzakerelerine geçti.

Bu çeşitli yollardan Oslo'ya ve İlkeler Bildirgesinin (İB) 13 Eylül 1993'de Beyaz Saray bahçesinde büyük bir gösterişle kabul edilmesine giden yolu açtı -basın bu tarihi "huşu duyulan bir gün" olarak tanımlamıştı. İB daha yakından incelenmeyi hakketmektedir. İB belirsizliğe yer vermeden, açıkça gelecekte neler olacağının ana hatlarını çiziyordu. Dikkate değer olduğunu bugünden bakarak söylemiyorum: İB hakkında hemen, Ekim 1993'de yayınlanan bir makale yazmıştım. O zamandan beri pek sürpriz bir gelişme olmadı.

İB "kalıcı statünün", yolun sonundaki nihai çözümün BM 242'ye ve yalnızca BM 242'ye dayanması gerektiğini belirtmektedir. Bu çok önemlidir. Ortadoğu diplomasisine aşina olan herkes o gün tam olarak hangi gelişmelerin olacağını biliyordu. İlk olarak, BM 242 "ABD'nin belirleyeceği şekilde kısmi çekilme", Kissinger revizyonu anlamına gelmektedir. Ve "yalnızca BM 242", BM 242 demektir ve İsrail'in yanısıra Filistinlilerin hakları için çağrı yapan diğer BM kararlarının gözardı edilmesi anlamına gelmektedir. BM 242'nin kendisinin katı biçimde inkarcı olduğunu hatırlayın. 1970'lerin ortasından beri diplomasinin öncelikli sorunu, diplomatik bir çözümün yalnızca BM 242'ye mi, yoksa ABD'nin Güvenlik Konseyinde veto ettiği ve Genel Kurulda (fiilen) veto ettiği diğer kararlarla tamamlanan BM 242'ye mi dayanması gerektiği olmuştur. Ve ikinci sorun 242'nin orijinal şekliyle mi yorumlanacağı, yoksa 1971'de Sedat'ın barış önerisini reddettikten sonra ABD'nin yüklediği işlevsel yoruma mı bağlı kalınacağı olmuştur. ABD İB'de kararlı ve açık biçimde, Washington'un tek yanlı inkarcılığına sadık kalarak kalıcı çözümün yalnızca BM 242'yi temel alacağını açıklamıştı. Başka her şey müzakere masasının dışında tutuluyordu. Ve o zamandan beri, bu tek yanlı bir güç oyunudur ve 242 "ABD'nin karar vereceği şekilde" anlamına gelmektedir. Bir belirsizlik söz konusu olmamıştır. Aldatılmış olmayı seçebilirdiniz -birçokları böyle yaptılar. Ama bu bir seçimdi ve akıllıca olmayan bir seçimdi, özellikle kurban durumunda olanlar için.

Olaylar böyle devam edip gider. Ayrıntılar dışında, gerçekten İsrail Oslo anlaşmalarını ihlal etmekle suçlanamaz. İşgal edilmiş toprakları yerleşime açmaya ve buraları İsrail'e ilhak etmeye devam etti. Bu siz ve ben yaptık anlamına gelir, çünkü ABD İsrail'e bilerek para yardımı yapıyor ve uluslararası hukukun bu ağır ihlalleri için can alıcı öneme sahip diplomatik ve askeri destek sağlıyor. Birbirini izleyen anlaşmalar ayrıntıları açıklamaktadır. Yakından incelemeye değecek bir öneme sahiptirler. Eğer ilgilenirseniz, başlıca anlaşmalardan birisini 1996'da yayınlanan bir yazımda ele aldım. Bu anlaşmalarda yer verilen maksatlı aşağılama dahil, ayrıntılar çarpıcıdır. Ve eksiksiz denebilecek ölçüde uygulanmışlardır.

Güçlü bir mikroskopla çok yakından bakarsak, (ABD'de olduğu gibi) İsrail'deki iki ana politik kümelenme arasında bir fark ayırdedebiliriz. Buna karşın, ABD'nin bunlara karşı tutumunda dikkat çekici bir farklılık vardır, ancak bunun nedeni öze ilişkin bir fark değil, tarzla ilgili bir farktır. İki ya da üç gün önce daha yeni savunma bakanı olarak atanan kişiyi, Ben Elayzer'i ele alalım -şimdi "İşçi Partisinin şahini" olarak tanımlanıyor. Şimon Perez hükümetinde konut bakanıydı ve İşçi Partisinin güvercini olarak tanınmıştı. Şubat 1996'da, Peres hükümetinin sonuna doğru, "güvercinliğin" doruğa çıktığı bir zamanda, işgal edilmiş topraklarda genişletilmiş bir yerleşim programını açıkladı. Bunu okuyacağım çünkü şimdi olup bitenlerin özünü anlatmaktadır. Tarih Şubat 1996 idi. Şunu söylemişti: "Hükümetin, ki bizim nihai talebimiz olacaktır, Küdus'ün bölgelerine -Ma'ale Adumim, Givat Ze'ev, Beytar ve Gush Etzion- ilişkin pozisyonu bir sır değildir: Bu bölgeler İsrail'in gelecekteki haritasının ayılmaz bir parçası olacaktır. Bu konuda hiçbir kuşku yoktur." Eliezer aynı zamanda, İsrail'in Har Homa olarak adlandırdığı yerin inşaatını duyurmuştu. Burası büyük ölçüde Araplardan ele geçirilen, Kudüs civarındaki son bölgedir. Bu program, güçlü uluslararası ve yerel muhalefet nedeniyle Netanyahu hükümeti döneminde askıya alındı. Fakat Perez'in projesi Barak tarafından tekrar başlatıldı ve protestoyla karşılaşmadan ilerledi.

Haritaya bir kez bakmak bunun ne anlama geldiğini açıklayacaktır. (Oslo'dan sonra İzak Rabin tarafından çok önceden tanımlanmış olduğu gibi), bu şekilde tanımlanan "bölge", Batı Şeria'yı fiili olarak bölmektedir: Ma'ale Adumim şehri öncelikle bu amaca yönelik olarak geliştirilmiştir ve "Kudüs'ün bölgelerinin" diğer parçalarının eklenmesi yalnızca fiili bölünmeyi pekiştirmektedir.

Ben Elayzer Şubat 1996'da, İşçi Partisinin inşaat faaliyetlerini, rakip Likud koalisyonu gibi gösterişli şekilde değil, başbakanın tam himayesi altında "sessizce yürüttüğünü" de açıklamıştı. Başbakan Rabin, Peres, Barak -ki bütün inşaat rekorlarını kırmıştır- veya başka herhangi birisi olabilir, ama "biz sessizce inşaa ediyoruz": İşte kritik cümle budur. Ve ABD'nin her zaman İşçi Partisini Likud'a tercih etmesinin nedeni budur. İşçi Partisi bunu sessizce yapar. Onlar "güvercinlerdir." Likud Partisi kendini beğenmiştir ve bu konuda çok gürültü kopartır. Ve bu, bizim halihazırda ne yapmakta olduğumuzu bilmediğimizi iddia etmeyi güçleştirir. Bu yüzden, her zaman İşçi Partisi tercih edilmelidir.

Bunun nedeni, farklı seçmen grupları olmasından kaynaklanır. İşçi Partisi yöneticilerin, profesyonellerin, aydınların partisidir - genel olarak Batılı ikiyüzlülüğün normlarını çok iyi anlayan, daha seküler ve batılılaşmış kesimler. Dolayısıyla bunlar birlikte iş yapılması daha kolay olan kesimlerdir, bu nedenle Batı'da daha çok beğeni toplarlar. Politikalar bir ölçüde farklılık gösterirler: Belirtildiği gibi, İşçi Partisi yerleşim bölgelerinin inşaatında (ve aynı zamanda askeri eylemlerde) Likud'a göre genellikle daha saldırgan davranmıştır. Bazen tersi geçerlidir, ama bu ikincil önemdedir.

Ayrıntıya girmeden konuşursak, öne çıkan müzakereler ve Clinton ve Barak'ın "pek yakında" vaatleri, "cömertçe ödünleri" hakkındaki bütün mevcut tartışmalarda, önemli bazı eksiklikler olduğunu fark edeceksiniz. Bunlardan birisi haritadır. ABD gazetelerinin birisinde olup bitenleri betimleyen bir harita bulmaya çalışın. Evet, bana göre hiç harita olmamasının nedeni, Camp David teklifine, Clinton'ın son planına ve Barak'ın planına göre uygulamaya konanların, Ben Eliezer'in tanımladığı programa çok benzemesidir. Biraz önce belirttiğim yerler, diğerlerinin yanısıra, İsrail'e dahil edilen yerlerle hemen hemen aynıdır. İkinci bir kritik eksiklik "cömertçe ödünlerin" olamayacağıdır. Çünkü Rusya'nın Afganistan'dan veya Almanya'nın işgal edilmiş Fransa'dan çekildiğinde olduğu gibi, toprakla ilgili hiçbir ödün söz konusu olamaz.

"Kudüs" olarak adlandırılan şehir, bütün yönlere doğru yayılarak genişlemektedir. Kuzeydeki Ramallah'ı güneydeki Beytlehem'den ayırmakta ve fiili olarak Batı Şeria'yı bölmektedir. Ma'ale Adumim, ABD basınında "Kudüs civarında bir yerleşim yeri" olarak adlandırılıyor. Aslında, ABD ve İsrail tarafından esas olarak Oslo görüşmeleri sırasında Kudüs'ün oldukça doğusunda kurulmuş olan bir şehirdir. Şehrin planlanan sınırlarının Eriha'nın birkaç kilometre dışına kadar ulaşması düşünülmektedir. Eriha ise şimdi insanların şehre giriş çıkışını engellemek için derin bir çukurla çevrelenmiştir -ve aynı şey diğer şehirler için de planlanıyor. Bu, "Kudüs" çıkıntısının, Filistin bölgelerini iki kuşatılmış bölgeye ayırarak, Batı Şeria'yı fiilen ikiye böldüğü anlamına gelmektedir. Ve bütün Filistin bölgesi (şimdi yalnızca İsrail yerleşimleriyle büyük ölçüde genişlemiş olan) Kudüs'teki Filistin yaşamının geleneksel merkezinden ayrılmıştır. Kuzey ve merkezdeki bölgeleri fiilen bölen kuzeyde başka bir çıkıntı vardır. Gazze tartışması muğlaktır; ama yerleşimlere ve gelişme kalıplarına bakarak karar verirsek, muhtemelen benzer bir şey planlanmaktadır. Bütün yerleşimlerin, bunları İsrail'e ilhak etmek ve kendi kuşatılmış bölgeleri içinde denetlenen Batı Şeria'lı Filistinlileri gözden ırak bir yere göç ettirmek için tasarlanan büyük altyapı projelerine dahil edildiğini hatırlayın.

Bunlar pek yakında gerçekleşecek, cömertçe ödünlerdir. Oldukça iyi anlaşılmaktadırlar. Barak hükümetinin müzakere heyetinin başkanı ve aslında -oldukça aşırı uçta- bir İşçi Partisi güvercini olan, önde gelen İsrailli güvercinlerden birisinin, Şlomo Ben Ami'nin yorumuyla bitireceğim. Hükümete girmeden hemen önce İbranice yazdığı akademik bir kitapta, tamamen doğru bir şekilde, Oslo görüşmelerinin amacının işgal edilmiş topraklar için "kalıcı bir yeni-sömürgeci bağımlılık" durumu oluşturmak olduğuna işaret etmişti. Bu genellikle İsrail'de, bir Bantustan çözümü olarak tanımlanmaktadır -eğer Güney Afrika'nın politikasını düşünürseniz, esasları bakımından benzerdir.

Bu çözümün önde gelen destekçileri arasında, İsrailli sanayicilerin olduğunu belirtmek önemlidir. Yaklaşık on yıl önce, Oslo anlaşmasından önce, İsrailli sanayiciler kabaca bu tür bir Filistin devleti istiyorlardı -oldukça geçerli nedenlerle. Onlar için kalıcı bir yeni-sömürgeci bağımlılık çok anlamlıdır. Filistin tarafında sınır boyunca montaj tesisleri ve "maquiladoras"ların yer alacağı, ABD ve Meksika ya da ABD ve El Salvador'dakine benzer bir durum. Bu, çok ucuz işgücü ve berbat çalışma koşulları olanağı sunmaktadır; kar etme üzerindeki çevre kirliliği ve diğer sıkıcı kısıtlamalar hakkında endişelenmeye de gerek yoktur. Ve her zaman tehlikeli olan insanların İsrail'e getirilmesine gerek kalmayacaktır. Kim bilir? "Güzel ruhlar" diye alaya alınan bu insanlardan bazıları, kendilerine nasıl muamele edildiğini görebilirler ve en alt düzeyde uygun çalışma koşulları ve ücret isteyebilirler. Sınırın öte yanında, Transkei* gibi, kendi "devletlerinde" olmaları onlar için çok daha iyidir. Bu, yalnızca insan haklarının korunması tehdidini ortadan kaldırmakla ve karları arttırmakla kalmaz, fakat aynı zamanda İsrail işçi sınıfına karşı da kullanışlı bir silah olur. İsrailli işçilerin ücretlerinin ve sosyal yardımlarının altının oyulması için olanaklar sunar. Ve ayrıca, grev kırmanın araçlarını sağlar -ülke dışında, ABD'deki grevleri kırmak için kullanılabilecek aşırı bir kapasite geliştiren ABD'li imalatçılar tarafından genellikle kullanılan bir araç. Birkaç yıl önceki Caterpiller grevi bunun bir örneğidir. Örneğin, limanların özelleştirilmesine çalışılıyordu ve İsrail sendikaları greve gitti. Sanayiciler açısından bir sorun oluştu. Grevi kırmak için, bir Mısır limanını veya Kıbrıs'taki bir limanı kullanabilirlerdi, ama bunlar çok uzaktalar. Öte yandan, eğer Gazze'de bir limanları olsaydı, bu mükemmel olurdu. Yeni-sömürgeci bağımlılık içindeki yetkililerin işbirliğiyle, liman işlemleri oraya aktarılabilirdi. İsrailli işçilerin grevi kırılabilir ve limanlar hesap verme yükümlülüğü olmayan özel ellere geçebilirdi. Bu, kalıcı bir yeni-sömürgeci bağımlılık içindeki bir Filistin devletini desteklemek için iyi bir nedendir. Hikaye Toledo'da tanıdık olsa gerek.

İsrail'in kendisi -şaşırtıcı olmayan bir şekilde- giderek ABD'ye çok benzer hale geliyor. Şimdi muazzam bir eşitsizliğe, çok yüksek bir yoksulluk düzeyine, yerinde sayan veya gerileyen ücretlere ve kötüleşen çalışma koşullarına sahip -diğer sanayileşmiş ülkelerin çoğuna göre, daha çok ABD'ye benziyor. ABD'de olduğu gibi, ekonomi önemli ölçüde, bazen askeri endüstri adıyla gizlenen, dinamik devlet sektörüne dayanıyor. ABD'nin ileri karakolunda, Birleşik Devletler'dekine çok benzer düzenlemeleri desteklemesi gerektiği gerçekten şaşırtıcı değildir.

ABD'nin "çifte sınırlandırma" olarak adlandırılan politikayı izlemek-

* **Transkei: Güney Afrika hükümeti tarafından 1959'da siyahların yaşaması için kurulan ve bağımsız olmayan bir devlettir. 1976'da ırkçı apartheid sisteminde Güney Afrika vanatdaşlığını kaybeden siyahlar için yasal bir anavatan işlevi görmesi amacıyla sözde bağımsızlık verilmiştir. -ç.n.**

te oluşu da şaşırtıcı değildir. Kendilerini ABD egemenliğindeki küresel düzene bağımlı kılmamış olan bölgedeki iki devletin -İran ve Irak'ın- yalıtılması. Buna karşın, bu politika çökmektedir. Ve sürdürülemez bir politikadır. Bölge ülkeleri bu politikayı artık kabul etmiyorlar. ABD ve sınırlı ölçüde İngiltere dışında, çok az destek ve çok güçlü bir muhalefet var. ABD içindeki muhalefet aynı zamanda kritik bir alanda, en önemli fırsatlarını rakiplerine terk etmeye zorlanmış olmaktan hoşnut olmayan iş dünyasında gelişmektedir. Irak'ın dünyadaki en büyük ikinci petrol rezervlerine sahip olduğunu ve İran'ın da çok fazla kaynağa sahip olduğunu hatırlayın. Öyleyse, şu ya da bu şekilde bu iki bölgenin ABD denetimi altında sisteme yeniden dahil edileceklerini beklemek makuldür. Kolayca değil -çünkü bunun gerçekleştirilmesinin önünde bir dolu sorun vardır. Gerçekte, bütün bölge son derece değişken ve çok tehlikelidir. ABD'nin rolünün kritik, muhtemelen belirleyici olmayı sürdüreceği konusunda kuşku yok. Bu bizim için iyi bir şeydir, çünkü bizim etkileyebileceğimiz bir faktördür -bize son derece ağır sorumluluklar yükleyen bir olgu.

SORU-YANIT BÖLÜMÜ

"Saddam Hüseyin bunları bizim desteğimizle yaptı" şeklindeki argümana yanıt olarak bir adım daha ileri gitmenizi istiyorum. Eğer birisi "Pekala, haklısınız, bu bizim hatamızdı ve düzeltmeye çalışıyoruz" derse, siz ne diyeceksiniz?

Hatamızı nasıl düzeltiyoruz? Her şeyden önce, aslında bu iyi bir yanıt ve bu yanıtın dürüst bir şekilde verilmesi gerekir. Bu nedenle, eğer Bill Clinton, George Bush vs. "Evet, bu adam bir canavar. Ondan kurtulacağız, çünkü en kötü suçlarını bizim desteğimizle işledi" derlerse, bu önemli bir aşama olacaktır. Bundan sonra, en azından sorunla dürüst biçimde yüzleşebiliriz.

Ve bundan sonra, mantıklı yanıt ne olacaktır? Evet, eğer Saddam Hüseyin bizim desteğimizle suç işlemişse, kim cezalandırılacaktır? Saddam Hüseyin'in "Evet, üzgünüm. Bu bir hataydı" dediğini varsayalım. Bu yeterli midir? Hayır, yeterli değildir. Eğer birisi büyük bir suç işlerse, bundan sorumlu olur. Clinton, Saddam Hüseyin'e karşı çıkmadı ve George Bush babasını suçlamayacak.

Bunlar ABD politikalarıdır. Bunlar yıllardır yürürlükte olan politikalardır. Bu durumda, aslında Saddam şöyle diyebilir: "Evet, o zaman suç işledim, fakat şimdi uslu çocuk oldum. Bir daha böyle şeyler yapmayacağım." Bunu kabul etmiyoruz. Eğer biz suç işlediysek, kendimize neden bunu yaptığımızı sormamız gerekir. Ve bundan sorumlu muyuz? Ve ayrıca, tekrar öbür soruya geliyoruz: Suçla başa çıkmanın yolu Saddam'ın gücünü arttırmak ve halkı mahvetmek midir? Buna kimse inanmadığı için, politikaların farklı nedenlerle uygulandığı sonucuna varıyoruz ve bu nedenleri bulmak için çaba göstermeliyiz. Ama eğer birisi "evet, Saddam suçu bizim desteğimizle işledi" derse, bunun önemli bir adım olacağı konusunda sizinle aynı fikirdeyim. Bu ileriye doğru atılmış iyi bir adım olacaktır.

Sorunların en zoru olan Kudüs hakkında düşünceleriniz neler?

Kudüs'ün en zor sorun olduğunu düşünmüyorum. En kolay sorunlardan birisi olduğu kanısındayım. Tam Camp David müzakerelerinin ortasında, çok iyi bir İsrailli sosyolog olan Baruch Kimmerling *Ha'aretz*'de, *New York Times*'dakilere oldukça benzeyen bir makale yazdı. Kudüs sorununun, ortadaki bütün sorunların en kolayı olduğunu ve birkaç dakikada çözülebileceğini söyledi. Belki çözülmesi biraz daha fazla zaman alabilir. Ama öne sürdüğü görüşün doğru olduğunu düşünüyorum. Kudüs sorunu, maharetle manevra yapabileceğiniz bir sorundur. Ve bu sorunu becerikli bir şekilde çözüme kavuşturmanın bir çok yolu var. Kudüs sorunuyla baş etmek için çok sayıda teknik çözüm düşünebilirsiniz.

Kolayca çözüme kavuşturamayacağınız şey, benim betimlediğim durumdur: İşgal edilmiş toprakların kuşatılmış bölgelere bölünmesi ve başlıca bölgelerin İsrail'e ilhak edilmesi. İşte bu konuda hareket alanınız yoktur. Ve işte bu nedenle hiç kimse bu konu hakkında konuşmak istemiyor. Clinton ve İsrail bariz nedenlerle bu konuda konuşmak istemiyorlar. Peki neden Arafat bu konuda konuşmak istemiyor? Evet, bana göre bunun nedeni, Kudüs sorununda Arap devletlerinin desteğini kazanabilecek olmasıdır. Arap devletleri, Filistinlilerin yok edilmesi konusunda şu ya da bu yolun seçilmesine aldırış etmiyorlar.

Eğer Filistinlilerden kurtulurlarsa, mutlu olacaklar -Filistinliler onlar için baş belası, tıpkı kendi halklarının baş belası olması gibi. Bu yüzden ben Arafat'ın Kudüs üzerinde odaklanmasının taktik amaçlı olduğunu tahmin ediyorum -bu, Arap cephesinin desteğini sağlayabileceği bir konu. Bunun nedeni, Arap devletlerinin kendi halklarından korkması. Eğer Kudüs'ü bırakırlarsa, insanlar öfkelenirler.

Belki Arap devletleri Filistinlilerin yok olup gitmelerine aldırış etmiyorlar. Ama Filistinlilerin yok olmadıkları da açık. Her şeye karşın şimdiye kadar yok olmadılar. Apartheid rejimi olduğunu, İsrail'in çalıştırmak için Asyalıları getirdiğini, Oslo'nun şimdi öldüğünü, İsrail'de solun artık hiç olmadığını gören National Lawyers Guild (Ulusal Avukatlar Derneği) yakın zamana kadar bir üyesiydim. Oslo süreci artık işlemiyor. Eğer Oslo öldüyse ve işlemiyorsa, tarihin bir sonraki aşaması için öngörüleriniz ne?

Sizinle aynı fikirde olmayı isterdim. Ama değilim. Şiddetin etkinliğini küçümseme eğiliminde olduğumuzu düşünüyorum. Eğer tarihe bakarsanız, şiddet genellikle başarılı olmuştur. Ve Oslo'nun işlemediğini gösteren bir kanıt yoktur. Oslo Şlomo Ben-Amin'in tanımladığı şeydir: İşgal edilmiş topraklarda kalıcı bir yeni-sömürgeci bağımlılık yaratma çabası. Ve ben bunun pekala gerçekleşebileceğini düşünüyorum. ABD ve İsrail'in hoşnut olmadıkları bir direniş düzeyi olduğu doğru, ama bu direnişi bastırmak için kullanabilecekleri çok sayıda şiddet aracına sahipler ve kan akmasının devam etmesinin bir sınırı var. Gerçekten bir sınır vardır. Bütün tarih boyunca hükmedenlerin anladıkları şey budur. Ve genellikle işe yarar. Eğer buna izin verirsek -biz, siz ve ben, ABD halkı- eğer bunun sürüp gitmesine izin verirsek, pekala yine işe yarayabilir.

Daha yakında Eriha için yapılmış olana benzer her türlü taktik düşünülebilir: Bu, bütün Arap şehirleri için yapılabilir. Batı Şeria'daki her Arap şehri, insanların giriş çıkışlarını engelleyecek büyük bir hendekle çevrilebilir. Daha fazla suikast düzenlemek ve sivil yığınlara daha fazla saldırı gerçekleştirmek için ABD daha fazla helikopter gönderebilir. ABD bunu yaparken, nasıl son altı ayda bunların hiçbirisinden söz etmediyse, yine olacaklara yer vermeyecek olan basınına güvenebilir.

Uzun vadeli amaç pekala İsrail'in öteden beri benimsediği politika olabilir. Bütün İsrailli liderler arasında belki Filistinlilere en sempatik davranmış olan Moşe Dayan gibi en güvercin İsrailliler bile bu amacı benimsemişlerdir. Otuz yıl önce kabine içi tartışmalarda Moşe Dayan'ın görüşü şöyleydi: Onlara hiçbir şey vermeyin; onlara köpekler gibi muamele etmeliyiz, yapabilenler başka yere gidecekler-dir ve bundan sonra, ne olduğuna bakacağız.

Bu on beş yıldır biliniyor. İyi anlaşılması gerekiyor -yayınlanan belgelerde var ve buradaki muhalif yayınlarda da bahsedildi. Ve bu politikadır. Sırası gelmişken belirtmek gerekir ki bu, görmezden gelinmemesi gereken Yahudi tarihine çok iyi uyan bir politikadır. Yahudiler kendi tarihlerini biliyorlar. Buradaki başkaları gibi, ben de çocukken bu tarihi öğrendim, daha sonra çocuklara öğrettim ve özellikle İsrail'de bu tarih çok iyi bilinmektedir. Romalıların sürgün edişlerini düşünün -iki bin yıl önce Romalılar gerçekte ne yaptılar? Filistin'den bütün nüfusu mu sürdüler? Hayır. Seçkinleri sürdüler. Köylüleri bıraktılar. Köylüler yalnızca yaşamlarını sürdürürler. Yaşamlarını sürdürürler, acı çekerler ve katlanırlar. Fatihler gelir, başka fatihler onların yerini alırlar ve köylüler değişen koşullara kendilerini uyarlarlar. Bir şekilde yaşamaya devam ederler. Seçkinler gitti -bu bir sürgün olarak adlandırıldı. Neden bu bir kez daha olmasın?

Tatsız olan olgu şudur ki, içeriden sınırlandırılmadıkça, şiddet genellikle amacına ulaşır. Şiddeti sınırlayabilecek ABD dışında bir güç yok. ABD içinde bunu kontrol altına alabilecek bir güç var. Eğer biz yapmazsak, Oslo'nun işleyeceği kanısındayım. Hoş olmayacaktır, ama Oslo'nun işleyeceğinden kuşku duymak için hiçbir neden görmüyorum.

Fakat Güney Afrika ve Apartheid rejiminin sonu için ne diyorsunuz?

Güney Afrika'da olan büyük bir olaydır. Nüfusun yüzde sekseni beyaz yöneticilerle yaptıkları bir anlaşmayla biçimsel bir özgürlük elde etmeyi başardı. Bu anlaşma ekonomik denetimi büyük ölçüde beyaz yöneticilere bıraktı ve şimdi yeni bir siyah seçkinler grubu onlara katılmış durumda. Bu oldu ve bu bir başarıdır. Tarihin büyük bölümünde, bu böyle olmaz ve bu örnekte bile söz konusu olan son derece kısmi bir zaferdir. Zafer diye bir şeyden sözdilebilse bile, bunun Güney Afrika halkının çoğunluğu bir zafer olmadığı açıktır.

Cape Down'un dışındaki siyah yerleşim bölgelerine ve Johannesburg'un gecekondu mahallelerine bir bakın. Orada yaşayan insanlar bir zafer kazanmadılar ve bunu biliyorlar. Muhtemelen oradan yükselen bir öfke patlaması var. Birkaç gün önce Mandela, bu nedenlerle ANC'nin yaptıkları hakkında şiddetli bir eleştiri yayınladı.

İsrail-Filistin sorunu için gerçekçi ve adil bir çözüm size göre ne olmalı?

Evet, son derece geniş bir uluslararası konsensüs var ve bu olası bir geçici çözüm. Bu, ABD dışında dünyada hemen herkesin desteklemiş olduğu çözüm: Bir Filistin devleti için çağrıda bulunan diğer BM kararlarıyla tamamlanmış şekilde, BM'nin 242 no'lu kararı. Bu karar, Kudüs için bazı teknik çözümler gerektirecektir; Kudüs'ün açık bir şehir haline getirilmesi, belki kabaca Haziran 1967 öncesi sınırlara göre Kudüs'ün iki devletin ortak başkenti yapılması.

Kişisel olarak, bunun her zaman berbat bir çözüm olduğunu düşündüm. Şu anda olandan daha iyi, ama gerçekten uzun vadede uygulanabilir bir çözüm olduğunu düşünmüyorum. Hiçbir anlam ifade etmiyor. Ohio eyaletinin ortasına keyfi bir sınır çizmeye ve ABD ile Meksika gibi, iki bağımsız devlet kuracağız demeye benziyor. İsrail ve Filistin birbirlerinden ayrılamayacak kadar içiçe geçmiştir. Aslına bakarsanız, İsrail ve Filistin'in gerçekten Ürdün ve muhtemelen diğerleriyle birleşmesi gerekir. Uzun vadeli çözümün -bunu açacağım- Osmanlı İmparatorluğu'ndakine benzer bir şey olduğunu düşünüyorum. Osmanlı İmparatorluğu'nun kötü bir işleyişi vardı, ama doğru bir düşünceye sahiptiler. Bereket versin Osmanlı yöneticileri o kadar yozlaşmışlardı ki, insanları büyük ölçüde kendi hallerine bıraktılar. Çoğunlukla halkları soymakla ilgileniyorlardı ve kendi işlerini, kendi dinlerini ve kendi cemaatlerini yönetmek konusunda oldukça geniş bir yerel özyönetim hakkı tanıyarak insanları kendi başlarına bırakmışlardı.

Evet, çok şükür Osmanlı İmparatorluğu'na geri dönmeyeceğiz, ama oradaki genel manzara gerçekçidir. Aslında bu, Avrupa'nın zalim ve kanlı bir sistem olan ulus-devlet sistemini parçalayarak ilerlemekte olduğu şey olabilir. Sadece ulus-devlet sisteminin kurulduğu Avrupa tarihinin son beş yüz yılına bakın. Bir dehşet tarihidir. Ve bu sistem, bölgeciliğin yanısıra, aşama aşama bir tür entegrasyona doğru ilerlemektedir -ki bu anlamlı bir süreçtir. Belki aynı şey Doğu Akdeniz ülkeleri için de geçerlidir. Belki uygulanabilir ama çirkin olan iki devletli bir çözümden, belirli bir karşılıklı etkileşimin ve paylaşılan sorumluluğun olduğu federal bir düzenlemeye doğru adımlar hayal edebiliriz. Daha sonra, entegrasyonun daha ileri biçimlerine geçilebilir. Bunun olabileceğini sanıyorum. Bu, ABD politikasında büyük bir değişiklik gerektirecektir. ABD desteklemediği sürece, bu çözüm hiçbir zaman gerçekleşmeyecektir. Fakat olabilir. Ve bir ilk adım olarak, uluslararası konsensüs gibi bir şey olabilir.

Sorunlara hiçbir zaman bir kerede çözüm bulamazsınız. Anlık bir çözüm olası değildir. Ciddi bir sorun söz konusu olduğunda, bu hiçbir zaman gerçekleşmez. Ancak gerçekleşme şansı olan, daha ileri adımlara giden yolu kolaylaştıracak adımlardır. Ve bana öyle görünüyor ki, burada yapıcı olabilecek bir gelişme seyri düşünebiliriz.

Beyaz Güney Afrika'dan yatırımların geri çekilmesi fikrinde ısrar ettiğimiz gibi İsrail'den yatırımların geri çekilmesi fikrini zorlamanın iyi bir yöntem olduğunu düşünüyor musunuz?

Son 30 yıl için, bu konuda ABD'yi en büyük suçlu olarak görüyorum. Ve bizim ABD'nin yatırımlarını geri çekmesini zorlamamız gerçekte hiçbir anlam taşımaz. Yapmamız gereken ABD politikasında değişim için ısrar etmektir. Örneğin şimdi İsrail'e saldırı helikopterleri gönderilmemesi için bastırmak önemlidir. Aslında ABD'de bazı gazetelerin bunların gönderildiğini haber yapmasını sağlamaya çalışmak çok önemlidir. Bu bir başlangıç olacaktır. Ve sonra baskı uygulamak için kullanılan askeri silahların gönderilmesini durdurmaya sıra gelebilir. Ve bunun gibi adımlar atabilirsiniz. Böyle bir politika hayal edilebilir olsa bile (ki değildir), İsrail'den yatırımların geri çekilmesi için bastırmanın pek anlamlı olacağını sanmıyorum.

Öncelikli sorunumuzun, on yıllardır bu işleri yöneten temel ABD politikasını değiştirmek olduğunu düşünüyorum. Ve bu bizim eylem gücümüzün sınırları içinde olmalıdır. Bizim yapabilme gücüne ulaşmamız gereken şey şudur: ABD politikasını değiştirmek.

Filistinlilerin geri dönüş hakkı konusunda ne düşünüyorsunuz?

Geri dönüş hakkı olduğunu düşünüyorum. Pek çok sayıda geri dönüş hakkı var. Örneğin, oturdukları yerlerden sürülmüş ve hayatta kalan insanlar için geri dönüş hakkı olduğu kanısındayım. Geriye dönme hakları vardır. Dünyada her çeşit hak var, ama sorun şu ki pek çok hak basitçe yerine getirilmeyecektir. Genellikle olduğu gibi haklar çeliştiğinde, belli bir insani çözüm bulmaya çalışmak zorundasınız.

Öngörülebilir gelecekte -ve hiç kimse zavallı Filistin mültecilerini bu konuda aldatmamalıdır- dünyada İsrail'i büyük sayıda mülteci kabul etmeye zorlayacak, bırakalım zorlamayı, bu konuda sıkıştıracak bir güç olmayacaktır. Belki belli sayıda mülteci kabul edebilir, ama bu büyük bir sayı olmaz. Eğer, hayal edilmesi güç olsa da, İsrail bunu yapmaya zorlanırsa, muhtemelen dünyaya öfke saçacaktır -ve unutmayın bunu yapabilir. General Butler haklıydı. Ve o zaman ortada endişelenmemiz gereken bir sorun kalmayacaktır.

Dolayısıyla öngörülebilir gelecekte, bu tanınması ve insani bir tarzda çözüme kavuşturulması gereken bir haktır; ama haklarının tamamen verileceğine inandırarak acı çeken insanları aldatmamak gerekir. Çünkü hakların tamamen verilmesi gibi bir şey olmayacaktır. Bugünden yola çıkarak neler yapabilirsiniz? Evet, mültecilerin sorunlarını halletmek için uygun yollar bulmaya çalışırsınız. Pek çok mülteci buraya getirilebilir. Hatırlayın, BM'nin 194 no'lu kararı geri dönüş ya da tazminat çağrısı yapmıştı. Tazminat bir ihtimaldir. Sorumluluklarımız ve zenginliğimiz göz önüne alındığında, kolaylıkla tazminat işini halledebiliriz ve halletmemiz gerekir. Ve bu buraya yerleşimi de kapsayabilir -her şeye rağmen mültecilerin çoğunun bunu tercih edebileceğini zannediyorum. En azından onlara bu seçenek tanınmalıdır. İsrail'e geri dönüşe gelince, bunun bir seçenek olması gerekir, ama sınırlandırılmalıdır.

Kader Üçgeni'nin 1983 baskısında, İsrail'in Filistinlilere bu şekilde muamele etmesinin ABD açısından bazı riskler içerdiğini ileri sürmüştünüz. Şimdi Sovyetler Birliği yok olduğuna göre, kötü muame-

lemizden ötürü hiç riskimiz var mı? Gelecekteki bir tarihte geri tepebilecek bir şey?

Evet, ben hiçbir zaman Sovyetler Birliği'nin ciddi bir caydırıcılık oluşturduğunu düşünmedim. Aslında, Sovyetler Birliği pekala her zaman olan bitenin arka planında yer alıyordu. Ve hatırlayın, 1990'daki çöküşüne kadar olan dönem boyunca, Sovyetler Birliği bu konuda uluslararası egemen görüşü paylaşıyordu. Diplomatik bir çözüm hakkında benimsediği pozisyonlar bakımından Avrupa'dan nadiren farklılaşıyordu.

Gerçekte Sovyet riskinin bir ölçüsü, Bush yönetimi tarafından son derece önemli bir belgede verilmişti. Size bu belgeyi okumanızı şiddetle tavsiye ederim ve herkesin bu belgenin önemli olduğunu bilmesi gerekirdi. Her yıl ilkbahar civarında, Beyaz Saray Kongreye askeri bütçe için bir plan sunar. Biz bunun böyle olmasını isteriz. Genellikle bu rutin bir iştir, her yıl aynı hikaye tekrarlanır. Ama ilginç olanı, Mart 1990'da sunulmuş olan plandı. Son elli yılın bahanesi ortadan kalktığına göre, Mart 1990'da bu planı nasıl ele alacaklardı? Berlin duvarı daha yeni yıkılmıştı.

Bu nedenle, ABD dış politikasıyla veya kendi ülkemizle ilgilenen herkes hemen bu plana bakmalıydı. Ve çok ilginçtir. Daha öncekilerle neredeyse aynıdır. Devasa bir askeri örgüte ihtiyacımız var. "Savunma sanayiinin tabanı" olarak adlandırılan şeyi muhafaza etmemiz gerekiyor -bu yüksek teknolojili sanayi için kullanılan bir isimdir. Tıpkı daha önce olduğu gibi, Ortadoğu'yu hedefleyen muazzam müdahale güçlerine sahip olmamız gerekiyor. Her şey eskiden olduğu gibidir. Değişen tek şey, gösterilen gerekçedir. Dolayısıyla bu devasa askeri bütçeye, Ruslar nedeniyle değil, fakat, alıntı yapıyorum, Üçüncü Dünya ülkelerinin "teknik gelişkinliği" nedeniyle sahip olmalıyız. İşte sadece bu yüzden böyle bir bütçeye ihtiyacımız var.

Müdahale güçlerimize gelince, sunulan plan, daha önce olduğu gibi, öncelikle Ortadoğu'yu hedefleyen bu güçlerin korunması gerektiğini söylüyor. Ardından şu cümle geliyor: "[Ortadoğu'da] çıkarlarımıza yönelik tehditler Kremlin'in inisiyatifine bırakılamaz." Başka bir deyişle, "Ey ahali kusura bakmayın, size elli yıldır yalan söylüyorduk, ama şimdi size gerçeği söyleyeceğiz, çünkü Kremlin ortalarda yok." Dolayısıyla çıkarlarımıza yönelik tehditler Kremlin'in inisiyatifine terk edilemez. Bu arada, Irak'ın inisiyatifine de bırakılamaz, çünkü hatırlayın Irak o zamanlar bir müttefikti. Tehdit her zaman ne olduysa, yine aynı şeydir -sonunda bulut dağıldı: Bağımsızlıkçı milliyetçilik. Bu, daha önce dahili kayıtlarda oldukça açıktı, ama şimdi herkese açık hale geldi. Evet, işte tehdit buydu. Ve Filistinlilerin oluşturduğu tehdit, bağımsızlıkçı milliyetçiliği canlandıracak olmalarıdır.

Şu tamamen doğrudur: Ortalıkta başka bir süper güç olduğu sürece, olaylar kontrolden çıkabilir. Örneğin 1967'de, savaşın tam sonunda, ateşkesten sonra (ve ABD'nin isteklerine rağmen) İsrail Golan tepelerini işgal ettiğinde, bir nükleer savaş tehdidi vardı. Ruslar küplere binmişlerdi, Kırmızı Telefon görüşmeleri yapıldı. Doğu Akdeniz'de filolar karşı karşıya geldiler. McNamara sonradan "Savaşa ramak kalmıştı" dedi.

Her yerde nükleer silahlarınız varken, her zaman korkunç bir savaş tehdidi vardır. Bu hala devam ediyor. Aslında, belki şimdi bu tehdit geçmişte olduğundan daha büyüktür. Büyük bir olasılıkla Ruslar bugün, 15 yıl öncesine göre daha büyük bir tehdit oluşturuyorlar -yani, daha büyük bir nükleer tehdit. Ve biz onların daha büyük bir tehdit haline gelmesine yardımcı oluyoruz. Örneğin, Clinton yönetimi Rusları, uyarı geldiğinde füzelerini fırlatma durumunda tutmaları için zorladı. Bu şu anlama geliyor: Füzeler insanların kararına göre değil, elektronik bilgiye göre bir saldırı yapıldığı uyarısı geldiğinde havalanıyorlar. Clinton yönetiminin bunu yapmasının nedeni, ABD'nin Anti-Balistik Füze Anlaşmasının altını Ulusal Füze Savunması ile oymasını Ruslara kabul ettirmeye çalışmaktır. Fikir şuydu: "Kaygılanmayın -füzelerinizin ateşleme statüsünü yükseltebilirsiniz."

Ama Rusların komuta ve kontrol sistemleri kötüleşiyor. Kursk denizaltısının başına gelenler her yerde meydana geliyor. Ve bizim onlardan yapmalarını istediğimiz, bu bozulan sistemleri elde tutmaları ve bunları nükleer başlıklı füzelerin ne zaman ateşleneceğini belirlemek için kullanmalarıdır. Bu herkes için son derece tehlikeli. Ve bu tehlike varlığını sürdürmekle kalmıyor, muhtemelen artıyor. Nükleer Füze Savunması bu tehlikeyi daha da arttıracak, çünkü bu neredeyse Ruslardan caydırıcı kapasitelerini arttırmalarını istemek anlamına geliyor. Dolayısıyla, bu sorunlar her zaman varoldular. Her zaman bir şeyin patlaması tehdidi var ve bu her şeyin sonu demek. Bu o zaman da geçerliydi ve şimdi de geçerli.

Ama politikaları belirleyenlerin dolaysız olarak karşı karşıya kaldıkları tehdit her zaman var olmuş olan bir şeydir: Bölgelerin halkları kendilerine dayatılan düzenlemeleri kabul etmeyebilirler, kendi hükümetlerini devirebilirler ve bağımsızlıkçı milliyetçilik doğrultusunda harekete geçebilirler. Ve bu durumda, eğer yapabilirse, ABD'nin güç kullanarak müdahale etmesi gerekecek; bu o kadar kolay değil.

Yüksek okuma yazma oranı göz önüne alındığında, Amerikan halkı neden bu kadar pasif ve sıradan ABD vatandaşları her iki tarafın barışa doğru adım atmasını zorlamak için ne yapabilirler?

Evet, gelin bu konuda somut konuşalım. Oldukça yüksek bir okuma yazma oranı olduğu doğru -daha da yüksek olmasını isterdim, ama makul ölçüde yüksek. Diğer yandan, yüksek okuma yazma oranının, örneğin sivil yığınlara saldırmak için İsrail'e saldırı helikopterleri gönderdiğinizi keşfetmeniz konusunda size bir yararı oluyor mu? Hayır, hiçbir yararı olmuyor, çünkü etkin bir şekilde marjinalleştirilmiş olan muhalif yayınlar dışında, bunu hiçbir yerde okuyamıyorsunuz. Eğer okunacak bir şey yoksa, yüksek bir okuma yazma oranına sahip olmanın fazla bir anlamı yoktur. Ve bu genel olarak geçerli. Daha şimdi bahsettiğim belgeyi örnek alalım, Bush yönetiminin Mart 1990 tarihli belgesi. Ve bu belge kamuoyuna açık şekilde, orada duruyor. Ama yüksek bir okuma yazma oranı bu belgeyi bulmak için yeterli değil. Onu egemen medyada bulamazsınız. Bildiğim kadarıyla, muhalif yayınlar dışında, bu belgeden bahsedilmedi bile. Ve başka yerlere bakmak için neyi aradığınızı bilmeniz gerekir.

Örneğin eğer bir fizikçi olmak istiyorsanız, bir ton veri olması yeterli değildir. Neyi aradığınızı bilmeniz gerekir. Bu, işlerin nasıl döndüğü hakkında belirli bir kavrayış gerektirir. Ve bu kavrayışı edinmek için, önemli olan şeyleri seçmekte sizi yönlendiren bir eğitim gereklidir. Bizim eğitim sistemimiz bunu sağlamaz. Aslında, tam tersini yapar. Sizi bu tür tehlikeli düşüncelerden korumaya çalışır. Ve genellikle başarılı olur. İşte bu nedenle, insan hakları ihlallerini sona erdirmenin kolay yolları gibi şeylere dikkat göstermeyiz. En kolay yol, tabi ki, bu ihlalleri gerçekleştirmeyi durdurmaktır. Bunun sıradan bir şey olması gerekir. Bu nedenle, insan haklarıyla ilgilenenlerin öncelikli sorunu "insan haklarına zarar verecek ne yapıyoruz?" sorusunu sormak olmalıdır. Bunu yapmaya son verin.

Bununla birlikte, işler böyle dönmez. Okullar, yüksek okullar, medya ve genel entelektüel kültürün işleyişi böyle değildir. Hatta bunların görevinin, bunun bir sorun haline gelmesini önlemek olduğu söylersek hiç de abartmış olmayız. Birisi kötü bir şey yaptığında insani müdahale ve ikilemler üzerinde bu kadar fazla yoğunlaşmanızın, ama biz yaparken suçlara katılmaya son vermek konusunda neredeyse hiçbir şey düşünmemenizin nedeni tam olarak budur. Evet, bu genel olarak da doğrudur. Öyleyse bu şu anlama gelir ki, yapılması gereken, bir önkoşul olan okuma yazmadan, örgütlenme, eğitim ve her aktivistin bildiği bütün şeyleri gerektiren kavrayışa doğru ilerlemektir. Bu her konuda geçerlidir.

Ortadoğu'da barış için ne yapabiliriz? Bir dolu şey. Örneğin yapabileceklerimizden biri, barışın engellenmesinin önüne geçmektir. Bu iyi bir başlangıç olacaktır. Barışın engellenmesini durdurduktan ve bu noktaya geldikten sonra, yapıcı adımların neler olacağını sorabiliriz. Bazı yapıcı adımlar olduğunu düşünüyorum, örneğin biraz önce tartışılanlar gibi.

Konuşmanızın başlığı "Ortadoğu'da Faşizm Olasılıkları" olsaydı sanki daha iyi olurdu. Çok karanlık bir manzara. İsrail toplumunda bu küresel politikanın onayladığı sonuçlara karşı bir direniş başlatabilecek herhangi bir bağımsız güç -kadınlar hareketi, entelektüeller, işçiler, Filistin toplumu içinde bir hareket- görüyor musunuz? Birleşik Devletler'de bildiğimiz kadarıyla hareketler bu konuyla fazla ilgilenmiyorlar. Bu hareketlerin, ABD politikasının nasıl işlediği ve bir muhalefetin nasıl harekete geçirilebileceği üzerinde yoğunlaşabilmesi için nasıl bir yol öneriyorsunuz?

Evet, sorunun son bölümünün önemli olduğunu düşünüyorum. Elbette, baktığınız her yerde meydana gelen bir dolu iyi şey var. İsrail'de, Filistin'de, her yerde. Ama onlar için fazla bir şey yapamıyoruz. Yapabileceğimiz bir çok şey burada olup bitenlerdir. Evet, çok şey yapabiliriz. Amerikan nüfusunun çoğunluğu her zaman iki devletli çözüme benzer bir şeyi destekledi. Nüfusun çoğunluğu İsrail'e askeri yardım gönderilmesine karşı ve eğer ne yapıldığını bilmiş olsalardı, şiddetle karşı çıkarlardı. Bunlar bizim yapabilme gücümüzün sınırları içinde olan şeylerdir.

Ve "konuyla ilgilenmeyen hareketlere" gelince. Bunlar hakkında bir şey bilmiyorum. ABD ve başka ülkelerde her çeşit sorun üzerinde yoğunlaşan büyük bir enerji ve aktivizm olduğunu düşünüyorum. Bu sorun üzerinde duruluyor mu? Hayır. Ama bu sorun hakkında bir şeyler yapmaya çalışabiliriz. 60'ların başında, aynı soruları Vietnam savaşı için sorabilirdik. Bizim başka bir ülkeyi bombaladığımız, muazzam sayıda insanı toplama kamplarına sürdüğümüz, onları kontrol altına almak için besin kaynaklarını yok ettiğimiz ve bir dizi başka zulümler gerçekleştirdiğimiz bir durumda, nasıl olur da hiç kimse bununla ilgilenmez? Peki tamam, bunun için bir şey yapın. Ama yapılması gerekenler sır değil. Ne yapılması gerektiğini biliyoruz. Bu, sadece olan biteni izlemekle olmaz.

Ortadoğu'da olanları makul ölçüde doğru olarak anlatan bazı ABD yayınları hakkında bilgi verir misiniz?

Örneğin bir MERIP yayını olan, *Middle East Report* dergisi. Aslında İsrailli sanayiciler ve Şlomo Ben-Amin hakkındaki bu oldukça ilginç makaleyi alıntıladığım dergi. İngilizce. *Filistin-İsrail Bülteni* olarak adlandırılıyor. İsrail'de yayınlanıyor, ama İngilizce. Ve çok sayıda ilginç malzeme içeriyor. *Z Magazine*'de çok sayıda malzeme var. *Z Net*'te de bir dolu malzeme var. Etrafta çok malzeme var. [Dikkat edin: Bu, Ortadoğu Üzerine Washington Raporu mu?] Hayır, değil. *Middle East Report* MERIP dergisidir -sanıyorum şimdi kendilerini böyle adlandırıyorlar. Yakın zaman önce isimlerini değiştirdiler.

Birleşmiş Milletlerin II. Dünya Savaşı sonrasının güç yapısını yansıttığını göz önüne alırsak, gerçekten barışı sağlayan bir kuruluş olacağı konusunda ümitli misiniz, yoksa buna inanmıyor musunuz?

BM hakkında ümitsiz olmak için çok sayıda neden var. Her türlü yozlaşma var. Sadece oldukça garip olan kendi deneyimimden hareket ederek size uzun bir hikaye anlatabilirim. Ama BM'nin temel sorunu, yalnızca büyük güçlerin yapmasına izin verdiği şeyi yapabilmesi. Ve "büyük güçler" öncelikle biziz. Dolayısıyla eğer ABD bir sınır koyar ve "çocuklar, bunu yapamazsınız" derse, orada biter -BM onu yapamaz.

Bu nedenle, her zaman olduğumuz yere geri dönüyoruz. Dünyadaki en güçlü ülkede yaşadığımız olgusunu görmezden gelemeyiz. Gerçekten yapmayı ümit edebileceğimiz şey, dünyanın en güçlü ülkesi içindeki politikaları değiştirmektir, dolayısıyla bu son derece önemlidir. Ve ABD, BM ve başka her şeyle ilgili olarak, temel sınırları belirliyor. ABD ona başka bir seçenek bırakmadığında, şunları şunları yaptı diye BM'yi suçlamak kolaydır. BM'yi eleştirmek için söyleyebileceğiniz bir dolu şey var, ama büyük gücün sınırlamaları yüzünden harekete geçemediği eleştirisiyle karşılaştırıldığında, bu önemsiz kalır. Ve bu bir kez daha bizim elimizdedir. Tartıştığımız örnekte BM hiçbir şey yapamıyor, çünkü ABD yapmasına izin vermeyecektir. Örneğin, BM işgal edilmiş topraklara gözlemci bir güç yerleştirmek istedi ve bu şiddeti azaltmanın somut bir yolu olacaktı. İsrail buna karşı çıktı ve ABD veto etti.

İsrailli barış gruplarının İsrail'in politikaları üzerinde nasıl bir etkisi var? Akademik ve dini cemaatlerin bu sürecin merkezi bileşenleri olduğunu söyleyebilir miyiz?

"Barış grupları" oldukça geniş bir yelpazeye işaret ediyor. Bir kez daha bu konuya geri dönmeme izin verin. İsrail'de yalnızca söylediğim her şeyle hem fikir olmakla kalmayıp, bunun çok daha güçlü bir şekilde söylenmesinde ısrar edecek unsurlar var. Diğer yandan, Barak'ın mevcut teklifinden çok etkilenmiş olan "barış grupları" da var -ki bu teklif Batı Şeria'yı yalıtılmış bölgelere böldü. Öyleyse hangi barış gruplarından söz ediyoruz?

Sıkıcı olmaktan nefret ederim, ama aynı şeyi tekrar etmeme izin verin. ABD içinde çok güçlü bir desteğe sahip olmadıkça, İsrail'de hiçbir grup -barış grubu, savaş grubu ya da başka bir grup- bu toplum içinde hiçbir inandırıcılık kazanamaz. Ve bu doğrudan bağımlılık ilişkilerinin bir sonucudur. Bu nedenle, eğer sizin ve benim bakış açıma göre "hakiki bir barış grubu" olan bir unsur varsa, ancak ABD içinde önemli bir destek sağladığı oranda belirli bir inandırıcılık kazanabilir. Yoksa, inandırıcılık kazanamayacaktır.

Çeşitli grupların değerli yönlerini tartışabiliriz. Ama eğer yapabilecekleri şeyler üzerinde olumlu bir etkide bulunmak istiyorsanız, bunu ABD'de yapmanız gerekir. Yine aynı noktaya, her zaman olduğumuz yere geri dönüyoruz. Sorunları dışsallaştırmak çok güçlü bir ayartıcılığa sahiptir. Oradaki sorunlara, oradaki insanların yaptıkları veya yapmadıkları şeylere bakalım. Ve orada yığınla sorun var. Fakat en büyük öncelik, her zaman bu sorunları içselleştirmektir. Onlar için ne yapabiliriz? Özellikle bizim için bu son derece kritik bir öneme sahiptir, çünkü birçok şey yapabiliriz. Alışılmadık ölçüde özgür bir ülkede ve dünyanın en güçlü ülkesinde yaşıyoruz. Bu bize, son derece önemli olan bir seçenekler dizisi sunuyor. Ve büyük soru şudur: Bu konuda bir şey yapıyor muyuz? Yararlandığımız muazzam fırsatları ve imtiyazı kullanıyor muyuz? Evet, eğer kendimize bakarsak, bu konuda çok fazla bir şey yapmadığımızı görebiliriz ve işte sorun budur.

4 Mart 2001

HAYATTA KALMAK İÇİN KENDİNİ KORUMA MI HEGOMONYA MI? -I

Haziran ayının sonunda Birleşmiş Milletler Silahsızlanma Konferansı'nın 2001 yılı oturumlarından ikincisi gerçekleştirildi. Silahsızlanma çabalarından yapıcı bir sonuç çıkma olasılığı zayıf. Birleşik Devletler'in Balistik Füze Savunma Programı'nı (BMD) neredeyse tüm öbür katılımcıların muhalefetine rağmen sürdürmekte ısrar etmesi yüzünden tartışmalar tıkandı.

BMD'nin amaçları konusunda çok geniş bir yelpazedeki pek çok kesim hatırı sayılır bir fikir birliği içinde. Potansiyel hasımları, söz konusu programın saldırı amaçlı olduğunu düşünüyor. Reagan'ın SDI'sı (Stratejik Savunma İnisiyatifi -"Yıldız Savaşları") da böyle değerlendiriliyordu. Çin'in büyük silahları denetleme yetkilisi şu gözleminde aslında ortak bir anlayışı yansıtıyor: "Birleşik Devletler güçlü füzeleri ve güçlü bir kalkanı olduğuna bir kez inanırsa, bunu Birleşik Devletler'e kimsenin zarar veremeyeceğini kanıtlamak için kullanabilir ve dünyanın herhangi bir yerinde istediğine zarar verebilir. Kosova'da yaptığından çok daha fazla bombalama gerçekleştirebilir." Dünyanın büyük bir kesimi bu durumu, "kendilerini savunma olanağı olmayan yerlilerin ve güçsüz ülkelerin, Batılı sömürgeci güçlerin teknolojik üstünlüğü altında ezildiği ve bütün bunların ahlaki açıdan haklı olma gerekçesiyle yapıldığı"* bir asır öncesinin "gambot savaşlarına" geri dönüş olarak algılayarak tepki gösteriyordu. Birleşik Devletler-İngiltere'nin yürüttüğü Körfez Savaşı'na yönelik tepkiler de bu geleneksel "yerliler ve

* İsrailli askeri analist Amos Gilboa.

güçsüz ülkeler" anlayışının bir çeşitlemesi biçiminde ortaya konuyordu. Çok şükür Batı ideolojisi, kendine çizdiği imaja da uygun olarak, salt bu türden geleneksel argümanlar yüzünden doğru düşünce tarzının dışına çıkmak gibi bir hata yapmaktan bütünüyle uzaktır.

Çin ayrıca kendisinin pek emniyette olmadığının da gayet farkında. Nükleer silahları ilk olarak kullanma hakkının hala ABD ve NATO'nun elinde olduğunu biliyor ve "Birleşik Devletler'in EP-3 uçaklarıyla Çin'in yakınında gerçekleştirdiği uçuşların yalnızca pasif bir gözetleme olmadığını, uçakların aynı zamanda nükleer savaş planlarını geliştirmekte kullanılacak bilgiler topladığını" da en az bunu söyleyen Birleşik Devletler askeri analisti kadar iyi biliyor.*

Kanadalı askeri planlamacılar, hükümetlerine BMD'de ısrar edilmesinin nedeni hakkında şunun öne sürülebileceğini söylediler: "ABD'nin Kuzey Kore ve İran'nın tehditlerinden gerçekten korkmasından ziyade, ABD/NATO ikilisine daha fazla hareket serbestliği kazandırmak"; önde gelen strateji uzmanları bu görüşe katılıyor. BMD'nin "Birleşik Devletler askeri gücünün ülke dışında daha etkili biçimde kullanılmasını kolaylaştıracağı"nı belirten Andrew Bacevich** şöyle yazıyor: "Anavatana misilleme yapılması olasılığını -kısıtlı da olsa- kaldıracak olan füze savunma sistemi, Birleşik Devletler'in herhangi bir bölgedeki koşulları 'şekillendirme' yeteneğini ve iradesini pekiştirecektir." Bacevich, Lawrence Kaplan'ın şu görüşünü onaylayarak aktarıyor: "Füze savunma sistemi aslında Amerika'nın korunması için değil. Bu sistem küresel egemenlik için", "hegemonya" için.

Bu amaç, "siyasal tartışmaların bağlı olacağı parametreleri tanımlayan" bu tür "saygın" fikirlerin peşindeki tüm sağ görüşlü yazarlar tarafından kabul ediliyor olmalı. Yelpaze pek geniş: yalnızca "bölük pörçük halleriyle yalıtılmayı hak eden söz dinlemez baldırı çıplaklar" ve "hala 1960'ların zaferiyle kendini avutan birkaç eli kolu bağlı radikal" bu yelpazenin dışında tutuluyor; ayrıca program "çekişmeden neredeyse tamamen muaf olduğu için çok güvenilir" (Bacevich). Birinci ilke çok açık: "tarihsel bir öncü olarak Amerika". Bu pek güvenilir ilke uyarın-

* William Arkin, *Bull. Of Atomic Scientists*, Mayıs/Haziran 2001

** *National Interest*, Yaz 2001

ca "tarihin geri döndürülemez bir yönelimi ve gidişatı vardır. Bütün diğer dünya uluslarının arasında tarihin bu ereğini bir tek Birleşik Amerika idrak etmiştir ve temsil etmektedir"; tarihin ereği, "kapitalizmin yayılmasıyla ulaşılan ve Amerikan tipi yaşam tarzında somutlaşan özgürlük"tür. Dolayısıyla ABD hegemonyası da tarihin bu ereğinin gerçekleşmesidir; öyle ya, bu hegemonya -bu apaçık doğru- "çekişmeden neredeyse tamamen muaftır".

Söz konusu ilke kesinlikle yeni değildir ve ABD de tarihte kendi düşünürleri tarafından bu derece övülen tek devlet değildir.

Aslında, halka sunulduğu biçimiyle programın amacı -haydut devletlerden korunma- ciddiye alınmıyor. Kolektif intihara kendini adamayan hiçbir devlet ABD'ye füze atmayacaktır. Ayrıca bu ülkeye büyük zararlar vermenin çok daha kolay ve güvenli yolları vardır. Ünlü bir analist, alaycı biçimde, şu yorumda bulunuyor: "New York'a nükleer başlık sızdırılmasından korkanlar, teröristlerin başlığı bir marihuana paketine sararak bunu yapabileceğini bilmelidirler". Bir başka analist de "Manhattan'ı yeryüzünden silecek ve 100.000 insanı öldürebilecek bir nükleer bomba, aslında yaklaşık 15 pound ağırlığındaki bir platinyum topudur. Beyzbol topundan birazcık daha büyüktür. Bu boydaki bir bomba, Birleşik Devletler'e bavul içinde sokulabilir. Bir tanesi sokulabiliyorsa, birçoğu sokulabilir."

Elbette tek kitle imha silahı (WMD) nükleer silah değildir: kimyasal ve biyolojik silahlar, zengin ve güçlü ülkeler için çok daha büyük bir tehlike oluşturmaktadır. Kimyasal silahları yasaklayan 1997 yılındaki anlaşma büyük ölçüde geçersizleşmiş durumda, çünkü ABD kimyasal silah soruşturmalarına ve öbür faaliyetlere parasal destek vermiyor. Henry Stimson Merkezi'nin önde gelen bir analisti şu gözlemde bulunuyor: Aynı zamanda ABD kendisini sıyırdığı anlaşmayla "dalgasını geçiyor". Biyolojik silah yasaklamaları, ABD'nin "kendi ilaç ve biyoteknoloji firmalarını korumak adına" soruşturmalara kısıtlamalar getirilmesinde ısrar etmesi yüzünden delindi. Söylenenlere bakılırsa, Bush yönetimi altı yıllık görüşmelerin sonucunda ortaya çıkan anlaşma yükümlülüklerini reddetmeye hazırlanıyor; söz konusu görüşmeler, biyolojik silahları yasaklayan 1972'deki anlaşmanın bağlayıcılığını sağlamak üzere yapılıyordu.*

Tüm bunlar bir yana, Birleşik Devletler'e (ve dünyaya) yönelik en ciddi tehdit, Sovyetler'in devasa nükleer silah sistemiydi; bu sistemin korunma ve komuta-denetim neoliberal düzenlemelerle ekonominin çökmesi sonucu bozuldu. Clinton zamanında Amerikalı yetkililer, Rusya'nın BMD hakkındaki ve ABM anlaşmasının feshedilmesi hakkındaki kuşkularını hafifletmek amacıyla Rusya'yı da füze uyarı stratejisini benimsemeye ikna etmeye çabaladılar; bir uzman bu öneriyi "biraz tuhaf" olarak yorumluyordu çünkü "biliyoruz ki sistemlerinde sürüyle eksiklik var". Kazayla füze fırlatma, son yıllarda giderek yakınlaşan bir tehlike halini aldı. Clinton'ın, nükleer silahlardan korunması ve bu silahları imha etmesi, ayrıca nükleer bilimcilere alternatif iş sahaları yaratması için Rusya'ya yardım edecek küçük bir programı vardı. Amerikan parlamentosundaki her iki partinin üyelerinden oluşan Enerji Bakanlığı geçici komisyonu, bu tür programların desteklenmesi için fonların yükseltilmesi çağrısı yapmıştı. Komisyon başkanlarından Howard Baker, Cumhuriyetçi Senatonun eski çoğunluk lideri, Nisan ayında Senato Dış İlişkiler Komitesi'ne şunları söyledi: "Eski Sovyetler Birliği'nde, iyi denetlenmeyen ve iyi saklanmayan 40.000 nükleer silahın olabileceği ve dünyanın bu tehlike karşısında isterinin sınırlarında dolaşmıyor olması düşüncesi kafamı allak bullak ediyor." Bush yönetiminin ilk işlerinden biri, söz konusu programları azaltmak oldu; dolayısıyla, başka ülkelere, bu arada Washington'un önde gelen "haydut devletler"ine kazayla füze fırlatılması ve "dağınık atom bombaları"nın sızdırılması riski arttı; buna nükleer bilimcilerin mesleklerini kullanabilecekleri başka bir sahanın kalmaması tehlikesi eklenebilir. Rusya'nın, füze sayısının büyük oranda azaltılması önerisi, Bush'un önerileri sayesinde, reddedildi.

Ortak bir sava göre, BMD işlemeyecektir. Çok daha büyük bir tehlike bu programın işleyebilecek gibi görünmesidir; sorun hayatta kalmak olduğunda görünüş gerçeklik olarak yorumlanır. ABD istihbaratına göre, programda herhangi bir gelişme, Çin'i, nükleer cephaneliğini on kat arttırarak ve belki de bir çok savaş başlığı (MIRV) ekleyerek yeni nükleer füzeler geliştirmeye iter; "Hindistan ve Pakistan buna silah-

* *NYT*, 27 Nisan, 20 Mayıs, 2001

lanmalarını hızlandırarak yanıt vereceklerdir" bu durum, büyük olasılıkla Ortadoğu'da çalkantılara neden olacaktır. Aynı çözümlemelerde ve başka çözümlemelerde, "bu duruma Rusya'nın akla yatkın tek yanıtının mevcut nükleer gücünü sürdürmek ve güçlendirmek olacağı" ileri sürülüyor. Mayıs 2000 tarihinde yapılan BM Nükleer Silahların Yayılmasını Önleme Konferansı'nda BMD, on yıllardır geçerliliğini koruyan silah denetim anlaşmalarını geçersizleştireceği ve yeni bir silahlanma yarışını kışkırtacağı gerekçesiyle yaygın biçimde kınanıyordu. Farklı dozlarda olsa da her iki taraf da bu konuya vurgu yapıyor.

Birleşik Devletler Stratejik Komutası'nın eski başkanı (1992-1994) General Lee Butler'a göre, "Ortadoğu dediğimiz o düşmanlıklarla kaynayan kazanda bir ulusun [İsrail] kendisini muhtemelen yüzlerce nükleer silahla donatıyor olması ve bunun öbür ulusları da aynısını yapmaya itmesi son derece tehlikeli" bir durum. Ekim 1998'de ABD ile İsrail arasında yapılan, stratejik ilişkilerin yenilenmesine yönelik Anlaşma Taslağı, genelde ABD'nin İsrail'e ait nükleer silah cephaneliğini "bölgesel güç dengeleri açısından olumlu bir etken olarak görmekle kalmadığı, aynı zamanda bu gücün desteklenmesi ve geliştirilmesi gerektiğine inandığı" biçiminde yorumlandı.* 1998 yılından başlayarak ABD siyaseti İsrail'e askeri yardımını gayri-resmi biçimde arttırdı ve yılda 60 milyon dolara çıkardı. Ocak 2001'de, Clinton yönetimi giderayak, söz konusu askeri destek siyasetinin 2008 yılına kadar sürmesi gerektiğini beyan etti; 2008'de önceleri 1.8 milyar dolar olan yıllık yardım, 2.4 milyar dolara çıkmış olacak. Clinton ayrıca İsrail'in, daha tamamlanmamış olan F-22 jetlerini ilk sipariş edenlerden biri olduğunu söylemişti. Haziran ayında İsrail, finansmanını büyük ölçüde Amerikan askeri yardımından sağlamak üzere, 50 F-16 jetini, 2 milyar dolara satın aldığını duyurdu; çok kısa bir süre sonra da ABD F-16'ları Filistinli sivil hedefleri bombalamak için kullanıldı. ABD ve İsrail gizli ortak tatbikatlar gerçekleştirmeye başladılar; İsrail deniz aşırı bir Amerikan askeri üssü haline getirildi.** İsrail basınına göre bu ortak tatbikatlardan birinde (Eylül 2000) amaç Filistin yönetimine bırakılan işgal altındaki toprakların yeniden ele geçirilmesiydi; ABD denizcileri, İsrail'e, aşina olmadığı silahlar konusunda eğitim sağlıyor ve "Ame-

* Ortadoğu Barışı Vakfı, *Özel Rapor*, Kış 1999

** Söz konusu programlar için bkz. William Arkin, *Washington Post*, 7 Mayıs 2001

rikan Savaş Teknikleri"ni gösteriyordu. Zaten "son derecede tehlikeli" olan durum ABD'nin WMD'yi yayma çabaları sürdükçe geri döndürülemez sonuçlara yol açacak, yeniden tüm insanların güvenliği, ve hatta hayatı tehdit altına girecek.

Söz konusu planlar akıldışı görünebilir; ama bunlar yalnızca hayatta kalma savaşımını hegemonyanın üstünde tutanlar için akıldışıdır. Silahlanma yarışının tarihine bakıldığında ortada oldukça farklı hesapların bulunduğu görülebilir. 50 yıl önce ABD'nin güvenliğine yönelik tek tehdit, sonraları yalnızca potansiyel bir tehdide dönüşen ICBM'lerdi (kıtalararası balistik füze). Muhtemelen SSCB, çok geride kaldığını bilerek, söz konusu silahların geliştirilmesini sona erdiren bir anlaşmayı kabul edecekti. Silahlanma yarışının tarihini inceleyen McGeorge Bundy, bu olasılığı gerçekleştirmeye dönük bir çabanın olduğuna ilişkin herhangi bir kayıt bulamadığını aktarıyordu. Son zamanlarda açıklanan Rus arşivleri de bu üst düzey Birleşik Devletler analistinin değerlendirmelerini destekliyor; buna göre Stalin'in ölümünden sonra Kruşçev, askeri saldırı silahlarında karşılıklı olarak azaltmaya gidilmesi için bir çağrı yapıyor ve bu çağrı Washington tarafından umursanmayınca, kendi askeri komuta yetkilerine dayanarak silah indirimini tek yanlı biçimde uyguluyor. ABD arşivleri, Eisenhower yönetiminin silahsızlanma görüşmelerine ve uluslararası gerilimi azaltacak başka hareketlere fazla itibar etmemiş olduğunu ortaya koyuyor. Kennedy'nin planlamacıları hiç kuşkusuz Eisenhower'ın "büyük bir savaşın Kuzey yarımküreyi yok edeceği" yolundaki görüşünü paylaşıyorlardı. Aynı zamanda Kruşçev'in Sovyet saldırı güçlerini keskin biçimde törpüleyen tek yanlı adımlarını da biliyorlardı, ABD'nin bu konuda herhangi bir anlamlı çaba göstermediğini de biliyorlardı. Ne var ki, Kruşçev'in karşılıklılık çağrılarını reddetmeyi seçtiler; devasa bir konvansiyonel ve nükleer güç oluşturmayı tercih ettiler; böylece "Kruşçev'in Sovyet askeri yapılandırmasını sınırlama gündemi"ne yönelik son sözlerini söylediler.*

Devam etmeden belirtmek gerekirse, kayıtlar gösteriyor ki Clinton-Bush yönetimlerinin tercihlerinde çok az yenilik bulunuyor.

3 Temmuz 2001

* Matthew Evangelista, *Uluslararası Soğuk Savaş Tarihi Tasarımı*, Aralık 1997

HAYATTA KALMAK İÇİN KENDİNİ KORUMA MI HEGOMONYA MI? -II

Avrupalı gözlemciler, "bir ülkenin, kendisine yaklaşan nükleer füzeyi atmosfere girdiği anda yok etmeye yönelik ne idüğü belirsiz bir projeye 100 milyar dolar harcamakta ısrar edip de, platinyumun şu 'haydut devletlerin' eline geçmesini engelleme çabalarına destek olarak binlerce dolar daha az harcamayı seçmemesi"nde "bir paradoks" buluyorlar; hele bir de "herhangi bir 'haydut bombasının', üzerinde iade edileceği yerin açık adresini taşıyan göstere göstere fırlatılmış bir füzeyle değil de bir bavul içinde, bir kamyonla ya da bir tekneyle yollanması olasılığının çok daha fazla olduğu" bu ülke tarafından iyi biliniyorsa.* İnsanların hayatına yönelik tehdidi arttıracağı söylenen öbür mevcut seçenekler de, görünüşte, aynı derecede paradoksal. Yalnızca hegemonya ile hayatta kalmayı bir değer sıralamasında doğru düzgün yerleştirildiğinde ve dönüp dolaşıp başvurduğumuz askeri programların sağladığı diğer avantajlar da bu sıralamada uygun yerlerini aldıklarında paradoks çözüme kavuşur.

Vijay Prashad'ın SDI (Yıldız Savaşları) ve BMD (Balistik Füze Savunması) üzerine kaleme aldığı son yazısında (18 haziran) belirttiği gibi, asıl mesele BMD değil, uzayın denetim altına alınması; bu ayrıca iki partinin de paylaştığı bir program. Bu canalıcı gerçekler, Savunma Sekreteri Donald Rumsfeld'in Pentagon'un uzay programlarını yeniden ele alacağına ilişkin beyanıyla kamuoyunun dikkatini çekti: "stratejik planlamada uzayın önemi hızla artmaktadır". Bu yeni planlarda "uzay ortamına uygun silahların geliştirilmesi", uzaydan "yürütülecek bir güç"ün tesis edilmesi, yani "saldırı silahlarının uzaya yerleştirilmesi" öngörülüyor.** Bu plan-

* Julian Borger, *Guardian Weekly*, 24 Mayıs

** *New York Times*, 8 Mayıs; *Christian Science Monitor*, 3 Mayıs lardan, ikinci Rumsfeld panelinin Ocak ayında yayımlanan raporlarında da söz ediliyordu (Ekim 1998'de yapılan birinci panelde, BMD programlarına hız vermesi için Clinton'u etkilemek amacıyla, füze saldırı tehditleri olduğuna ilişkin uyarı yapılmıştı). İkinci panelin raporunda uzay savaşının "fiilen kaçınılmaz" olduğu belirtiliyor, ardından da (1972'deki ABM anlaşmasını çiğneyerek) uyduları vuracak silahların (ASAT'ların - antisatellite) geliştirilmesi ve (1967'deki Uzay anlaşmasını çiğneyerek) silahların uzaya yerleştirilmesi çağrısı yapılıyordu.

Söz konusu planları *Foreign Affairs*'ta okuyan eski Henry Krimson Merkezi Başkanı Michael Krepton, planların bir iç çelişki barındırdıklarına dikkat çekiyor: ASAT'ları geliştirmek, BMD'leri geliştirmekten çok daha kolay, ve düşman ASAT'lar, herhangi bir BMD programını, programın bağlı olduğu uyduları devreden çıkararak, etkisizleştirebilir. Bu çelişkinin üstesinden ancak "uzayı Rumsfeld raporunda önerildiği gibi baştan aşağı donatmakla", saldırı silahlarıyla doldurmakla ve başka ülkelerin alacağı karşı önlemlerin kaçınılmaz sonucu olarak silahlanma yarışının kızıştırılmasıyla gelinebilir. Krepton bunun yerine, varolan anlaşmaların güçlendirilmesini tavsiye ediyor. Bu, eğer amaç hegemonya değil de hayatta kalmak olsaydı anlamlı olurdu.

ABD Uzay Komutanlığı şöyle diyor: "İleride yeryüzündeki hedeflerin uzaydan vurulmasının olanaklı hale gelecek olması, ulusal savunmamız açısından ciddi tehlikeler barındırmaktadır. Bu yüzden ABD Uzay Komutanlığı, bu yeni olası savaş alanında ele alınacak potansiyel rolleri, görevleri, alet ve aygıtları etkin biçimde belirlemektedir." Temel gerekçeler komutanlığın "2002 Vizyonu" broşüründe açıklanmıştır. Birincil hedef, göze çarpacak biçimde ilan ediliyor: "ABD çıkarlarını ve yatırımlarını korumak için askeri operasyonların uzay boyutunda hakimi olmak". Bu, askeri güçlerin tarihi görevlerinde gelinen bir sonraki aşamadır. "Kuzey Amerika'da Birleşik Devletler'in batıya doğru yayılması sırasında, trenlerimizi, yerleşim bölgelerimizi ve demiryollarımızı korumak için askeri karakollar ve süvariler ortaya çıkmıştı". Yalnızca kendilerini korumak amacıyla hareket ediyorlardı, bu şekilde anlamalıyız, belki de "[diğerlerinin yanısıra] doğuştan Amerikalı olanları tarihin doğru tarafına yönlendirmek, onlara rehberlik etmek ve yardımcı olmak" (Bacevich) -ki Amerika'nın dünya için tarihsel misyonudur- amacıyla gösterilen iyi niyetli ama başarısız kalan çabayı sürdüyorlardı. Öyle ya, "uluslar, ticari çıkarlarının korunması ve arttırılması için donanma kurarlar". Bundan sonraki mantıksal adım da uzaydaki güçlerin "ABD Ulusal Çıkarlarını [hem askeri hem ticari] ve yatırımlarını" korumasıdır. ABD'nin uzayda benimsediği rol, bir zamanlar "deniz ticaretini koruyan donanmaların" oynadığı role bakılarak anlaşılabilir; gerçi günümüzdeki egemenlik İngiltere donanmasının yüzyıllar önce kurmuş olduğu üstünlükten çok daha büyüktür.

Uzay Komutanlığı elbette Krepon'un belirttiği açmazın farkındadır ve bu açmazın üstesinden "Tam Ölçekli Hakimiyet" ile gelmeyi planlamaktadır: Karada, denizde, havada ve aynı zamanda uzayda askeri üstünlük sağlandığında ABD barışta ya da savaşta "her türden çatışmada üstün taraf" olacaktır. Böyle bir üstünlük gereksinmesi, "ekonomide küreselleşme"nin bir sonucudur; bu sürecin, "varlıklılar" ile "varlıksızlar" arasında bir uçurum doğurması bekleniyor; aynı beklentiyi ABD istihbaratı da 2015 yılına ilişkin tahminlerde bulunurken paylaşıyor (bu tablo, küreselleşmeyi destekleyen ekonomik kuramlarla çelişiyor, ama gerçeklikle uyum içinde bulunuyor). Bu büyüyen uçurum varlıksızlar arasında huzursuzluğa yol açabilir; dolayısıyla kural dışı yöntemlerle "WMD'lerin (Kitle İmha Silahları) dünyaya yayılması"na karşılık olarak ABD, "uzay sistemlerini kullanma ve uzaydan nokta saldırıları planlama" yoluyla denetim kurmaya hazır olmalıdır - WMD'lerin yayılması, mevcut programların kaçınılmaz sonucudur, tıpkı "küreselleşme"nin mevcut biçiminden "gittikçe bir büyüyen uçurum" çıkacağının bilinmesi gibi.

Aslında Uzay Komutanlığı, yaptığı analojiyi "deniz ticaretini koruyan donanmalar"ı ve giderek büyüyen çıkarları "savunan" askeriyeyi de katacak biçimde genişletebilirdi. Donanmalar ya da genel olarak askeriye, modern çağ boyunca teknolojik ve endüstriyel gelişmede önemli rol oynadı. Ayrıca şirketleri konsolide etti: tanınmış pasifist Andrew Carnegie, ilk 1 milyar dolarlık şirketini, US Steel'i kurarken büyük ölçüde donanmayla yaptığı sözleşmelere sırtını dayıyordu. Günümüzde de uzayın askerileşmesi buna benzer fırsatlar sunuyor. Ekonomi tarihçisi Clive Trebilcock "Uluslararası teknoloji potansiyeli açısından" diyor, "en geniş silah montaj üretimini yapabilmek 1910 yılında ne anlama geliyorsa, uzay araçları imal edebilmek de 1980'lerde o anlama geliyor". Hareket halindeki bir platformdan hareket halindeki bir hedefe mermi atabilecek büyük makineler yapmak günümüzün en karmaşık mühendislik sorunlarından birini teşkil ediyor; bu arada da metalürjide, elektronikte, makine araçlarında ve imalat süreçlerinde büyük gelişmeler kaydedilmesine önderlik ediyor. Seri-ateşlemeli silahların ve ileri model tüfeklerin üretimi de mühendislik ve imalatın önüne zorlu görevler koyuyor; bu zor görevleri, hükümet sözleşmeleri sayesinde "sivil" endüstriler de üstlenebiliyor; bu tür bir üretim, ön araştırma ve geliştirmeden (AR-GE), "kitlesel üretimden kaynaklanan riskleri önemli ölçüde ortadan kaldırıyor". Sonuçlar doğrudan otomotive ve öbür modern endüstrilere aktarılıyor. Yüzyıl önce bu gelişim, erken aşamalara oranla büyük bir sıçrayışı ifade ediyordu; o yıllarda Springfield Armory ve başka yerlerdeki ABD Savaş Gereçleri Şubesi bünyesinde gerçekleştirilen 40 yıllık yatırımlara ve AR-GE'lere dayalı "Amerikan İmalat Sistemi" tüm dünyayı şoke etmişti; temel hedefi "kitle üretiminde bir dünya devrimi" idi. Daha önceleri, 18. yüzyıldan itibaren gelişen silah döküm alanındaki ilerlemeler, demir üretiminin ve buhar makinelerinin temelini attı ayrıca "geniş-ölçekli endüstrinin, yani fabrika sisteminin kurulmasının aracı oldu". Aynı faktörler II. Dünya Savaşı'nda da geçerliydi, yalnız bu kez ABD'de, niteliksel bir sıçrayış da sürece eşlik ediyordu; askeriye, modern yüksek teknolojinin çekirdek parçalarının ortaya çıkmasında büyük rol oynuyordu. Durumdan faydalanan herhangi bir kimse, Trebilcock'un deyişiyle "bilimsel gelişme için devasa bir mutemet olduğunu ispatlamış, halkın cebindeki parayı harcayan asker bankaları" dediği şeyin kurulmakta olduğunu görmek istemiyor; bu bankalar aynı zamanda teknolojik ve endüstriyel gelişimin de mutemetti.

İleri endüstriye önayak olmak, II. Dünya Savaşı'ndan bu yana askeri planlamanın başlıca hedefi durumunda; savaş döneminde iş dünyasının önde gelenleri, yüksek teknolojili endüstrinin "serbest girişim" ekonomisinde yaşayamayacağını ve "hükümetin yegane kurtarıcıları olduğunu" fark etmişlerdi.* Reagan'ın SDI'sı, iş dünyasına böyle pazarlandı. Bush, Berlin Duvarı'nın yıkılmasıyla Rusya bahane olmaktan çı-

* *Fortune, Business Week*

kınca hiç zaman kaybetmeden Pentagon bütçesinin aynen korunması çağrısı yaptığında, "savunma endüstrisi altyapısının" sürdürülmesi - başka deyişle yüksek teknolojili endüstrinin sürdürülmesi- Başkan Bush tarafından kongrenin dikkatine sunulan faktörlerden biriydi. Uzayın askerileştirilmesi, bir sonraki doğal adımdır; tahmin edildiği üzere bunu bir silahlanma yarışı izleyecektir. Öbür ülkeler de bu sürecin barındırdığı ekonomik potansiyellerin farkındadır. Önceki eleştirel tutumundan cayan Alman Şansölyesi Gerhard Schroeder, Mart ayında, Almanya'nın BMD teknolojisinin geliştirilmesinde "yaşamsal çıkarları" bulunduğunu ve bu alandaki teknolojik ve bilimsel gelişmelerin "dışında olmadığımızı" herkesin bilmesi gerektiğini söyledi. BMD programlarına katılmak, genelde Avrupa'daki ülkelerin kendi endüstriyel altyapılarını güçlendirmelerini sağlayabilir; bu da beklenmektedir.*

Bu tür nedenlerle ABD kısa süre önce Uzay Anlaşması'nın yenilenmesi konusunda dünyanın diğer ülkelerine katılmayı reddetti (bu anlaşmaya 1999 ve 2000'de İsrail, 2000'de Mikronezya katıldı); ayrıca Birleşmiş Milletler Silahsızlanma Konferansı'nın Ocak ayı görüşmelerini engelledi. Çin ve Rusya, uzayın silahsızlandırılması çağrısı yaptılar; Rusya savaş başlıklarının 1500'e indirilmesi ya da nükleerden arındırılmış bölgeler oluşturulması gibi önerilerle daha ileri adımlar da attı. Reuters'in Şubat ayında bildirdiğine göre "ABD, 66 üye devletten, uzayın kullanımı hakkında resmi görüşmeler yapılmasına karşı çıkan tek devlet"; bu bilgi ABD'de Silahsızlanma Konferansı'nı haber yapan neredeyse tek kitle iletişim aracı olan *Deseret News*'de (Salt Lake City) de verildi. 7 Haziran'da Çin yeniden uzay silahlarının yasaklanması çağrısında bulundu ama ABD "BM Silahsızlanma Konferansı'nda uzayda bir silahlanma yarışının önlenmesi için yapılacak görüşmelerin başlamasını sürekli engelledi"** ve çağrıyı reddetti.

Yinelemek gerekirse, bütün bunlar ancak, hegemonya ve onun seçkinlere sağladığı kısa dönemli çıkarlar, hayatta kalma savaşımının üstünde tutulduğunda anlamlı olabilir.

4 Temmuz 2001

* bkz. *Defense Monitor*, Mart 2001
** *Financial Times*, 8 Haziran